Ulrich Rakoún
Die Sprache der Fische

Ulrich Rakoún

Die Sprache der Fische

Eine Sammlung von Kurzgeschichten und Novellen, die irgendwo zwischen Wirklichkeit und Traum anzusiedeln sind und den Leser berühren sollen.

Re Di Roma-Verlag

Bibliografische Information der Deutschen Nationalbibliothek:
Die Deutsche Nationalbibliothek verzeichnet diese Publikation in der Deutschen Nationalbibliografie; detaillierte bibliografische Daten sind im Internet über http://dnb.ddb.de abrufbar.

ISBN 978-3-86870-726-7

Umschlagillustration: steffne / photocase.de

www.rediroma-verlag.de
12,95 Euro (D)

Inhalt

Das verlorene Paradies

Kurzgeschichte

in Form eines Theaterspiels

in vier kurzen Bildern

Prolog

Als nun Gott der Herr den Menschen genommen und ihn in den Garten Eden versetzt hatte,
damit er ihn bestelle und behüte,
gab Gott der Herr dem Menschen die Weisung: Von allen Bäumen des Gartens darfst du nach Belieben essen;
aber vom Baum der Erkenntnis des Guten und des Bösen – von dem darfst du nicht essen;
denn sobald du von diesem ißt, mußt du des Todes sterben. (1)

Vor-Bild

Wir befinden uns in einem fast dunklen Raum auf einer Bühne eines Theaters. Nur der sichelförmige, mit seiner einen Hälfte geizende Mond, der am schwarzen Firmament ruht, spendet dem Betrachter und den auf der Bühne Agierenden – die aber bisher nicht zu erkennen sind – noch etwas Licht. Die Atmosphäre, die sich dem Auge bietet, ist kalt und unbehaglich. Im Großen und Ganzen unfreundlich und unpersönlich. Durch die Kargheit und Kälte des ersten Bühnenbildes soll ein Vergleich zum Zustand der Erde hergestellt werden, auf der sich die Menschen heute befinden.

Plötzlich taucht im hellen Scheinwerferlicht aus dem Hintergrund eine mysteriöse Gestalt auf. Es handelt sich dabei um den vorher angekündigten männlichen Hauptdarsteller Blanco-Nero, dessen vordere Seite weiß und dessen hintere Seite schwarz ist und der sich anscheinend in einem Monolog an den Zuschauer wenden will, sodass das unausgesprochene Wunschbild eines Dialoges entsteht, der natürlich nicht zustande kommt, weil der Zuschauer nur ein stiller Betrachter bleibt, ein passiver Beobachter, der zwar angesprochen wird, aber nicht aktiv in die Handlung eingreifen kann. Nicht mit einbezogen wird. Ebenso schnell, wie es entstanden ist, verschwindet das Bild mit der Statur des Schauspielers, der eben erst im Scheinwerferlicht auf der Bühne aufgetaucht war, und die Scheinwerfer werden dafür vom Beleuchter auf die linke und rechte Seite der Bühne gerichtet.

An jeder Seite der Theaterbühne befindet sich auf einem Sockel sitzend, wie eine Statue aus Marmor oder Stein, eine leblos wirkende Gestalt, wobei es sich bei der Gestalt auf der rechten Seite um das *Ewige Leben* und bei der auf der linken Seite um den *Ewigen Tod* handelt. Der Scheinwerfer ist zunächst stärker auf das Gesicht der Gestalt fixiert, die den *Ewigen Tod* darstellen soll, und das stark weiß geschminkte Gesicht des Schauspielers beginnt lebendig zu werden, was sich an einer ausgeprägten Mimik mit einem lebhaften Mienenspiel zeigt.

So spricht Nero (die Gestalt auf der linken Seite) erstmals zu seiner zweiten, besseren Hälfte Blanco (der Gestalt auf der rechten Seite), die ihm vorher noch gar nicht richtig bewusst war.

Nero: *Du musst dir das, was du vom Leben haben willst, selbst nehmen. Die Menschen werden nicht nachsichtig mit dir sein und dir nichts nachwerfen. Das Leben wird nicht gnädig zu dir sein.*

Blanco, die gute Seite des Menschen, der seine dunkle Seite bis jetzt noch wenig gekannt und erkundet hat, erwidert darauf: *Aber der Mensch muss doch im Einklang mit seinen Mitmenschen leben. Muss Rücksicht auf die Bedürfnisse und Interessen der anderen nehmen. Muss anständig und sozial sein und teilen können. Sonst ist er wie ein reißendes Tier, ein brüllender Löwe, der nur darauf aus ist, die anderen Menschen zu verschlingen oder ihnen Leid zuzufügen.*

Nero: *Der Mensch ist ein reißendes Tier. Es gibt keine zahmen und frommen Tiere in den Käfigen der lebenden Wesen auf Erden. Die Devise heißt einzig und allein: Überleben – jeder gegen jeden. Das Paradies existiert in Wirklichkeit nicht, gibt es nur in deiner Fantasie. Der Garten Eden ist eine imaginierte Vision des Menschen.*

Eine erträumte Vorstellung von etwas, das in der Realität nicht möglich ist. Das es vielleicht niemals gegeben hat. Ein Traum, der Trost spendet und Hoffnung macht auf das Paradies. So wie der Glaube an einen Gott und an das Gute. Es gibt aber kein Gutes und keinen Gott. Es gibt nur das Böse und den Teufel, denn der Mensch hat das Gute in sich selbst zerstört. Er hat vom Baum der Erkenntnis gegessen und ist deshalb aus dem Garten Eden vertrieben worden. Dem Garten seiner Kindheit und Fantasie. Seiner Poesie. Seiner Unschuld. Sein eingebildeter Gott hat ihn für schuldig befunden, und nun ist er für immer in Dunkelheit verloren. Er kann niemals mehr zurück in den Himmelsgarten, weil er sich einen Turm gebaut und sich selbst zu Gott gemacht hat. Jetzt braucht er seinen Gott nicht mehr, weil er nämlich selber Gott ist und das Gute und Böse erkennt und es voneinander unterscheiden kann. Deshalb hat sich der eingebildete Gott im Himmel vom Menschen entfernt und das Werk seiner Menschenkinder für immer zerstört.

Blanco: *Aber der Mensch besinnt sich. Er hat sich auf den Weg gemacht, um das Leben neu zu entdecken. Auf den Weg nach dem irdischen und dem himmlischen Paradies, wenn es denn so etwas wie ein irdisches Paradies ohne Gott überhaupt geben kann.*

Nero: *Der Mensch hat aber keine Chance gegen das Böse in sich selbst. Er kann es zwar bekämpfen, aber es wird nach einer gewissen Zeit immer die Oberhand behalten oder wieder einnehmen. Er kann den Kampf gegen das Böse in der Welt und in sich selbst niemals gewinnen. Gegen seine bösen Absichten und auch gegen seine Lust und Begierden nicht. Er ist immer der Verlierer. Sieh es doch endlich ein. Gib auf, an das Gute zu glauben. Sei nicht länger ein Fantast. Das Gute hat keine Chance in deinem Leben und auf dieser Welt!*

Blanco: *Nur das Gute zählt. Es behält immer das letzte Wort und die Oberhand. Ohne das Gute könnte die Welt nicht mehr atmen. Sie würde ersticken. Die Sonne würde nicht mehr scheinen. Alles Leben würde sterben. Kein Vogel könnte mehr singen. Schau doch, Nero, wie die Tore der Gärten des Paradieses sich öffnen!*
Blanco zeigt mit dem ausgestreckten Arm in Richtung des sich langsam öffnenden Torgatters, das sich vor den himmlischen Gärten befindet.

Hör nur den Gesang der Vögel. Wie schön und lieblich sie singen. Von der Herrlichkeit des Garten Eden. Wo die Sonne den ganzen Tag über scheint und es niemals wirklich Nacht wird. Durch das geöffnete Tor hindurch dringt ein strahlendes, künstliches Sonnenlicht, man hört Vogelgezwitscher von einem Tonband. *Komm mit mir in die Gärten des Paradieses. Dort werden wir ewig leben und glücklich sein.*

Und indem er sich von seinem Sockel erhebt und auf die linke Seite geht, nimmt er Nero bei der Hand und die beiden Gestalten Blanco und Nero vereinigen sich nach ihrem kurzen Verschwinden in der Dunkelheit zu einem einzigen Menschen, der nun vom Hintergrund der Bühne in das helle Scheinwerferlicht zurückkehrt, sodass ein junger und stattlicher Mann durch das geöffnete Tor in ein Meer voller Sonnenlicht und berauschender Farben eintritt. Die Luft ist getränkt von dem betäubenden Duft von tausenden von Blüten – einer Symphonie von Klangfarben – zu der Blumen und Insekten gleichsam ihre Instrumente anstimmen. Es ist gerade wieder Frühling oder bereits Sommer. Alles erblüht ringsherum in den Gärten, in denen es keinen Herbst und keinen Winter mehr gibt. Kein welkes Blatt den Boden je berührt hat. Weder Krankheit, Altern und Tod existieren – in der Natur bei den Tieren und Pflanzen und auch bei den Menschen nicht. Und der Gesang der Vögel hoch oben in den Bäumen der Himmelsalleen kein Ende mehr nimmt.

Nachdem Blanco, der sich mit Nero zu einer Person verbindet – deren vordere Seite weiß und deren Rückseite schwarz ist – durch das offene Tor in den Garten Eden eingetreten ist, schließt sich das Torgatter langsam wieder hinter ihm. Man kann ihn schon bald nicht mehr erkennen. Den einstmals jungen Knaben, der äußerlich immer mehr zu einem erwachsenen Mann heranreift. Der jedoch trotzdem in den Gärten des Himmels, zumindest in seinem Herzen, jung oder ein Jüngling bleiben wird.

Auch das Singen der Vögel wird draußen immer weniger hörbar und verstummt jetzt ganz und gar, weil wohl jemand das Tonband abgestellt hat. Als das Tor wieder völlig geschlossen ist, wird es davor von Neuem dunkel auf der Bühne der Welt, die das irdische Leben der Menschen darstellen soll.

Gut und Böse haben sich vereinigt und sind schließlich gemeinsam in den himmlischen Gärten verschwunden. Es bleiben nur dunkle, zerzauste Gestalten zurück, die sich nicht entscheiden konnten, in die Gärten, die man auch als das Paradies bezeichnen kann, einzutreten. Weil das Paradies, wie wohl alle wissen, nicht jedermanns Sache ist.

Auf einem Plakat sind in großer Schrift deutlich die Worte zu lesen, die jetzt von zwei Engeln im Hintergrund laut ausgesprochen werden: *So sage denn auch ich euch: Bittet, so wird euch gegeben werden; suchet, so werdet ihr finden; klopft an, so wird man euch auftun! Denn wer da bittet, empfängt, und wer da sucht, findet, und wer anklopft, dem wird man auftun. (2)*

Es ist inzwischen wieder ganz still geworden. Auf der Bühne wie im wirklichen Leben. Fast absolute Regungslosigkeit herrscht ringsherum und überall. Beginnende Atemlosigkeit, die zu Sauerstoffmangel im Blutkreislauf führt. Und über allem liegt eine tödliche Ruhe oder Stille, in der sich jedoch noch kein Frieden befindet. Keine wirkliche Entspannung und Harmonie wie in den himmlischen Gärten, die wieder darauf warten, sich von Neuem zu öffnen, wenn Gut und Böse erneut zu einer Einheit verschmelzen und das Böse als ein Selbstständiges nicht mehr existiert und herrscht, weil es im Garten der Ewigkeit gefangen und unterdrückt wird. Man es auf seine kleinstmögliche Norm reduziert. Dann erst werden sich die Pforten neu öffnen, wenn veränderte Menschen bereit sein werden, durch sie einzutreten, um ein weiteres Experiment zu wagen. Wenn Gott sein Werk dazutut. Und die Sonne ihr helles und warmes Licht auf die Handelnden und den Betrachter des Bildes wirft. Es gibt kein Gutes ohne das Böse. Aber das Böse kann im Angesicht des Guten nicht überleben, weil es im Beisein seiner Existenz für sich selber kein Licht und keine Nahrung mehr findet.

Erstes Bild

Erster Tag im Paradies

Ein heller Sommertag erfüllt den Raum und das Herz der Menschen, die auf den Wegen zwischen den Blumenbeeten spazieren gehen. Ein unbeschreiblicher Duft von blühendem Rhododendron liegt in der Luft. Kinder spielen auf den frisch gemähten Rasenflächen mit einem roten Ball. Man hört ihr Lachen, das Kinderlachen, das sich mit dem Gesang der Vögel zu einer wunderschönen Symphonie von Klängen vereinigt. Auch Blanco-Nero, der sich momentan nur noch Blanco nennt, befindet sich an diesem schönen Vormittag unter den Spaziergängern. Das Gute hat in ihm schließlich gesiegt. Noch einmal die Oberhand behalten und wahrhaft gesiegt. Vielleicht nur vorübergehend, aber dennoch gesiegt. Was die Erde draußen nicht zu tun vermochte, hat der Garten letztendlich noch vollbracht. Nämlich dem Guten zum Sieg über das Böse verholfen. Der Veredelungsprozess des Menschen hat sich von allein in Bewegung gesetzt. Die Entwicklung in diese Richtung befindet sich aber noch ganz am Anfang. Die Streicher nehmen ihre Instrumente zur Hand und beginnen leise mit der Ouvertüre. Sanft werden Empfindungen und Emotionen dadurch stimuliert. Im Innern der lebenden Wesen hervorgerufen.

Lohengrins Vorspiel soll zuerst nur schleichend beginnen und ist noch lange nicht zu einem vollständigen Klangbild bereit, weshalb die Streicher ihre Instrumente erst einmal weglegen und auf das Zeichen des Dirigenten warten. Zeit und Leben würden später die richtigen Noten und Akkorde schon finden und einsetzen. Immer wieder würden Disharmonien in der Form von bösen Ausrutschern auftreten können, und das Böse würde mit all seiner Kraft zurückkehren, um die Vormacht einzunehmen. Nero konnte jederzeit versuchen, Blanco zu entmachten, um sein frisch begonnenes Lebenswerk zu zerstören. Das Gute muss deshalb ständig vor dem Bösen in sich selbst auf der Hut sein. Also muss ein Mensch planmäßig das Gute üben und zu (s)einer Lebensroutine machen. Würde er das Böse (in sich) aber jemals ganz besiegen können?

Als Blanco am Morgen mit seinem Tagwerk beginnt, scheint seine Welt noch in Ordnung zu sein. Aber es bleibt vorerst noch alles offen und ungewiss. Gegenwart und Zukunft können sich in jedem

Augenblick verändern, je nachdem welche Richtung ein junger und hoffnungsvoller Mann einschlagen wird. Von welchen Mächten er sich leiten oder verleiten lässt.

So denkt Blanco, der bis vor Kurzem noch ein Erdenbürger gewesen ist und der am Morgen oft gar nicht mehr aufstehen wollte. Er hatte den läutenden Wecker einfach abgestellt und sich die Decke über den Kopf gezogen, weil ihm das stetige Wandern des großen Zeigers über das Ziffernblatt bedrohlich vorkam und ihn in panische Angstzustände versetzte. Angst vor der kommenden Stunde und dem nächsten Tag. Vor der Arbeit und was das Leben ihm bringen würde: Erfolg oder Misserfolg, Gesundheit oder Krankheit. Er steckte dann meistens seinen Kopf tief unter die Bettdecke und ließ Gott und der Welt ihren Lauf, der Welt und Gott ihre eigene Richtung. Ja, es hatte eine Welt dort draußen gegeben, die ihm Angst bereitet hatte. Die nicht die aus seinen Träumen gewesen war, weshalb er in die eigene, innere Welt flüchtete. Die Welt, von der die Erdenmenschen um ihn herum nichts wussten. Auch die in den Gärten des Himmels nicht, obwohl es hier so etwas wie Feindschaft und Angst nicht mehr gab. Aber auch Träume gab es im Himmel nicht mehr, weil das Leben im Paradies sowieso wie ein niemals endender schöner Traum war.

Doch die Welt des Mystischen und Unbekannten, die aus seinen irdischen Träumen, war ihm manchmal unheimlich und voller Rätsel vorgekommen, wie die (k-)alte Heimat Erde selbst, in der er sich ängstigte. Die erträumte andere und geheimnisvolle Welt, die doch immer nur ein Teil der realen Welt war. Eine Traum-Welt, in die man sich zurückziehen konnte, um sich beschützt und geborgen zu fühlen und nicht ganz hilflos den bösen Mächten und Menschen auf der Erde ausgesetzt zu sein. Die Seele suchte nach Schutz, den sie draußen in der (k-)alten Heimat bei den Menschen nicht hatte finden können, wo sie hilflos und ungeborgen vor Kälte fror und sie versuchte sich deshalb an der Wärme des eigenen Herzens zu wärmen. Eines Herzens, das jedoch von Sekunde zu Sekunde kälter wurde, weil es letztendlich niemanden finden konnte, der es erwärmte. Bis es schließlich im Winter zu einem einzigen, großen Eiszapfen einfror, der auch im Sommer nicht mehr auftauen wollte.

Ja, so war es bis vor wenigen Tagen und Stunden noch gewesen. Eigentlich genau bis zu dem Moment, als sich das große Tor zu den

Gärten des ewigen Sonnenlichtes öffnete und ein junger und hoffnungsvoller Mann durch sie eintreten durfte. Und als sich schließlich das Tor langsam hinter ihm schloss, hatte Blanco das Gefühl, als sei er aus der eisigen Kälte eines strengen Wintertages in einen herrlich warmen Sommer hinübergewechselt. Auch Nero empfand einmal ähnlich, obwohl es für ihn noch andere Quellen der Wärme als das Licht der Sonne gab, nämlich die Feuer der Hölle. Aber Blanco wurde bestimmt von dem Gedanken, als sei er für immer allem Bösen, nämlich dem Verderben von Sodom und Gomorra entkommen. So sehr hatte seine zu Eis gefrorene Seele einst im Feuer der irdischen Hölle gebrannt, ohne jedoch dabei aufzutauen.

Jetzt setzte sich der junge Mann auf eine Gartenbank unter einen schattigen Lindenbaum und schaute ein paar kleinen Kindern beim Spielen zu, die anscheinend erst vor Kurzem in den Gärten angekommen waren, denn er hatte sie noch niemals vorher gesehen. Auch die Eltern der Kinder, die aber auch deren Pflegeeltern sein konnten, waren in der Nähe zu erkennen, wie sie sich über ihre spielenden Kleinen freuten und ihnen scherzhaft irgendwelche Worte zuriefen, die aber auch die Namen der Kinder sein konnten.

Es war so warm an diesem Vormittag in den Gärten der Sonne, die von deren Licht durchflutet und erwärmt wurden. Ganz anders als draußen auf dem (k-)alten Planeten Erde, wo es nur das kalte Licht des Mondes und der Sterne während der Nacht gab und fast immer nur die Dunkelheit regierte. Ein Licht wie an einem kalten Winterabend herrschte dort, welches niemals auch nur die Wärme eines einzigen Sonnenstrahls durchkommen ließ. Hier in den Gärten des Paradieses war es jedoch den ganzen Tag und auch in der Nacht, wenn Menschen und Tiere ruhten, noch hell und warm, wie früher in einer Mittsommernacht auf Erden, weshalb niemand wirklich und mit aufrichtigem Herzen seinen Garten Eden verlassen wollte.

Hierauf sagte Gott der Herr: Es ist nicht gut für den Menschen, daß er allein ist: ich will ihm eine Hilfe schaffen, die zu ihm paßt. (3)

Zweites Bild

Zweiter Tag im Paradies

Als Blanco am frühen Morgen des zweiten Tages im Paradies aufgewacht war, lag ein unbekanntes Wesen mit ihm zugekehrten Rücken auf seinem Bett. Es hatte lange Haare, die hinten schwarz waren, und auch die Rückseite der fremden, unbekannten Kreatur war von dunkler oder schwarzer Beschaffenheit. Als sich das Wesen umdrehte, erkannte Blanco eine wunderschöne, junge Frau, deren Haare vorne blond waren und deren ganze Vorderseite hell im Morgenlicht glänzte. *Nicht anders als bei mir selber,* dachte Blanco. Und er gab dem unbekannten Wesen den Namen, der ihm gerade in den Sinn kam und nannte sie von da an *Blanca* – die Frau, die Gott mir als Gefährtin gesandt hat und die von nun an bei mir bleiben wird. So lebte Blanco vom frühen Morgen bis zum Abend, der gleich wie ein heller Morgen war, glücklich mit seiner neuen Gefährtin unter einem Dach, welches der blaue Himmel über sie spannte. Sie liebten sich und waren glücklich, bis Blanca auf den Gedanken kam, einen Spaziergang in den himmlischen Gärten zu unternehmen. Sie liefen beide über die grünen Wiesen, auf denen bunte Sommerblumen blühten, und legten sich danach müde unter einen schattigen Baum, der mit leuchtenden, roten Äpfeln behangen war. Als sie gerade dabei waren einzuschlafen, näherte sich ihnen im dichten Gras eine Schlange, um Blanca ins Ohr zu flüstern: *Hat Gott euch etwa gesagt, dass ihr von allen Bäumen im Paradies essen dürft, nicht aber von dem Baum der Erkenntnis des Schlechten und Guten?* Die Frau erwiderte: *Er sagte, dass wir die Früchte des Baumes, der in der Mitte steht, weder essen noch sie berühren dürfen, damit wir nicht sterben.* Da sagte die Schlange zu Blanca, der Frau: *Ihr werdet nicht sterben, sondern eure Augen werden geöffnet werden und ihr werdet wie Gott sein und das Gute und Schlechte erkennen.*

Der Gedanke daran, zur göttlichen Einsicht zu gelangen, reizte die junge und schöne Frau so sehr, dass sie sich schnell von dem verbotenen Baum einen bunten Apfel pflückte und ihn aß. Dann gab sie auch ihrem Mann von der Frucht zu essen, und beide erkannten, dass sie nackt waren, und sie hefteten sich Feigenblätter zusammen, um ihre Blöße damit zu bedecken.

Als Gott sah, was seine Schöpfung getan hatte, wurde er sehr böse, rief Blanco zu sich und fragte ihn: *Wer sagte dir, dass du nackt bist? Hast du etwa von dem Baum gegessen, von dem ich verboten hatte zu essen?* Und der Mann erwiderte: *Die Frau gab mir davon zu essen.* Und Gott fragte die Frau, was sie getan habe, woraufhin sie erwiderte, dass die Schlange sie zum Essen der Frucht des Baumes verführt habe.

Und Gott verbot seiner Kreatur den weiteren Aufenthalt im Garten Eden. So mussten Blanco und Blanca noch in derselben Nacht, die aber so hell war wie ein Tag, das Paradies und seine himmlischen Gärten verlassen. Die großen Tore öffneten sich, und zwei Verfemte und mit Schuld beladene, die jetzt wieder Erdenkinder waren, schritten langsam zurück aus dem warmen Sonnenlicht in das kalte Licht des Mondes und der Sterne. Vielleicht oder bestimmt würde ihnen ihr Gott noch einmal vergeben, aber für heute und in der nahen Zukunft sollten ihnen die Gärten des Himmels verschlossen bleiben.

Epilog

Die Menschen Blanco und Blanca haben im Paradies, wie ihre Vorfahren Adam und Eva, vom Baum der Erkenntnis des Guten und des Bösen gegessen und mussten deshalb den Garten in Eden verlassen. Den Garten ihrer Kindheit, ihrer Kinderzeit. Auch den ihrer Unschuld. Gott aber weiß, dass der Mensch nicht immer Kind bleiben kann und dass der Wunsch in ihm wächst, irgendwann den Garten der Kindheit zu verlassen. Dass er nach Erkenntnis sucht und schließlich die ihm verbotenen Früchte kostet und deshalb die Gebote seines Herrn missachtet. Er weiß, dass der Mensch nackt und ungeborgen ist und Angst vor den Gefahren hat, die draußen in der Welt auf ihn lauern. Dass er ratlos und hilflos und auf seine Fürsorge angewiesen ist.

Deshalb lässt Gott die Menschen auch nicht länger allein, sondern hilft ihnen und steht ihnen bei, auch wenn er sie vorerst aus seinem Paradies verstoßen hat. Er gibt ihnen schützende, warme Felle, die sie sich anstatt ihrer Lendenschurze überhängen können. Schließlich holt er sie wieder zurück ins Paradies, in seinen Garten Eden, denn er ist auch ein Gott der Gnade und nicht nur der Rache. Ein Gott der Liebe und der Vergebung, und die Menschen können sich unter seinem Schutz sicher und geborgen fühlen. Weil Gott alle Menschen liebt und den aufrichtig Suchenden unter ihnen ihre Schuld vergibt.

Dona nobis pacem

(1) Hermann Menge Übersetzung der Heiligen Schrift des Alten und Neuen Testaments: Das Alte Testament,1.Mose 2, 15-17,Württembergische Bibelanstalt Stuttgart 1967,S.3.
(2) a.a.O.: Das Neue Testament, Lukas 11, 9-10, a.a.O.,S.112.
(3) a.a.O.: Das Alte Testament, 1.Mose 2,18,a.a.O., S.4.

Den da oben kenne ich auch

Kurzgeschichte

Ich hatte damals nicht gleich verstanden, was Evi damit meinte. Sie machte nur diese eine kleine und kurze Geste und eine Bemerkung, deren Bedeutung mir erst später richtig bewusst wurde, dachte ein über den großen menschlichen Verlust trauriger junger Mann. Dachte ich, Benjamin. Es war wohl das vorletzte Mal, dass ich Evi lebend gesehen hatte, denn ich hörte später von einem Bekannten, dass sie noch im Spätherbst des letzten Jahres, einige Wochen nach einer Urlaubsreise, gestorben sei. Sie sei zuerst noch recht fröhlich gewesen nach ihrer Rückkehr aus Thailand. Aber irgendein Tropenvirus hatte ihre ohnehin angegriffene Gesundheit angefallen, und ihr schwaches Herz hatte die Strapazen der Therapie nicht überstanden. Dass Evi seit ihrer Geburt an einem Herzfehler litt, wusste ich schon seit Langem, aber dass ihr dieser jetzt zum Verhängnis wurde, erst seit einigen Wochen.

Nun, welche Geste hatte Evi denn eigentlich gemacht und was hatte sie dabei gesagt, wird sich manch einer wohl fragen. An dem Sonntagnachmittag unserer vorletzten Begegnung kam sie heraus auf die Terrasse und brachte mir ein Glas mit kalter Zitronenlimonade. Es war ein heißer und schwüler Tag, genau wie die Tage vorher, denn die Nacht hatte den Menschen der Stadt keine Abkühlung gebracht, und es hatte seit einer Woche schon nicht mehr geregnet. Es ginge ihr heute nicht sehr gut und sie habe die letzte Nacht wieder schlecht geschlafen. Als ich sie fragte, was ihr denn fehle, meinte sie, dass es die alte Geschichte mit ihrem Herzen sei. Sie habe auch manchmal einen sehr hohen Blutdruck, und die Medikamente würden sie immer müde machen, sodass sie sich oft am Tage hinlegen müsse und dann in der Nacht nicht schlafen könne. Sie habe den Arzt schon um andere Medikamente gebeten, die er ihr jedoch nicht verschreiben würde. Vielleicht sollte sie einmal den Arzt wechseln, denn dieser könne ihr doch nicht mehr richtig helfen, weil er noch einer von der ganz alten Schule sei.

Als ich Evi dann etwas später bei unserem letzten Zusammentreffen vor meinem längeren Aufenthalt im Ausland fragte, ob sie sich über ihr Leben Sorgen machen würde und vielleicht schon manchmal an den Tod denken würde, drehte sie sich um und wischte sich so unauffällig wie es ihr möglich war, ein paar Tränen aus den Augen, die ich aber doch bemerkte und die mich damals verlegen machten, denn ich hatte Evi vorher noch niemals weinen sehen. Immer war sie mir heiter und fröhlich erschienen, so wie ein heller Sonnenstrahl an einem verregneten Herbsttag. Der Sommer war noch einmal für kurze Zeit zurückgekommen, nein, Evi war zurückgekehrt und hatte den Sommer mit sich gebracht. Einfach so, als wäre es die selbstverständlichste Sache von der Welt. Helles Licht und Sonnenstrahlen an einem dunklen, trüben Herbstmorgen, gab es denn so etwas überhaupt heute noch? Ja, tatsächlich, denn Evi machte es wahr. Sie hatte die Gabe, andere Menschen glücklich zu machen. Sie aus ihrer Traurigkeit und Lethargie herauszureißen und ihnen neuen Mut zum Leben zu geben. Nun hatte ich für einen kurzen Moment lang den Eindruck, dass ihr der Mut verloren gegangen war. Der Mut zu ihrem eigenen Leben, denn anderen hatte sie ja immer so viel Hoffnung geschenkt.

Bitte entschuldige, Benjamin, meinte Evi bloß. *Ich weiß auch nicht, was heute mit mir los ist. Vielleicht hat mich die Krankheit etwas melancholisch gemacht, aber das tut sie doch sonst nicht. Ich muss mich doch besser zusammennehmen, sonst springt meine Stimmung noch auf dich über, und das täte mir sehr leid.* Evi war wieder ganz die Alte, ein Mensch voller Selbstbeherrschung und Lebenskraft. Ihr strahlendes Lächeln kehrte auf ihr immer noch jung wirkendes und fast faltenloses Gesicht, das schon so viele Momente des Krankseins und der Schmerzen erlebt hatte, zurück. Ein ansteckendes Lächeln, denn Evi besaß die Gabe, die Menschen auf angenehme Weise *anzustecken.* Sie mit ihrer Liebe zu *infizieren* – mit einem unbeschreiblichen Lebens- und Glücksgefühl, das anderen Mut machen konnte. Auch ich war vor vielen Jahren einmal seelisch am Ende gewesen, und Evi hatte mir Mut und Lebenswillen geschenkt, um weiterzuleben. Ich wünschte mir heute, dass ich noch oft die Möglichkeit hätte, mich an Evis Lebensader zu klammern. Manchmal habe ich das Gefühl, dass sie immer noch für mich strömt, wenn ich im Traum an Evi und unseren gemeinsamen schönen Tag im späten Herbst denke.

Ja, Evi hatte vieles durchgemacht. Ihr Mann hatte sie vor vielen Jahren verlassen, weil ihm die Krankenhausaufenthalte seiner Frau und ihre Therapien irgendwann zu viel wurden und er in die Welt der Gesunden zurückkehren wollte. Obwohl meine Freundin doch eigentlich nie klagte und niemandem und schon gar nicht ihrem

Mann zur Last fallen wollte, distanzierte sich dieser bald innerlich und äußerlich von ihr, indem er sie einfach aufgab und verließ. Aber hatte nicht schon Brecht in seiner Mutter Courage in der Person der stummen Kattrin gezeigt, dass die Menschen das Behinderte und Kranke nicht lieben und deshalb eher ablehnen? Denn der Koch Lamb wollte seine Geliebte, die Courage, nicht zusammen mit ihrer Tochter Kattrin, der stummen und gequälten Kreatur, in das Wirtshaus nach Utrecht mitnehmen, weil er wusste, dass die gesunden Gäste das Behinderte nicht ständig um sich haben wollten. Doch die Courage entschied sich für ihre behinderte Tochter und gegen das Wirtshaus und lehnte den Antrag des Kochs schlichtweg ab. *Heute denken wohl die meisten Menschen nicht mehr so wie einst die Mutter Courage,* kam es mir wie ein Blitz in den Sinn.

Evis Mann entschied sich also für das Wirtshaus und gegen seine behinderte Frau und ihre Krankheit. Ja, im wahrsten Sinne des Wortes, Gott musste ihn gestraft haben, denn er wurde bald zu einem Säufer, der nur noch selten an seine kranke Frau zurückdachte. Und als Evi im letzten Spätherbst starb, sei er im betrunkenen Zustand zur Beerdigung gekommen oder besser getorkelt und schließlich an ihrem Grab zusammengebrochen und habe unaufhörlich geweint, sodass ihn die anderen Trauergäste die ganze Zeit über beruhigen und stützen mussten, wie man es sich später in der Stadt erzählte. Nun war es für den Mann für eine wirkliche Reue und Umkehr zu spät. Und Evis Sonnenstrahlen würden nie wieder in ein Menschenherz fallen. Ihr Licht war für immer erloschen und hatte die Welt verlassen. Aber hatte es dies wirklich? Es war wohl wieder dahin zurückgegangen, woher es einst gekommen war. Ein einzelnes Licht war zu einem leuchtenden Meer von unzähligen Lichtern geworden, um in diesem weiter zu leuchten. So schien es mir damals, so scheint es mir manchmal noch heute.

Danke, Evi, dass du mich immer so glücklich und froh gemacht hast, dachte ich, als ich Evi das letzte Mal auf dem Friedhof besuchte. *Und auch danke dafür, dass ich heute nicht mehr traurig bin, wenn ich an dich zurückdenke.* Denn als ich mich umdrehte und mich von ihrem Grab entfernte, hatte ich das unbeschreibliche Gefühl, dass mich jemand verstand, weil ein Sonnenstrahl vor mich auf meinen Weg fiel und mir Sicherheit und Geborgenheit verlieh. Und jetzt erst wurde mir zum ersten Mal richtig bewusst, dass zu jedem Leben auch der Tod gehört. Ein Tod, der uns Hinterbliebenen aber nicht unbedingt von unseren Lieben, die uns verlassen haben, trennt.

Ja, und nun wird wohl manch einer wissen wollen, welche Geste Evi denn eigentlich machte und was sie mir damit sagen wollte. Welche Schätze sie mir aus ihrem impulsiven Lebensüberfluss mitgeben wollte oder tatsächlich vermittelte. Nun, sie tat und sagte nur sehr wenig, aber doch so viel: *Den da oben kenne ich auch.* Und dabei zeigte sie mit dem dünnen Zeigefinger ihrer rechten Hand in einen wolkenlosen, strahlenden Himmel hinauf. In einen Himmel, der sich sogleich öffnete, als Evi ihn mit der Spitze ihres Fingers berührte.

Der Drachenflug

Kurzgeschichte

Mein Traum ist es, dass sich meine Wünsche wohl niemals ganz erfüllen werden, weil ich in diesem Moment aufgehört haben werde, zu träumen und damit mein Traum vorbei sein wird. Durch die Nichterfüllung aller meiner Wünsche werde ich weiterhin von etwas Schönerem und Besserem träumen, das, wenn es wirklich in Erfüllung gehen sollte, nur ein Teil einer ganz alltäglichen Realität sein wird, die mir dann vielleicht das Träumen verbieten und mich *traumlos* glücklich machen kann.

Mein großer Traum ist aber dennoch, mit einem Drachen hoch oben am Himmel dahinzugleiten. Über den Landschaften, Flüssen und Seen zu schweben, fast schwerelos, so als wäre ich eine weiße Taube, die nach einem festen Eiland sucht. Irgendwann mit einem Olivenzweig im Schnabel wie Noahs Taube zur Arche zurückkehrt. Als eine weitere Taube auf einer Insel ein Nest baut und die Absicht hegt, eine Familie zu gründen und nicht mehr zur Arche zurückzukehren. Sie gleitet dahin, über Dächer von Städten und Dörfern und weiter über Seen, Bäche, Teiche, Moore und Tümpel, bis sie schließlich ihren Platz gefunden hat, wo sie sich häuslich niederlassen kann.

Ich dagegen kann, mit meinem Drachen dahingleitend, die Welt und ihre Vielfalt von oben nur aus einer *künstlichen Vogelperspektive* beobachten. Sie kommt mir jetzt ganz klein vor, und auch meine Ängste und Sorgen von dort unten, nämlich von der Erde, erscheinen mir plötzlich hier oben unbegründet und relativ gering.

Immer kleiner werden sie, bis ich sie schließlich gar nicht mehr erkenne, weil ich zu einem Teil des sichtbaren blauen Himmels und der Wolken, vielleicht auch zu einem Teil des Weltalls, des Universums geworden bin. Und ich denke mir, dass es keinen besseren Psychotherapeuten als den Himmel geben kann, der mich so frei und unbeschwert assoziieren lässt, weil er mich zu einer *weißen Taube* über einem azurblauen Meer werden lässt.

Vielleicht kann ich dann mit meinem Drachen auch irgendwo landen, wo es besonders schön ist und die Sonne an einem hellen

Sommertag scheint. Ich könnte auf einer grünen Wiese landen, die gerade mit gelben Butterblumen übersät ist, über die Schmetterlinge hinwegflattern und auf der einige Kinder spielen, die eilig herbeigelaufen kommen, um mich und meinen Drachen staunend zu begrüßen. Nachdem ich mich auf der bunten Wiese genug ausgeruht hätte, könnte ich meinen Höhenflug mit dem Drachen fortsetzen und hoch oben am Himmel einer Schar von Singvögeln begegnen, die gerade aus ihren warmen Winterquartieren aus dem südlichen Teil von Afrika zurückkehren, um die Sommerzeit in nördlichen Gefilden zu verbringen, wo es jetzt um diese Jahreszeit gewiss auch angenehmer und wärmer wird. Eventuell würde ich den Vogelschwarm eine Zeit lang begleiten oder hinter ihm her segeln, bis sich schließlich irgendwo und irgendwann unsere Wege von allein trennen. Mensch und Tier verschiedene Wege gehen. Verzeihung – will sagen, fliegen – wie es die Natur wohl manchmal so und nicht anders verlangt.

Ja, und je mehr sich der schöne Sommertag seinem Ende nähert, würde ich versuchen, den großen Drachen wieder dahinzusteuern, von wo mein Flug seinen Ausgang genommen hat.

Vielleicht bin ich aber auch an einem schönen Sommerabend noch bis zur anbrechenden Dunkelheit mit meinem Fluggerät unterwegs. Die Wärme des Tages, die noch am Abend über einer romantischen Landschaft liegt, wird durch die leichte Sommerkleidung meine Haut sanft berühren und erwärmen, und ein frischer Sommerwind wird mir fast zärtlich durch die kurz geschnittenen Haare streichen, wenn ich tief unter mir die ersten Lichter erkenne. Dort unten, wo die Menschen leben, für die sich jetzt der Tag seinem Ende zuneigt. Ein Tag, so schön wie alle anderen Tage vorher. Ja, ein herrlicher Sommertag, der ein Sonntag gewesen sein könnte. Und ich begrüße die Menschen herzlich in meinen Gedanken, weil ich nun denke, dass ich wieder dort unten bei ihnen in ihren Häusern und Wohnungen sein möchte und nicht mehr einsam und allein wie ein von seinen Artgenossen ausgestoßener und verlassener Mensch oder Vogel hoch oben am Himmelszelt kreisen will. So äußern und ändern sich also meine Stimmungen und demzufolge auch meine Wünsche, ganz wie die Tageszeiten, und ich fühle mich nun wie Noahs Taube, die noch einmal in den Schutz und die Geborgenheit der Arche zurückgekehrt ist, weil sie kein trockenes Land für sich entdeckt hat.

Als ich unten wohl gelandet bin und mich schon wieder auf dem Heimweg und später in meiner kleinen Wohnung in der Nähe der Menschen, die ich kenne und die mich auch kennen und lieben, wie ich hoffe, befinde, überblicke ich in Gedanken noch einmal den schönen Tag und überlege mir, was ich alles erlebt und gesehen habe. Ich habe plötzlich das Gefühl, dass ich keine Minute lang während meines Fluges allein war, sondern ständig mehr oder weniger stille, sichtbare und unsichtbare Begleiter um mich hatte. Nicht nur die Vogelschar, die sich auf der Durchreise befand, sondern auch Berge, Wälder, Seen, Flüsse und Bäche, die meine Augen deutlich von oben erkennen konnten. Und sogar die kleinen Tümpel mit den Fischen darin, die ein Menschenauge aus der Höhe gar nicht mehr sehen und die ich mir deshalb nur vorstellen kann. Aber auch die Städte und Dörfer, in denen Menschen leben, von denen mein Flug seinen Ausgang genommen hat. Auch die Sonne, der Wind und die Wolken waren meine Beobachter und Begleiter. Und sicher wohl auch Gott, den nur mein inneres Auge sehen kann und den ich mir deshalb gerade eben noch im Geist vorstellen kann. Und alle haben sie die ganze Zeit über zu und mit mir gesprochen, sich freundlich mit mir unterhalten. Leise, ruhig, fast schon lautlos still, sodass ich die Gegenwart der Menschen, mit Ausnahme die der spielenden Kinder auf der Wiese, gar nicht bemerkt oder vermisst habe.

Und wenn ich dann spät am Abend, matt und müde von der Flugreise, in meinem Bett liege und aus dem Fenster schaue und den mit unzähligen Sternen übersäten Himmel betrachte, habe ich das Gefühl, dass ich immer noch dort oben am Himmel mit meinem Drachen über oder zwischen den Wolken gleite und kreise. Irgendwo zwischen Mond und Sternen, ganz weit am dunklen Firmament, so als wäre ich selber ein kleines Sternchen unter den vielen anderen, die am Himmel leuchten und die die Menschen auf ihrer Reise durch das Dunkel der Nacht und manchmal auch der Welt begleiten.

Dann schlafe ich ruhig und glücklich in meinem Bett – *meiner Arche* – ein und träume von dem nächsten Sonntag, wo ich wieder mit meinem Drachen zu einem Flug aufbrechen werde. Oder als weiße Taube mit einem Olivenzweig im Schnabel zur Arche zurückkehre. Ich denke an die vielen schönen Dinge, die ich von oben sehe und schon gesehen habe und male mir all die Dinge aus, die ich noch nicht gesehen habe und sehen möchte, und erst in den frühen Morgenstunden, als der neue Tag einer neuen Woche für mich endgültig anbricht, bin ich mir ganz sicher, dass mein Traum Wirklichkeit geworden ist, auch wenn ich in meinem ganzen Leben noch niemals mit einem Drachen geflogen oder als weiße Taube am blauen Himmelszelt gekreist bin.

Der Tisch kann nicht wertvoller sein, als die Menschen, die daran sitzen

Kurzgeschichte

Ich hatte wie jedes Jahr an Silvester meine sieben besten Freunde zu mir eingeladen, die wie üblich an dem großen Esstisch in meinem Wohnzimmer Platz nahmen und auf die guten Dinge warteten, die da kommen sollten. Alle waren wir fröhlich und ausgelassen und freuten uns darauf, den Jahreswechsel gemeinsam zu erleben – wie in jedem Jahr. In ein paar Minuten würde ein Party-Service unserer Stadt draußen schellen und das warme und kalte Buffet anliefern, das ich vor einer Woche ausgesucht und bestellt hatte. Ich kannte ungefähr die Geschmäcker meiner lieben Gäste und hatte mich deshalb in der Auswahl der Speisen darauf eingestellt, denn ein Freund von mir war strenger Vegetarier und ein anderer aß schon seit Jahren nur noch Fischgerichte, sodass die Tafel für jeden von ihnen etwas Geeignetes enthielt, damit der Abend ein gelungener werden würde und niemand meiner Freunde enttäuscht sein musste. Die äußeren Dinge schienen mir immer sehr wichtig, vielleicht damals wichtiger als die inneren. Einige versilberte Kerzenleuchter warfen zu diesem Zweck aus angemessener Entfernung einen sanften Lichtschein auf das sich in einer nicht so stark beleuchteten Nische befindende Wunderwerk der Koch- und Backkunst. Das äußere Gemälde wurde klangvoll untermalt von herrlicher Musik aus dem neuen CD-Player, den ich zu Weihnachten von meinen Eltern geschenkt bekommen hatte: Vivaldi und Cherubini, dazwischen Pop und Rock. Für jeden Geschmack war etwas dabei. Alles im Stil sehr kultiviert und dem Anlass angemessen. Mit einem Kerzenschimmer Feierlichkeit über dem ganzen Geschehen. Auch wie in jedem Jahr.

Meine Freunde, sieben an der Zahl, waren wie immer sehr angetan von der pittoresken und festlichen Atmosphäre, die in dem Raum und in meiner mir ziemlich klein erscheinenden Wohnung herrschte, und es wurde reichlich gegessen und getrunken, sodass alle sehr zufrieden schienen mit dem, was ihnen auf den kalten und warmen Platten angeboten wurde. Der Alkohol zeigte schon bald seine erste Wirkung, und man lachte und scherzte ausgiebig, tauschte Erinnerungen an das alte Jahr aus, das gerade erst zu Ende gehen sollte und das jedem von uns etwas anderes gebracht hatte. Einer von uns hatte eine fantastische neue Stelle angetreten, und ein anderer war arbeitslos geworden, weil seine Firma Arbeitsplätze ins Ausland verlegt hatte. Einer wurde von einer schweren Krankheit wieder gesund, und einem anderen war die unheilvolle *Diagnose Krebs* mitgeteilt worden. Alles hatten wir, wie schon in jedem Jahr vorher, gemeinsam getragen oder wenigstens den Versuch in diese Richtung unternommen, und so blickten wir voller Hoffnung und Zuversicht auf das langsam am Horizont aus dem Dunkeln auftauchende neue Jahr und was es wohl für jeden von uns bringen würde. Furcht und Sorgen blieben in der Verbannung – waren wie ausgelöscht, denn jeder fühlte sich im Kreis mit den anderen gut aufgehoben und geborgen. Das neue Jahr sollte nur kommen, man würde es schon gemeinsam durchstehen und meistern, denn dazu war ja wahre Freundschaft da, nämlich einer für den andern präsent zu sein, wenn es ihm mal nicht so gut gehen sollte. Am heutigen Abend ging es aber allen gut, denn Trauer-Geister waren zur Feier nicht zugelassen worden, wurden ausgiebig belacht und mussten draußen bleiben. Draußen vor der Tür in der Kälte einer Winternacht, wie es sich eben für Silvester gehörte.

Dann überfiel mich nach einigen Gläsern Sekt und Wein plötzlich der unsinnige – weil für meine Verhältnisse in vollem Maße überhebliche Einfall oder Gedanke – dass es schön wäre, Silvester in einem großen Haus, einer Villa mit überdachtem und beheiztem Swimmingpool und Sauna zu feiern. Weil die räumlichen Möglichkeiten doch ganz anders wären und meine Freunde in der späten Silvesternacht oder am Morgen danach nicht mehr mit dem Taxi nach Hause fahren müssten, sondern bei mir im Haus in Gästezimmern übernachten könnten. Wir würden dann nachts nach dem Buffet noch gemeinsam in die Sauna und danach schwimmen gehen und nach Lust und Laune weiter feiern, bis uns irgendwann die Müdigkeit packen und einer nach dem andern sich zur Ruhe begeben würde. Ja, das wäre wirklich und wahrhaftig traumhaft, weil ein Traum von mir, und augenblicklich, nachdem ich darüber nachgedacht hatte, fielen mir auch schon die Augen zu, wovon ich aber selber nichts merkte, denn ich hatte das beständige Gefühl der inneren Wärme und Geborgenheit, immer noch mit meinen Freunden an dem reichlich gedeckten Tisch zu sitzen und mich mit ihnen zu unterhalten. Vielleicht waren die Arbeit heute Morgen im Geschäft und der Einkauf danach zu anstrengend gewesen, sodass mich plötzlich diese starke Müdigkeit überkam, die jedoch meine Gedanken nicht lähmte, die mir jetzt wild und bunt im Kopf herumflogen, was mir in keiner Weise unangenehm schien, sondern mich eher noch in einen sonderbaren Zustand des Abgehoben-Seins versetzte, der dem des Fliegens – ähnlich wie in Nils Holgerssons Abenteuer – wohl am nächsten kam. Ich befand mich plötzlich – wie Nils auf dem Rücken des Gänserichs Martin über den Provinzen und Städten Schwedens – auf einer Reise durch die Zukunft, wie ich sie mir wohl eben in der Realität in der Gegenwart gerade erst gewünscht hatte und konnte deshalb die Gegenwart nicht mehr von der geträumten Zukunftsvision unterscheiden, weil beide Teile ineinander überzugehen begannen und das Ziel und Ende der beiden zeitlichen Dimensionen, die zu einer Einheit verschmolzen waren, auf jeden Fall und für jede mögliche Phase meines wundersamen Höhenflugs noch im Dunkeln lag.

Ja und sieben Jahre sollte mein *schöner Traum* nun wohl dauern, so glaubte ich jedenfalls zu träumen. Sieben Jahre, die fette und reiche Jahre wurden und in denen ich zu einem beträchtlichen Vermögen kam, wohl auf Kosten meiner sieben Freunde, was mir aber bisher leider nicht bewusst war. Ein großes Haus sollte mir nach den sieben Jahren gehören, mit einem Luxusauto davor. Auf meinen Konten im In- und Ausland lagen große Geldbeträge, und Goldbestände ruhten in den unterirdischen Tresoren der Bankhäuser in Zürich, Wien und München. Dazu kamen noch einige Bündel mit Aktien und Wertpapieren mit den höchsten Dividenden und Renditen, die ich mein Eigentum nennen durfte.

In den sieben fetten Jahren war ich so mit dem Zählen von Geld beschäftigt, dass mir gar keine Zeit mehr für andere Dinge blieb, wie etwa zu einem Spaziergang in der wunderschönen Natur an einem herrlichen, warmen Sommermorgen. Denn das Gold strahlte fast so hell oder noch heller als das Sonnenlicht, nur barg es keine Wärme in sich, was ich leider erst zu spät bemerkte. Und auch die vielen anderen Besitztümer brachten mir keine wirkliche innere Herzenswärme, Ruhe und Geborgenheit, wie ich sie immer im Kreise meiner Freunde empfunden hatte.

So brauchte ich in den sieben fetten Jahren auch keine Menschen und Freunde um mich herum, denn meine gehorteten Schätze, die mir inzwischen über den Kopf gewachsen waren, bedeuteten mir alles, mehr als alle Menschen mir vorher in meinem Leben bedeutet hatten. So glaubte ich jedenfalls während des Geldzählens, denn der Gedanke an menschliche Nähe war mir irgendwie fremd geworden, und ich schlich nur noch in die Keller der großen Banken zu den Tresoren, wo meine Schätze ruhten, die mein ein und alles geworden waren.

So träumte ich also meinen Traum bis zum Ende des siebten Jahres weiter, der mir aber gar nicht wie ein Traum vorkam, sondern wie die Verwirklichung eines Wunschbildes, das beim Essen mit meinen Freunden vage Gestalt angenommen hatte und schließlich zu einer neuen Form der Realität geworden war. Einer virtuellen Wirklichkeit vielleicht, die mir aber besser erschien als alle grauen Realitäten vorher. Auch der Tisch, an dem ich mit meinen Freunden einst gesessen und gegessen hatte, bestand heute nicht mehr aus gewöhnlichem Holz, sondern war mit einer Schicht aus purem Gold überzogen und zu allem Überfluss noch mit Halbedelsteinen verziert.

Dann kam der Tag, die Stunde oder die Minute – ich kann es in diesem Zustand und Teil meines Traumes schlecht beurteilen – in der ich das Gefühl hatte, aus dem Traum zu erwachen oder schon erwacht zu sein, und mir fielen plötzlich meine sieben Freunde ein, mit denen ich früher oft verkehrt und gefeiert hatte, wie eben vor sieben Jahren an Silvester in meiner kleinen und bescheidenen Wohnung. Ja, es musste nun bald wieder Weihnachten und Silvester sein, und ich wollte deshalb schnell versuchen, sie zu erreichen, um sie zu meiner Weihnachts- und Silvesterparty in meine neue große Villa einzuladen. Einen beheizten Swimmingpool und eine Sauna gab es nun auch im Keller und natürlich genügend Gästezimmer, sodass niemand mehr in der kalten Nacht nach Hause aufbrechen musste.

Beim Anruf des ersten Freundes kam nur die Ansage einer eintönigen Frauenstimme: *Kein Anschluss unter dieser Nummer.* Auch beim Anruf des zweiten und dritten Freundes erhielt ich immer wieder dieselbe Ansage: *Kein Anschluss unter dieser Nummer.* So ging das schließlich bis zur siebten Telefonnummer meines siebten Freundes, und ich hatte plötzlich das Gefühl, hilflos und allein zu sein und ließ mich mutlos auf das vor mir stehende Sofa sinken. Nach einer Stunde rief ich die Auskunft an, die mir aber auch nicht weiterhelfen konnte, weil die Telefonnummern meiner sieben Freunde, die wie ich alle in derselben Stadt Hamburg wohnten oder gewohnt hatten, während der letzten sieben Jahre aus den Telefonbüchern entfernt worden waren, die letzte erst vor ein paar Monaten, und es in ganz Deutschland keine neuen Telefonbucheinträge für einen meiner Freunde gab. In keiner Stadt und in keinem Dorf. Sie schienen irgendwie vom Erdboden verschluckt zu sein, weshalb ich mich auf den Weg zum Einwohnermeldeamt meiner Stadt machte, um hier nachzufragen, wohin meine Freunde gezogen sein konnten. Beim Amt wollte man mir nur gegen eine Gebühr die gewünschte Auskunft geben, die ich schnell entrichtete, worauf ich kurze Zeit darauf die bittere Wahrheit mitgeteilt bekam. In jedem Jahr war während der letzten sieben Jahre einer meiner Freunde gestorben, der letzte erst vor ein paar Monaten. Ich hatte mich in der ganzen Zeit niemals mehr um sie gekümmert, weil ich so sehr damit beschäftigt gewesen war, meine Reichtümer zu sammeln und zu zählen, meine Immobilien, mein Gold und Geld und meine Wertpapiere …

Nun gehörten mir alle diese herbeigesehnten herrlichen Reichtümer, aber ich fühlte mich trotzdem ärmer als je zuvor. Was hatte einer meiner Freunde einmal zu mir gesagt, als er mich im Krankenhaus nach einem Verkehrsunfall besuchte: *Der Tisch kann nicht wertvoller sein als die Menschen, die daran sitzen.* Ja, einen wunderschönen Tisch hatte ich jetzt, einen, der mit Gold überzogen und mit Halbedelsteinen verziert war, aber keinen Freund mehr, den ich noch besuchen konnte und der mich wie in früheren Zeiten in meiner alten Wohnung besuchen würde. Alle meine mir lieb gewordenen Menschen lagen auf dem Friedhof, und da nutzten sie mir, als dem übrig gebliebenen Lebenden, auch nichts mehr. Sie würden mich gar nicht mehr hören können dort unten in ihren Gräbern, wenn ich in der eisigen Kälte eines früh anbrechenden, dunklen Winterabends zu ihnen sprechen würde, so wie ich immer am Weihnachtsabend oder in der Silvesternacht mit ihnen gesprochen hatte.

Der Tisch kann nicht wertvoller sein …, hatte ein lieber Freund einmal gesagt. *Hör doch auf!*, rief ich laut. *Ich will Silvester nicht allein sein, ich kann nicht …, oh lieber Gott, hilf mir doch …*, schrie ich ganz herzzerreißend, sodass meine Augen zu weinen begannen und mein Leben sicher bald zu Ende sein würde, wenn nicht noch eine Hilfe für mich kommen würde.

Dann hörte ich dieselbe Stimme noch einmal, aber sie klang nun nicht mehr wie aus einem geheimnisvollen Traum. Ich fühlte, wie sich ein Arm um meine Schulter legte und ich langsam, fast im Rhythmus des Pulsschlags meines Herzens, wieder zu mir kam und zu atmen begann. Ich sah, wie sich ein Gesicht über mich beugte und erkannte meinen Freund Peter, der mich freundlich anlächelte und mich fragte, warum ich so geschrien und geweint habe, dass das weiße Tischtuch vor mir davon nass geworden sei. Auch meine anderen sechs Freunde saßen um den reichlich gedeckten Tisch vor ihrem Essen und starrten mich mit erstaunten Augen an. Dann erklärte mir Peter, dass ich in meinem kurzen Schlaf, der mir selber wie eine lange Traumreise oder ein hundertjähriger Aufenthalt in einem verwunschenen Märchenschloss vorgekommen war, etwas halblaut vor mich hingemurmelt hätte, das sich angehört habe wie: *Der Tisch kann nicht wertvoller sein als die Menschen, die daran sitzen.*

Ja, das stimmt, erwiderte ich nun den sieben verblüfften Augenpaaren, die mich immer noch fragend ansahen. *Ich habe es eben in meinem Traum erlebt. Darum lasst uns heute fröhlich und ausgelassen beisammen sein und feiern, um sorglos in das neue Jahr zu gehen, denn ein Tisch kann doch niemals wertvoller sein als die Menschen, die daran sitzen.*

Daraufhin lachte ich von ganzem Herzen, sodass auch meine Freunde zu lachen begannen, bis die Decke in meinem Wohnzimmer fast bebte und der schiefe Leuchter mit den sieben Kerzen darauf zu wackeln begann. Mitten in meinem Lachen zwinkerte ich für den Bruchteil einer Sekunde zur Decke hinauf, ob vielleicht noch ein anderer seine Hände mit im Spiel gehabt und mich verstanden hatte. Er hatte, denn es war mir, als hätte gerade jemand anders mitgelacht, dessen Stimme ich vorher noch nicht gehört hatte. Vielleicht oder sicher war auch dieser jemand glücklich darüber, dass ich so heil und wohlbehalten von einer aufregenden und sehr gefährlichen Reise durch (m)ein menschliches Innenleben und die Zukunft, ohne Schiffbruch an Herz und Seele zu erleiden, heimgekehrt war.

Ich dankte noch einmal still den sieben Augenpaaren meiner Freunde und dem einen über allen, das für die meisten Menschen, außer gelegentlich in oder nach einem Traum, unsichtbar bleibt. Als ich am Morgen nach der Silvesternacht ausnahmsweise auf dem Sofa meiner mir nun gar nicht mehr klein erscheinenden Wohnung aufwachte, hörte ich die Worte wieder und immer wieder, diesmal ganz leise, denn sie waren in meinen zu neuem Leben erwachten Gedanken haften geblieben, um mich hoffentlich in den nächsten sieben Jahren sicher zu bewahren und zu begleiten: *Der Tisch kann nicht wertvoller sein als die Menschen, die daran sitzen.*

Die Sprache der Fische

Novelle

Der Alte hatte seinen Schmerz schon so viele Jahre in sich getragen, dass er müde geworden war und keinen Schritt mehr weitergehen wollte. Er war auf seinem langen Weg vielen Menschen begegnet. Solchen, die ihm freundlich gesonnen waren und ihn seine Last vergessen ließen, und auch solchen, die ihn ständig an sein Schicksal erinnerten, das die alten Wunden in ihm wieder aufbrechen ließ. Dann wünschte er sich ein Ende seines Weges und seiner Seelenqualen. Er wünschte sich ein Zuhause, Wärme und Geborgenheit in dunklen und kalten Winternächten und einen strahlenden und hellen Sommertag, wenn Kälte und Dunkelheit längst überstanden waren.

Ein alter Mann schließt in der Dunkelheit einer schon früh hereinbrechenden winterlichen Nacht die Kirchentür ab, in der bis vor wenigen Minuten noch ein klassischer Liederabend stattgefunden hat. Es ist Mitte Dezember und sehr kalt draußen, und der Alte ist in einen dicken warmen Anorak mit einer pelzgefütterten Kapuze, die er ganz über den Kopf gezogen hat, eingehüllt. Seine behaarten, knochigen Hände lassen nicht auf sein wahres Alter schließen, weil sie in wattierten Lederhandschuhen stecken. Das kaum Spuren des Alters aufweisende Gesicht ist bis vor der von der Kälte geröteten Nase mit einem handgestrickten Wollschal geschützt und somit zur Hälfte unsichtbar. Johannes, so heißt der wintermäßig gekleidete Mann, prüft vorsichtshalber noch einmal, ob die Kirchentür des Seiteneingangs der gotischen Kirche aus dem 12. Jahrhundert, aus dem er vor wenigen Minuten nach dem letzten Besucher herauskam, auch richtig verschlossen ist und macht sich dann langsam auf den Weg heimwärts. Er hat die Richtung über den alten Friedhof eingeschlagen, weil das seinen Weg etwas abkürzt, denn seine Wohnung befindet sich auf der anderen Seite der kleinen Stadt, die ihm seit der Zeit seiner frühen Kindheit und Schulzeit vertraut ist.

Seit der Zeit, in der er vor Jahren die Anstalt verlassen hatte, in die man ihn als jungen Mann eingewiesen hatte, diente er nun schon seiner lutherischen Kirchengemeinde, und das wurden am 19. März dieses Jahres bereits zehn Jahre, soweit sich Johannes zurückerinnern konnte. Die Kirchengemeinde hatte ihn an sich schon mit vierundsechzig in den Ruhestand schicken wollen, aber da Johannes wegen seines langen Aufenthaltes in einer Einrichtung für geistig Behinderte noch so viele Rentenjahre fehlten, damit er als Rentner menschenwürdig leben konnte, hatte man an oberster Stelle eine Ausnahme gemacht und ihn noch etwas länger dabehalten, damit er sich zu seiner spärlichen Altersversorgung noch etwas dazuverdienen konnte. Aber auch diese ihm zusätzlich vergönnte Zeit würde mit dem Ende des nächsten Monats abgelaufen sein, und Johannes musste dann wohl oder übel seinen, wenn auch noch nicht ganz verdienten Altenteil antreten, mit dem er sich aber noch gar nicht so richtig anfreunden konnte. Denn die Kirchenarbeit füllte einen guten Teil seines augenblicklichen Lebens im Alter aus, ließ ihn aus seinen vier Wänden heraus- und unter die Menschen kommen für die er sich in sinnvoller Weise nützlich und unentbehrlich machen konnte. Seine hilfreiche Tätigkeit und Unterstützung des Pfarrers in der Kirche und in der Seniorenarbeit waren aber auch ein wesentlicher Teil der Weltanschauung von Johannes, nämlich der seines Glaubens, der ihn durch viele Jahre eines oftmals schweren Lebens getragen hatte, der sein Trost in leeren und einsamen Stunden gewesen war, dann, wenn sich Johannes wieder einmal einsam und allein fühlte und sich an die schöne und leider nur kurze Zeit seiner Kindheit und Jugend zurückerinnerte.

Denn Johannes hatte seit vielen Jahren niemanden mehr auf der Welt. Seine Eltern waren zwanzig Jahre nach seiner Aufnahme in eine Anstalt für psychisch Kranke in der Nähe von Heidelberg beide nacheinander gestorben. Zuerst der Vater und ein paar Jahre später auch die Mutter, und auch seine zwei älteren unverheirateten Zwillingsschwestern waren nun beide seit fast fünf Jahren tot. Johannes hatte seine Familie über alles geliebt und liebte sie auch jetzt noch, obwohl ihn seine Eltern schon drei Jahre nach seiner Einweisung in die Anstalt Wiesloch bei Heidelberg nicht mehr dort besucht hatten und auch seine Schwestern sich mit den Jahren immer mehr von ihm abnabelten, ihre Besuche schließlich ganz einstellten und ihm auch nicht mehr schrieben. So war er mit den Jahren ganz allein auf der Welt gewesen, ohne einen Menschen, der ihm nahestand und der sich seiner hätte erbarmen und annehmen können. Eine alte Tante aus Mainz, die ihm ab und zu einmal eine Karte aus dem Sommerurlaub aus Bayern oder Österreich schickte und jedes Jahr zu Weihnachten noch ein kleines Päckchen mit einem selbst gebackenen Stollen und einem Brief dazu, hatte die Welt schon vor über einem Jahr verlassen, und Johannes sehnte sich manchmal danach, dort zu sein, wo seine Lieben jetzt waren, denn dann wäre er nicht mehr ganz so allein. Er rechnete es seinen Eltern und Schwestern auch nicht an, dass sie irgendwann schon früh ihre Besuche und Briefe an ihn eingestellt hatten. Vielleicht schämten sie sich seiner und wollten nicht immer daran erinnert werden, dass einer ihrer Angehörigen sein Leben in einer Behinderten-Anstalt verbrachte. Sie hatten ja schließlich auch gesellschaftliche Verpflichtungen, denen sie sich nicht entziehen konnten, und mit einem geistig Behinderten ließ sich, aufgrund der vielen Vorurteile in der Gesellschaft und im Hinblick auf eine spätere Heirat seiner beiden Schwestern, eben doch keine gute Partie für dieselben machen.

Ja, so oder ähnlich musste es wohl gewesen sein, dass man den damals noch jungen Johannes mit siebzehneinhalb Jahren einfach aufgegeben hatte. Und Johannes würde sich sicherlich als gesunder Mensch auch nicht anders verhalten haben als seine Eltern und Schwestern, als sie die Verbindung zu ihm ganz und gar und endgültig abbrachen. Denn die Vorurteile wurden einem Menschen doch irgendwie durch Erziehung, Kirche und Staat eingeimpft, und man konnte sich ihnen nur selten entziehen oder ihnen aus dem Wege gehen. Ja, selbst die Kirche machte in dieser und in mancher anderer Hinsicht keine Ausnahme, wie Johannes es selber in seinem Leben schon erfahren hatte.

So dachte Johannes manchmal, wenn er abends in dieser kalten Jahreszeit in der schon früh hereinbrechenden Dunkelheit von der Kirche aus über den vertrauten Friedhof in Richtung seines neuen Zuhauses ging. Vorbei an den Gräbern seines Vaters und seiner Mutter und denen seiner Schwestern, die alle hier dicht nebeneinander lagen und deren Ruhestätten in der heutigen Nacht in eine hauchdünne Schicht von Nebelschleiern eingehüllt waren, sodass man die auf den im schwachen Halbmondlicht bläulich schimmernden Marmorplatten eingravierten Namen kaum erkennen konnte.

Johannes spürte jetzt zunehmend die stechende Kälte durch seinen pelzgefütterten Anorak dringen, und nur der wunderbare Klang der Sängerin mit der Mezzosopranstimme, die an dem heutigen

Abend die Erlöserarie aus Händels Messias gesungen hatte, konnte seine Stimmung noch um einige Grad von dem Null- und Gefrierpunkt, an dem sie sich momentan befand, entfernt halten. *Ich weiß, dass mein Erlöser lebt ...,* Johannes hörte ihre wunderbare Stimme, die der Sängerin, jetzt ganz nah an seinem Ohr: *Und dass er am jüngsten Tage auf der Erde stehen wird; und wenn auch Würmer diesen Körper zerstören, werde ich in meinem Fleische Gott sehen.(1)* Seine Körpertemperatur schien im Nu um einige Grad anzusteigen, und Johannes wischte sich rasch mit seiner rechten behandschuhten Hand ein paar Tränen aus den Augen. Erst eine, dann noch eine ... und schließlich rief sein ängstliches Herz der Sängerin mit der Engelstimme stumm, aber doch für ihn selber gerade noch hörbar, zu: *Ich empfinde ebenso wie du.* Vielleicht weil sich seine innere Verzweiflung mit der Erlösung heimlich ein Duett wünschte, um befreit zu sein, bis es endlich aus seiner Seele herausbrach und er vor dem Grab seiner Mutter niederkniete und leise anfing zu schluchzen und zu weinen, weil es ihm nicht mehr möglich war, auch nur eine der Tränen aufzuhalten, die das traurig schöne Lied aus seinen alten und verbrauchten Augen herausweinen ließ. *Er lebt, ich lebe und ihr alle, meine Lieben, seid tot,* dachte Johannes nun beinahe laut, erhob und entfernte sich gedankenversunken von den Gräbern seiner Angehörigen, um vor der immer kälter und finsterer hereinbrechenden Nacht und vielleicht auch vor seiner stärker zunehmenden Traurigkeit in den eigenen vier Wänden seines Heims Schutz und Wärme zu suchen. Als er sich still und langsam davonstahl, konnte er die Stimme der Sängerin wieder sanft und leise hören. Sie sang ihren Teil der Arie zu Ende: *Nun aber ist Christus auferstanden von den Toten, der Erstgeborene jener, die schlafen.(2)* Johannes fühlte sich augenblicklich etwas besser und irgendwie befreit, weil die Stimme und die Musik seiner kranken Seele guttaten.

Ein Junge drückte aufgeregt seine Nase gegen die dicken, von bläulichem Marmor umgebenen Scheiben des mindestens zwei Meter langen Aquariums, das den großen Salon vom Esszimmer, in dem er sich gerade aufhielt, trennte. *Was sprechen die Fische da eigentlich miteinander?,* dachte der Kleine fast schon laut, als er sah, wie sich zwei ausgewachsene Segelflosser mit ihren Mäulern an den Kiemen berührten, dann den ganzen Fischkörper des anderen Stück für Stück abzutasten und sich beinahe abzuküssen schienen und sich daraufhin durch das weitläufige Becken verfolgten, um kurze Zeit später mit mal weit geöffneten, dann wieder verschlossenen Fischmäulern die Glasscheiben vor der halb zerquetschten Nasenspitze des vor innerer Unruhe hin- und herrückenden Jungen auf- und ab zu wandern. *Sie müssen doch irgendetwas sagen und sich gegenseitig verständigen,* dachte der Junge nun schon leiser, nur für ihn und sein waches Gehirn gerade noch verständlich, der sich nun wünschte, selbst ein Fisch zu sein und zwischen den Wasserpflanzen, den durch das Aquarium-Licht hell beleuchteten Stein- und Kieslandschaften und künstlich angelegten Höhlen einem Schwarm flinker Neonsalmler zu folgen, die gerade vor seinen Augen hinter den dicken Glasscheiben aufgetaucht waren und deren Farbbänder an ihren Flanken zwischen blau und grün wechselten und in Kontrast zu ihren roten flammenden Streifen standen. Sie erschienen dem aufgeweckten Jungen wie ein leuchtendes Neonlicht vor einer hell schimmernden Aquarium-Landschaft. Jetzt war der ganze Schwarm Neonsalmler hinter dichten Wasserpflanzen auf der anderen Seite des Beckens verschwunden, und stattdessen tauchte ein stolzer und schöner Segelflosser auf, dem die platt gedrückte Nase und die weit aufgerissenen Augen des Jungen nichts auszumachen schienen, denn er kreiste friedlich und wenig streitlustig seine Bahnen auf und ab, hielt dabei ständig mit seinem im Wechsel offenen, dann wieder verschlossenen Fischmaul stille Monologe – wie Johannes glaubte – die den Jungen aber nicht sonderlich zu interessieren schienen, denn dieser hatte seinen Blick bereits einem Schwarm von mindestens fünf bis sieben Guppys, das heißt Männchen mit wunderschönen, bunten Schleierschwänzen und den dazugehörenden schmuckloseren Weibchen zugewandt, die sich von der Wohnzimmerseite des fast einen halben Meter breiten Aquariums entschlossen zu haben schienen, dem Esszimmer und dem darin sich befindlichen Jungen einen kurzen, ihm gebührenden Besuch abzustatten.

Die Faszination des vorübergehenden, bald immer länger währenden, schon eine halbe Ewigkeit dauernden Augenblicks, die hinter den dicken Scheiben eines mit warmen Süßwasser, perlmuttweißen Kieslandschaften, Wasserpflanzen, Wasserschnecken und einer großen Anzahl wunderschöner tropischer Warmwasserzierfische lag, lenkte den Jungen so sehr von allen seinen weiteren ihn umgebenden Umwelteinflüssen ab, dass er gar nicht bemerkte, dass seine Mutter inzwischen in das Zimmer gekommen war, um nach ihrem Kleinen Ausschau zu halten, der ihre Rufe vom oberen Stockwerk, in dem sich die Schlafzimmer und das Arbeitszimmer des Vaters befanden, durch die eine Etage tiefer gelegene, weit geöffnete Wohnzimmertür anscheinend überhört hatte, da sich seine Gedanken und Vorstellungen so sehr mit den Fischen und ihrem ausgefüllten Unterwasserleben im Aquarium vereinigt zu haben schienen, dass er die Gegenwart von Menschen gar nicht mehr wahrnehmen und kaum noch auf diese reagieren konnte.

Johannes, ein aufgeweckter Junge von neun Jahren, der gerade auf das Gymnasium gekommen war, wirkte etwas schüchtern und zurückgezogen in seiner Art, weshalb die Eltern, insbesondere der Vater, schon seit seiner Zeit im Kindergarten den Eindruck hatten, einem kleinen Autisten auf die Welt geholfen zu haben, der sich gerne von anderen abkapselte und kein rechtes Interesse an anderen Kindern seines Alters zeigte, weshalb es ihm auch an passenden Spielkameraden mangelte und er sich viel lieber mit den zwei Haustieren, einer Siamkatze und einem Cockerspaniel und natürlich seinen geliebten Fischen im Aquarium beschäftigte, die ihn vollkommen in ihren Bann zu ziehen schienen. Er ließ sich deshalb auch nicht gerne von seiner Lieblingsbeschäftigung, dem stundenlangen Hocken vor dem großen Wasserbecken, das der Vater bei der Renovierung der Wohnung hatte einbauen lassen, abhalten.

Der manchmal etwas strenge Vater, von Beruf Richter am Amtsgericht in Wiesbaden, sah es nicht gerne, dass sein einziger Sohn fast den ganzen Tag in der warmen Stube zubrachte, anstatt mit anderen Kindern, Jungen seines Alters, gelegentlich draußen Fußball oder andere Jungenspiele zu spielen, die auch gleichzeitig zur physischen Ertüchtigung des Kleinen und einer gewissen körperlichen Robustheit hätten beitragen können und ihn so von der etwas verzärtelnden Hand seiner Mutter entfernt hätten, die seinen Jungen von der rauen Wirklichkeit in der Welt draußen doch nur fernhalten wollte. So schien es dem Vater jedenfalls, wenn er Johannes schon am frühen Morgen am Frühstückstisch sitzen sah, mit seinen blonden, gewellten Haaren, die ihm fast bis auf die Schultern herabfielen und die die Mutter liebevoll jede Woche zweimal mit einem speziellen Shampoo wusch, damit ihr Sohn ordentlich und gepflegt zur Schule gehen konnte, um bei Lehrern und Mitschülern nur den allerbesten Eindruck zu hinterlassen, den ein Junge in seinem Alter hinterlassen konnte, wenn er so artig und stets in allem so korrekt auftrat wie der kleine Johannes vom Schloss.

Denn so wurde der Junge von seinen Mitschülern genannt und manchmal auch geneckt, weil seine Eltern, er und seine beiden um ein Jahr älteren Zwillingsschwestern, Alexandra und Anna, vor ein paar Monaten einen ganzen Flügel eines alten Schlosses im Taunus bezogen hatten, den der Vater dem Besitzer des Schlosses, einem verarmten Baron, abgekauft hatte und auf eigene Kosten neu gestalten und renovieren ließ. Der Junge fühlte sich zwar wohl in dem Trakt des schönen alten Schlosses, in dem er jetzt mit seiner Familie lebte, aber er hatte den Eindruck und das Gefühl, von den anderen Schülern der Oberschule als etwas Besseres angesehen und von den Lehrern bevorzugt zu werden, was ihm gar nicht gefiel. Er wäre viel lieber wie seine Mitschüler zu jedem Kindergeburtstag eingeladen worden und hätte manche seiner Klassenkameraden auch einmal zu seinem Geburtstag nach Hause aufs Schloss eingeladen, was dem Vater aber nicht recht gefallen wollte. Bereits in der Grundschule hatte er mit sehr vielen Kindern aus den verschiedensten Gesellschaftsschichten die Klassenbank gedrückt, doch dem Vater, der noch vor der Wende vom 19. zum 20. Jahrhundert geboren war, war es nicht recht gewesen, dass sein einziger Sohn neben einem Fabrikarbeitersohn saß. Es sollte wenigstens der Sohn eines Lehrers oder Apothekers sein, um ihn zufriedenzustellen.

Ja, der Amtsgerichtsrat legte großen Wert auf solche gesellschaftlichen Unterschiede, weshalb die Eltern der meisten Kinder seiner Klasse von vornherein darauf verzichteten, Johannes zu sich einzuladen, weil sie den gesellschaftlichen Rang und die Einstellung sowie die Ressentiments seines Vaters kannten. Dies war auch der wesentliche Grund für die Isolation und Einsamkeit des Jungen, in die er sich nicht, wie der Vater meinte, selber hineinmanövrierte, sondern in die ihn die ungünstigen Umstände der väterlichen Einstellung versetzt hatten. Nämlich, sich von vielen anderen Menschen fernzuhalten, mit denen er sich eigentlich gerne angefreundet hätte, wenn es den Eltern nur recht gewesen wäre. Und die Eltern bestanden fast immer nur aus dem Vater, denn die Mutter ordnete sich in allen Dingen diesem unter, obwohl sie von Natur aus ein ganz und gar anderer Mensch war als ihr früh angeheirateter Ehemann. Sie war in ihrer Erziehung stets offen und verständnisvoll gegenüber ihrem kleinen Sohn und zeigte nie Strenge, sondern mütterliche Liebe und Wohlwollen ihren drei Kindern gegenüber. Doch in Gegenwart ihres Gatten war sie nicht in der Lage, sich für Johannes einzusetzen, sondern stellte sich ganz auf die Seite ihres

Mannes, auch wenn dies meistens nicht mit ihrer inneren Einstellung übereinstimmte. Aber sie war dazu erzogen worden, in allem dem Mann untertan zu sein, wenngleich sie diese biblische Pflicht nicht ganz so genau nahm und abmilderte, indem sie die ganze übrige Zeit, in der sie mit Johannes allein war, ihren Sohn so zärtlich und liebevoll behandelte, wie es keine andere Mutter in der Welt hätte besser tun können. Und so wurde der Sohn hin- und hergezogen zwischen den beiden Seiten oder Polen einer vom Vater geforderten pedantischen Pflichterfüllung und dessen manchmal cholerischen Strenge und der Fürsorge einer liebevollen und zärtlichen Mutter, was ihn manchmal unsicher machte, weil er nicht wusste, welche Richtung auf die Dauer für sein zukünftiges Leben die passendere und zweckmäßigere war, die ihn zu einem reifen und selbstständigen Menschen, zu einem Mann hätte heranbilden können, wie es sich der Vater wünschte. Er liebte die fürsorgliche und warmherzige Haltung seiner Mutter Charlotte und verachtete auch nicht ganz und gar die strenge Hand seines Vaters, obwohl ihm dessen Einstellungen oft missfielen, wie zum Beispiel die unmenschliche und kaum begründbare Voreingenommenheit gegenüber den sogenannten *unteren Klassen.*

Denn Johannes' Vater Christian stammte selbst aus ganz kleinen sozialen Verhältnissen, weil seine Eltern nur einen mittelgroßen Bauernhof in der Pfalz besessen hatten, der für alle nicht genug Geld zum Leben abgeworfen hatte, sodass Johannes' Großvater noch in der nahe liegenden Kreisstadt in einer Tuchfabrik arbeiten musste, damit seine Kinder wenigstens die Volksschule besuchen konnten. Christian durfte als das jüngste von vier Kindern mit Hilfe des Pfarrers und seiner sich früh abzeichnenden Intelligenz die höhere Schule besuchen, um später einmal an der großen Universität in Frankfurt Theologie zu studieren. Ja, so war es der Wunsch des Großvaters, eines gottesfürchtigen und angesehenen pfälzischen Hofbauern gewesen, dass sein Jüngster einmal ein gelehrter Pfarrer, ein Hochwürden in schwarzem Talar werden sollte, der die anderen sündigen Menschen auf den rechten Weg führen würde. Aber der Vater hatte sich an der Hohen Schule in Frankfurt schon nach einem Semester Theologie für die weltliche Jurisprudenz entschieden und wurde nach seinem Studium schon bald ins Richteramt übernommen, was seinen Eltern auch nicht missfiel. Er heiratete gleich nach Antritt seiner Stelle beim Amtsgericht in Wiesbaden die Mutter von Johannes, die die Tochter eines reichen

Weingutbesitzers war und von deren Mitgift und Erbe sie später den großen Flügel in dem alten Schloss im Taunus kaufen und renovieren konnten. Vorher hatte die Familie noch einige Jahre in einer wenige Kilometer entfernten Kleinstadt in einer Vierzimmerwohnung zur Miete gewohnt und war dann, nach Freistellung der finanziellen Mittel der Mutter, in die riesige, zweistöckige Schlosswohnung umgezogen, von der aus der Vater am frühen Morgen bequem mit dem Auto zum Gericht ins nahe Wiesbaden fahren konnte. Und auch die Kinder gelangten in weniger als einer Dreiviertelstunde mit dem Bus und einem anschließenden kleinen Fußmarsch zur höheren Schule in der Großstadt Wiesbaden. Sie waren nun Schüler eines neusprachlichen Gymnasiums, denn die ersten vier Klassen der Grundschule konnten die zwei Zwillingsschwestern und ihr Brüderchen noch in der vom Schloss nicht weit entfernten Kleinstadt, dort, wo sie mit den Eltern während ihrer frühen Kinderjahre gewohnt hatten, besuchen. Und in eben dieser Kleinstadt sollte sich viele Jahre später auch die Wohnung von Johannes in dessen höherem Lebensalter befinden. Dann, wenn alle seine Lieben schon lange nicht mehr leben würden und auch sein früheres Heim in dem schönen, alten Schloss seit vielen Jahren von einer ihm fremden Familie bewohnt sein würde. Sich ein alter Mann in einer Zeit wiederfinden würde, die der junge von damals nicht mehr gewollt hätte, wenn er jemals vorher danach gefragt worden wäre. Aber diese Zeit der inneren Kälte war gekommen, schneller als erwartet, und sie hatte den Alten in eine bittere Realität versetzt, die er nur noch aus der Perspektive der Erinnerung an eine ihm schöner erscheinende Zeit seiner Kindheit und frühen Jugend aushalten konnte. Auch, wenn die wenigen schönen Jugendjahre jäh unterbrochen wurden, erschienen sie Johannes doch als ein großes Geschenk, für das er sich bei seinem Schöpfer gar nicht genug bedanken konnte.

Denn Johannes sollte bereits im Alter von sechzehn Jahren, als er gerade am Gymnasium in Wiesbaden seine mittlere Reife erworben hatte, seelisch erkranken. Zumindest wurde ihm dies von seinen ihn behandelnden Ärzten bescheinigt, die der Vater mit seinem zum jungen Mann herangewachsenen Sohn im nicht weit entfernten Mainz wegen dessen gelegentlichen *Wahnvorstellungen* konsultiert hatte. Sein Sohn erscheine ihm als Richter manchmal etwas geziert, was vielleicht mit der Erziehung der Mutter zu tun habe, die sich als drittes Kind noch ein Mädchen gewünscht hätte, dafür aber einen Jungen bekam, erklärte der Jurist den Spezialisten bei seinen zahlreichen Arztbesuchen in der rheinlandpfälzischen Landeshauptstadt.

Die Verdachtsdiagnose einiger Ärzte hatte damals *Schizophrenie* geheißen, und ein Arzt äußerte sogar den Verdacht auf eine *Hebephrenie* oder hebephrene Verlaufsform der Schizophrenie. Diese sollte schon im Jugendalter beginnen und einen ungünstigen Verlauf nehmen. Johannes wurde bald von der Schuldirektion, zu der man den Vater und ihn vorgeladen hatte, aufgefordert, umgehend die höhere Lehranstalt zu verlassen. Der Vater hatte damals noch ein oder zwei andere Ärzte hinzugezogen, aber da die Diagnose *Schizophrenie* von einer bedeutenden Mainzer Kapazität, einem Professor für Neurologie und Psychiatrie, erstellt worden war, wurde sie von keinem der den jungen Mann weiterbehandelnden Ärzten angezweifelt und angefochten. Selbst das Versprechen seines Vaters, den Sohn nach einem kurzen stationären Aufenthalt in einer Klinik in Frankfurt weiter ambulant behandeln zu lassen, konnte nichts mehr daran ändern, dass Johannes von der Schule ausgeschlossen wurde und auch an keiner anderen höheren Lehranstalt in der Umgebung oder in einem Internat die Möglichkeit bekam, die höhere Schule zu beenden und sein Abitur abzulegen. Selbst ein psychologisches Gutachten eines namhaften Psychologen, das Johannes während der stationären Behandlung an der Frankfurter Klinik ausgestellt wurde und das ihm eine überdurchschnittliche Intelligenz und eine dem Alter entsprechende, normale geistige Entwicklung bescheinigte, konnte dem Jungen nicht mehr helfen. Weil Johannes inzwischen in einer Schublade gelandet und abgelegt worden war, in der er den größten Teil seines weiteren Lebens, bis zu seiner Befreiung im herangerückten Alter, verbringen sollte. Denn in einem von der Knechtschaft der Diktatur der Nazis immer noch nicht befreiten Deutschland des Jahres 1944, in dem alle Vorurteile gegenüber behinderten Menschen noch voll fortbestanden, gab es eine ganz offenkundige Voreingenommenheit gegenüber Menschen wie Johannes. Menschen, die wie jene mit einem gelben Stern hinter Stacheldraht und Türen mit Schloss und Riegel stillschweigend für ein ganzes Leben oder bis zu ihrer Vernichtung verschwanden, wie auch Johannes im Spätsommer 1944 für den Rest seines Lebens oder viele Jahre, die bald zu Jahrzehnten wurden, in einer Anstalt verschwand.

Aber so weit war Johannes' Leben bis jetzt noch nicht fortgeschritten, will man die wunderbare Zeit, die Johannes bis etwas mehr als ein halbes Jahr über seinen siebzehnten Geburtstag überwiegend im Elternhaus auf dem Schloss verbrachte, nicht völlig vergessen. Und auch nicht die Periode seiner ambulanten Behandlung, sowie die Zeit nach dem kurzen stationären Aufenthalt in der Frankfurter Klinik. Die zwei herrlichen Sommer, die er zum größten Teil in der Wohnung im Schloss im Taunus und gelegentlich im nahen Wiesbaden verbringen durfte. Unvergesslich blieb Johannes noch sein letzter Urlaub mit seinem Vater auf der Sonneninsel Teneriffa, den dieser extra für die Gesundheit seines Sohnes unternommen hatte. Der Winter war in Deutschland gerade erst vorüber, als Johannes mit seinem Vater die Schiffsreise unternahm, die zur vorerst letzten großen Reise im Leben von Johannes wurde.

Wollte man zu jener Zeit ein Bild vom Jungen Johannes zeichnen, so würde dies eines fünfzehnjährigen, gut aussehenden, schlanken Mannes sein, auf den die Mädchen seiner Umgebung auf dem Gymnasium schon ein Auge geworfen hatten und den sich auch die jungen Männer seines Alters gerne als Freund auswählten. Aber er war auch irgendwie ein Sonderling geworden, der sich immer mehr abkapselte und seine eigenen Wege ging. Es war ihm ja schon in der Kindheit nicht vergönnt gewesen, sich seine Freunde selbst auszuwählen, weil der Vater Beziehungen, die ihm nicht standesgemäß erschienen, ungern sah. So hatte Johannes von vornherein auf Freunde verzichtet, die seinem Vater nicht recht gewesen waren, und war im Laufe der Zeit immer mehr vereinsamt. Er hatte zwar noch einen Freund, auf den er sich verlassen konnte und mit dem er manchmal etwas unternahm, den Sohn eines Ingenieurs, aber seine größte Zuneigung galt einem Arbeitersohn, der in einer Seitenstraße des Kaiser-Friedrich-Rings wohnte und den er ohne Wissen seines strengen Vaters besuchte, mit dem er sich gelegentlich in Cafés und Kinos in der hessischen Landeshauptstadt traf, weil er ihn nicht zu sich nach Hause einladen konnte. Als sein Vater irgendwie dahinterkam und den fünfzehnjährigen Sohn zur Rede stellte, brach Johannes seine Beziehungen zu dem ihm ans Herz gewachsenen Jungen ab und kehrte todunglücklich in das Reich seiner Einsamkeit und Fantasie zurück. In diesem Reich gab es dann, außer seiner inzwischen etwas kränklich gewordenen Mutter, nur noch die Fische aus dem Aquarium der elterlichen Wohnung, die den jungen Mann aufheitern konnten und ihm seinen Verzicht einigermaßen erträglich machten. Den Verzicht auf Freundschaft und Geborgenheit im Umgang mit einem Menschen, der ihm vertraut und ans Herz gewachsen war.

Die Fische, die ihre Fischmäuler an die dicken Glasscheiben des großen Wasserbeckens pressten und die irgendwie zu sprechen schienen: Wollten sie vielleicht einem vereinsamten Jungen etwas mitteilen in einer Sprache, die Johannes bislang nicht verstand? Die Menschen nicht verstehen konnten, weil es eine Tiersprache war? Die nur die anderen Fische in dem Aquarium verstanden und auch nicht die Tiere außerhalb des Wasserbeckens, weil es wohl eine für sie lautlose Sprache war. Eine Sprache, die vermutlich ohne Laute und Geräusche auskam, zumindest ohne solche, die man außerhalb des Wassers hören konnte. Vielleicht konnte man diese Sprache ja mittels besonderer Mikrophone hören? Unterwassermikrophone, wenn es diese schon gab? Apparaturen zum Aufspüren besonderer Tonfrequenzen, die mit dem menschlichen Ohr nicht wahrnehmbare Töne hörbar machen konnten. Aber Johannes kannte sich weder in Fragen der Akustik noch in denen der Anatomie und Physiologie von Fischen genügend aus und hatte bisher kaum etwas darüber in seinem Biologieunterricht in der Schule gehört. Er konnte vielleicht einmal seinen Lehrer fragen oder aber den Tierarzt, der den Cockerspaniel seiner Mutter in seiner Praxis ab und zu behandelte. Nein, besser war es, gleich einen Spezialisten, einen Fach-Veterinär oder Biologen zu fragen, jemanden, der sich mit Fischen im Aquarium genau auskannte. Mit solchen in einem riesengroßen Aquarium, wie dem im Übersee-Museum in Bremen, wohin er einmal kurz vor Kriegsausbruch eine Klassenfahrt von Wiesbaden unternommen hatte. Die zum Teil riesigen Fische in den großen Wasserbecken hatten überdimensional große Fischmäuler gehabt, die sie gegen die Glasscheiben gepresst hatten. Johannes wollte später nach seiner Entlassung aus der Anstalt noch einmal das Aquarium im Keller des berühmten Museums in Bremen besuchen, was leider nicht mehr möglich gewesen war, weil man dieses, nach seiner Zerstörung durch Bomben im Zweiten Weltkrieg, nie wieder aufgebaut hatte.

Kurze Zeit später erklärte ein Biologielehrer des Gymnasiums Johannes, dass Fische unter Wasser hören könnten, weil sie kleine flüssigkeitsgefüllte Röhrchen hinter den Augen besäßen, die ungefähr so wie das Innenohr der Landwirbeltiere funktionieren würden.

Sie könnten auch orten, woher Laute kommen. Ihre Sprache bestünde aus einem Knirschen mit den Zähnen, und sie würden blubbernd Wasser ausstoßen oder mit ihren Gelenken knarren. Fische müssten nach ihrer Verdauung Luft ausscheiden, weil zu viel Magenluft sie sonst nach oben ziehen würde, was ein lautloses Pupsen verursachen würde. Außerdem würden sie Wasser aus der Schwimmblase ablassen und dadurch Töne erzeugen.

Gegenüber ihres guten Hörvermögens seien Fische jedoch etwas kurzsichtig und könnten ihre Umgebung nur bis zu einem Meter Entfernung scharf erkennen.

Gerade die Aussagen des Lehrers, insbesondere die von den *sprechenden Fischen,* sollten Johannes zum Verhängnis werden, denn sein autistisches Abkapseln führte im Zusammenhang mit den Johannes von seinem Vater zugeschriebenen *Wahnvorstellungen* später zur Diagnose der *Schizophrenie.* Der Vater hatte den Ärzten erklärt, dass sein Sohn oft stundenlang vor dem Aquarium säße, indem er gedankenverloren die Fische beobachten und gelegentlich etwas vor sich hinmurmeln würde. Ja, Johannes war durch seine ihm durch den Vater auferlegte Einsamkeit zu einem Eigenbrötler geworden, der auch manchmal Selbstgespräche führte. Aber, wie man die Dinge jetzt auslegte, sollte noch etwas ganz anderes vorliegen. Denn es hatte sich in den Gesprächen mit den Psychiatern ergeben, dass der junge Mann ein paar Mal erwähnt haben sollte, dass die Fische sprechen würden, weil sie ihre Fischmäuler häufig öffneten und schlossen und sich auch gegenseitig damit berührten. Die Psychiater interpretierten diese Aussage aber ganz anders. Das vom Vater beobachtete Murmeln seines Sohnes wurde bei ihnen plötzlich zu einem Sprechen mit den geliebten Fischen im Aquarium. Ja, Johannes sollte die Stimmen der Fische hören, wie sie zu ihm sprachen und mit seinem Murmeln auf dieselben Stimmen antworten. Damit schien den Medizinern eine *Schizophrenie* als erwiesen.

Diese bei Johannes diagnostizierte *tief greifende Entwicklungsstörung* brachte ihn noch gegen Ende der Nazizeit für Jahrzehnte hinter die Mauern einer psychiatrischen Anstalt. Er selber hatte die Begründung seiner Diagnose *Schizophrenie* niemals gelesen, hatte aber später erfahren, dass einige der ihn behandelnden Ärzte fanatische Nazianhänger gewesen waren, die eifrig nach den Gesetzen der Rassentheorie praktizierten und vorgingen.

Aber im Alter war es für Johannes zu spät gewesen, die verlorene Lebenszeit wieder zurückerstattet zu bekommen. Er konnte zwar noch aufklären, dass seine damalige Diagnose ein *vorsätzlicher Irrtum* oder Fehler gewesen war, aber damit war ihm nicht viel geholfen, denn sein verlorenes Leben konnte ihm niemand mehr zurückgeben. All die Jahre, in denen er sich hätte frei bewegen und reisen können. Geliebte Menschen treffen und sehen können und von nahen und lieben Menschen hätte Abschied nehmen können. Nein, das Leben konnte man ihm nicht mehr zurückgeben, nur noch ein paar Jahre im vorgerückten Lebensalter. Was war das schon? Sein Lebensglück schien ausgelöscht, so wie das Leben der Eltern und Schwestern, die aber einmal ganz normal gelebt hatten. Und Johannes hatte mit über siebzig Jahren nicht mehr viel vom Leben zu erwarten. Er fühlte sich schwach und alt. Müde von einem Leben, das er kaum oder gar nicht gelebt hatte. Er fühlte sich kraftlos und leer und wünschte sich ein anderes, ein neues Leben, das ihm jedoch niemand gab. Geben konnte! *Vielleicht wird der da oben gnädig sein und ...?* Nein, Johannes wollte den Gedanken nicht weiterdenken, der ihn doch nur noch unglücklicher machen konnte. Er wollte und musste hinaus in die Welt und Freunde treffen, die er als ganz junger Mann einmal hatte treffen wollen, was ihm sein ehrgeiziger Vater jedoch verbat. Aber es war wohl zu spät, denn die jungen Leute von heute würden über einen alten Mann wie ihn nur lachen, und er hätte keine Chance bei ihnen. Und die Jungen von damals waren heute auch alt, so wie Johannes. Mit dem einen Unterschied, dass sie einmal gelebt hatten. Er musste es trotzdem wagen und würde hinausgehen. In die fremde Welt gehen, um sein Leben noch einmal zu leben. Was blieb ihm anderes übrig? Es würde seine letzte Reise sein. Die Reise eines alten Mannes, die einst ein junger Mann begann und dann plötzlich abbrach. Abbrechen musste! Noch heute Nacht würde Johannes seine Reisetasche packen. Nur mit dem Nötigsten, denn was brauchte der Alte sonst noch? Vielleicht würde sich die Tasche ja während der Reise füllen? Mit Jugend und Liebe, Geborgenheit und Wärme? Mit Empathie? Nach was mehr sehnte sich sein altes Herz? Nach nichts anderem als danach! Johannes würde so lange herumwandern, bis sein Herz und seine Seele ganz voll und satt sein würden. Von der Liebe und von der Wärme und auch von der Geborgenheit. Dann erst hätte er sein Leben richtig gelebt. Ja, morgen früh sollte es losgehen. Auf unbestimmte Zeit. Er würde vorher noch richtig gut schlafen, um seine Kräfte zu sammeln. Die Kräfte eines Alten, der noch einmal jung sein wollte. So würde er es sicherlich schaffen.

Aber Johannes hatte damals als junger Mann bei seiner Einweisung in die Psychiatrische Anstalt Wiesloch bei Heidelberg noch großes Glück gehabt. Denn Wiesloch war wie viele andere Anstalten zur Nazizeit eine Zwischenstation für die Tötungsanstalt Hadamar in Hessen gewesen. Mit großen, grauen Bussen wurden die Patienten damals von Wiesloch abgeholt und nach Hadamar gebracht. Erst ungefähr ein Jahr nach seiner Einweisung in die Psychiatrie schaffte man durch die Befreiung von den Nazis auch die Euthanasie ab, und es fuhren keine grauen Busse mehr nach Hadamar.

Als Johannes an dem heutigen kalten Winterabend nach der Kirchenarbeit seine Wohnung betrat, musste er an die wunderbare Zeit zurückdenken, die sein Vater und er vor seiner Einweisung nach Wiesloch noch zusammen auf der Sonnen-Insel Teneriffa verbrachten. Denn sein Vater war nicht nur streng und ehrgeizig gewesen, wenn es um das Vorankommen seiner Kinder ging, sondern er erschien Johannes jetzt in dessen Erinnerung als ein gütiger und fürsorglicher Mensch, der auf Empfehlung seines damaligen Hausarztes mit Johannes einen fünfwöchigen Urlaub auf der kanarischen Insel Teneriffa verbrachte. Johannes sollte durch das Licht und die Wärme auf der schönen Insel auf andere Gedanken kommen und vielleicht wieder gesund werden. Er hatte mit dem Vater in einer kleinen Pension in Santa Cruz de Tenerife in der Nähe des Hafens gewohnt und von dort aus Ausflüge ins Landesinnere, zum Mount Teide und zur Südseite der Insel mit ihren kilometerlangen, hellen Naturstränden unternommen. Johannes lebte während dieser Zeit förmlich auf und vergaß die Einsamkeit seines jungen Lebens. Die Einsamkeit, die er oft mit seinen geliebten Fischen im Aquarium teilen musste. Er hatte nach dem Urlaub gar nicht mehr nach Nazi-Deutschland zurückkehren wollen, weil es ihm auf Teneriffa so gut gefiel. Aber nach der schönen Zeit auf der Insel ging es doch zurück in das alte Leben, womit dieselben *Störungen* bald wieder bei dem jungen Mann auftraten, die man vielleicht auf ganz einfache Weise hätte beseitigen können, nämlich durch Freunde, die zu Johannes gepasst hätten. So blieb ihm zuletzt nur noch die Einweisung in die Psychiatrie, wo er sein Leben in Dunkelheit und Abgeschiedenheit bis zu seiner Befreiung verleben musste. Ein Leben abseits von Sonne und Licht. Abseits von Liebe und von Menschen, die sein Herz und Dasein hätten wärmen können. So wie die Sonnenstrahlen auf der schönen Kanaren-Insel seinen Körper erwärmten. Ja, die Wochen auf Teneriffa waren wie ein letzter Lichtstrahl für das Leben von Johannes gewesen. Ein Lichtstrahl, nach dem es wieder dunkel um ihn wurde. Er würde seinem Vater, der ihm auch so unendlich viel Böses angetan hatte, immer dankbar dafür sein. Für das Licht und die Sonne und für Teneriffa. Vielleicht würde er auch jetzt im Alter noch einmal nach Teneriffa reisen können, wenn es seine Mittel erlaubten, um dort die Sonne und das Licht wieder neu für sich zu entdecken? Es würde sowohl eine Reise in die Zukunft als auch eine in die Vergangenheit werden, um die alten Erinnerungen in ihm aufzufrischen.

Johannes wollte eine Nacht darüber schlafen. Die Nacht und der Schaf sollten ihm Klarheit verschaffen. Beim Packen der Reisetasche würde er vielleicht wissen, wohin seine Reise ging.

Als Johannes' Traum in seinem warmen Bett im Schlafzimmer seiner kleinen Wohnung begann, sah er sich in dem alten Schloss seiner Kindheits- und Jugendjahre wieder. Er stieg als junger Mann an einem frühen, langsam dunkelnden Winterabend die große, mit einem dicken roten Teppichläufer belegte Schlosstreppe bis zum ersten Stockwerk, wo sich die Wohnung seiner Eltern befand, leise hinauf und klopfte an der Wohnungstür, die auf einen langen halbrunden Flur führte, an dem zur rechten Seite die einzelnen Zimmer lagen. Das erste Zimmer an dem langen Flur war, wie Johannes sich jetzt erinnerte, das Wohnzimmer, auf dessen gegenüberliegender Seite sich eine Wendeltreppe nach oben zu den Schlafzimmern befand. *Nein, niemand scheint mein Klopfen bemerkt zu haben. Vielleicht sind sie alle schon nach oben zu Bett gegangen, sodass ich am besten morgen früh noch einmal wiederkomme?,* dachte Johannes. Doch die Sehnsucht nach seiner Familie war in dem wieder jung gewordenen Mann so gewachsen, dass er jetzt einfach die Türklinke herunterdrückte und wenige Sekunden später in dem ausgedehnten Flur stand, der wie ein großer Halbkreis die Wohnung umfasste. Die Mutter musste vergessen haben, die Wohnungstür abzuschließen, wie sie es abends immer getan hatte, wenn alle daheim gewesen waren. Aber eigentlich war ja ohne Johannes nicht die gesamte Familie vollzählig beisammen, und vielleicht war dies der Grund dafür, dass der Junge jetzt unbemerkt durch die unverschlossene Tür eintreten konnte. Als Johannes vom Flur aus in das ausgedehnte Wohnzimmer mit der Bibliothek und dem angrenzenden Esszimmer eintrat, erkannte er, dass sich niemand in den Räumen aufhielt und dachte wieder daran, dass alle schon im Bett sein konnten. Nur das große, in Marmor eingefasste Aquarium, das das Wohnzimmer vom Esszimmer trennte, wurde von dem Neonlicht der darüber angebrachten Leuchtröhre von innen angestrahlt und spendete den zwei an das Becken angrenzenden Räumen ein schwaches, aber wohltuendes warmes Licht in der Dunkelheit eines anbrechenden Abends. Irgendjemand musste die Aquariumsbeleuchtung für den Jungen angelassen haben, damit dieser seine geliebten Fische noch einmal ansehen konnte, wenn er nach Hause kommen würde. Aber der Junge fühlte sich trotzdem nicht wohl in seiner Haut, weil ihm die Räume irgendwie ausgestorben und leer erschienen, so als hätten sie jahrzehntelang schon keine Menschenseele mehr gesehen. Nein, dies war nicht mehr seine richtige Heimat, die Heimat seines Herzens, wo er als Kind und Jugendlicher einmal gelebt hatte, denn außer den geliebten Fischen gab es hier nichts Vertrautes mehr, das ihn an seine Familie erinnerte.

Vielleicht oder sicher waren sie schon lange tot, und es hatten danach andere Menschen in den Räumen gelebt. Menschen, die mit Johannes nichts gemeinsam hatten und die ihn wohl sicherlich nicht in ihre Räume hineingelassen hätten, wenn man sie vorher danach gefragt hätte. Ja, es musste alles nur ein Traum sein, in dem er sich gerade befand. Ein Traum, der aber doch gleichzeitig Realität war, weil er ihn wenigstens räumlich in sein früheres Leben zurückversetzte, dort, wo es sich einmal vor sehr langer Zeit abgespielt hatte. Plötzlich hörte der Junge Kinderlachen durch die zum unbeleuchteten Flur etwas geöffnete Wohnzimmertür und dann die Stimmen seines Vaters und seiner Mutter. Vielleicht kam seine Familie gerade aus Wiesbaden zurück, wo sie noch späte Einkäufe gemacht oder ein Kino oder Theater besucht hatte, wie es früher manchmal der Fall gewesen war? Es war ja nicht mehr allzu lange bis Weihnachten, und viele Menschen machten späte Weihnachtseinkäufe oder befanden sich in angenehmer Vorfreude auf das Fest, indem sie Weihnachtsmärkte besuchten oder den festlich dekorierten Cafés und Restaurants ihrer hessischen Landeshauptstadt einen Besuch abstatteten und so der winterlichen Kälte vorübergehend den Rücken kehrten. Doch so plötzlich, wie die Stimmen auf dem

Flur aufgetreten waren, verschwanden sie auch wieder, sodass der Junge an eine Halluzination oder Ähnliches glaubte, denn es war niemand weit und breit zu sehen und auch aus den Schlafzimmern, die man über die Wendeltreppe vom Flur aus erreichen konnte, war kein Sterbenslaut zu vernehmen. Nein, außer den Fischen im Aquarium, die wohl heute die Fische irgendwelcher anderer Leute waren, gab es keine lebendigen Wesen hier, weshalb sich ein Mann mit seinem wieder jungen Körper langsam über den mit Jagdszenen übersäten alten Perserteppich in Richtung Aquarium bewegte, um noch einmal die geliebten Fische aus nächster Nähe zu beobachten. Ein großer Schwarm von Neonfischen zog gerade an Johannes' Augen vorüber. Ihre bläulich-grün schimmernden Längsstreifen standen in Kontrast zu ihren feuerroten Streifen und faszinierten den Betrachter so wie sie es vor vielen Jahrzehnten schon getan hatten. Als ein ausgewachsener Segelflosser den späten Besucher wahrnahm, kam er neugierig angeschwommen und presste sein Fischmaul gegen die Scheibe des Aquariums, sodass es Johannes ganz platt vorkam. Johannes staunte wie früher als Junge darüber, wie häufig die Fische ihre Kiemen bewegten, mit denen sie dem Wasser den Sauerstoff entnahmen, ähnlich wie dies die Menschen mit der sie umgebenden Luft tun.

Die sich auf der anderen Seite zum Aquarium im selben Raum befindliche ansehnliche Bibliothek des Vaters, die bis hinauf zur hohen und mit Stuck verzierten Decke reichte, erschien Johannes heute Abend ebenso tot und leer wie alles ringsherum, außer den lebhaften Fischen im Aquarium. Die langen mit Büchern angefüllten Regale, die schon immer ein Mittelpunkt der Wohnung gewesen waren, erhielten nur einen schwachen Lichtschimmer vom Aquarium her, ansonsten waren sie in geheimnisvolle Dunkelheit eingehüllt.

Plötzlich ging das Licht über dem Aquarium aus, und die Räume tauchten in vollständige Dunkelheit und Nacht ein, sodass Johannes es mit der Angst zu tun bekam. Er bemerkte, dass sich bei den Neonsalmlern die blaugrüne Farbe des Leuchtstreifens veränderte und in dunkelviolett überging und der rote Streifen verblasste. Dann sah Johannes, wie sich in der Bibliothek eine breite Tür, die es seinem Wissen nach dort niemals gegeben hatte, langsam öffnete und ein Lichtstrahl aus der Tür in den großen, dunklen Raum hineinfiel. In derselben Tür tauchten nacheinander die Gestalten von vier Menschen auf, die zuerst nur blass und farblos und ohne Konturen waren und nach und nach ein wenig mehr Form und Gestalt annahmen. Es waren Johannes' Eltern und Schwestern, und sie winkten Johannes mit ausgestreckten Armen zu und lächelten ihn dabei ganz eigenartig an. Nicht wie Menschen aus Fleisch und Blut, sondern wie gläserne Gestalten aus dem Jenseits, die sich zu einem Besuch auf der alten Heimat Erde entschieden hatten. Vielleicht war alles nur eine bloße Einbildung, eine Halluzination, wie die Ärzte früher gemeint hatten, wenn sie den Gesundheitszustand von Johannes beurteilten? Nein, das konnte nicht sein, denn Johannes hörte nun auch ganz deutlich die Engelstimme der Mezzosopransängerin, die an dem heutigen Abend in seiner Kirche so wundervoll gesungen hatte. *Ich weiß, dass mein Erlöser lebt und dass er am jüngsten Tage auf der Erde stehen wird; und wenn auch Würmer diesen Körper zerstören, werde ich in meinem Fleische Gott sehen.(3)*

Johannes begann in seinem Schlaf, der auch gleichzeitig sein Traum war, zu weinen, denn er konnte sich nicht erklären, wie all dies zustande kommen konnte. Dann aber wandte sich ein Träumender langsam von dem Aquarium und den geliebten Fischen, die nicht mehr die Fische seiner Kindheit waren und die er nun nicht mehr sehen konnte, ab und ging auf die breite und beleuchtete Tür in der Bibliothek zu, die es dort eigentlich nie gegeben hatte. Als ihn acht vertraute Arme sanft und liebevoll umschlangen und danach ganz festhielten, verlosch das Licht in der Tür langsam, welche sich wieder hinter Johannes und den vier fast durchsichtigen, gläsernen Gestalten schloss. Die Stimme der Sängerin wurde immer leiser, als ein alter Mann in seinem Bett in seiner Wohnung zu atmen aufhörte und ein neuer Lebensabschnitt für ihn begann. *Nun aber ist Christus auferstanden von den Toten, der Erstgeborene jener, die schlafen.(4)*

Es war das letzte, das Johannes wie aus weiter Ferne hörte, wonach der Gesang der Sängerin oder des Engels völlig verstummte. Dann wurde es in einem großen Wohnzimmer in dem alten Schloss und in einem kleinen Schlafzimmer einer Junggesellenwohnung still. Obwohl auch vorher niemand einen Laut gehört haben konnte, weil alles doch nur ein Traum oder die fiktive Vorstellung eines alten Mannes von dessen Jugend gewesen war. Aber auch dieser kurze Traum hatte nun aufgehört, denn alle daran Beteiligten waren längst gegangen und hatten den Schauplatz ihres einstigen Lebens gegen einen anderen eingetauscht. Und es gab auch niemanden mehr, der die Geschichte der toten Räume noch einmal hören wollte. Denn diejenigen, die es betraf, waren seit wenigen Minuten oder aber seit vielen Jahren fort, weshalb sie nie mehr an den Ort ihrer Vergangenheit zurückkehren konnten. Das letzte, das Johannes von oben in seinem Traum sah, war ein altes Schloss, das einen schönen Traum weiterträumte, den ein Junge einmal begonnen hatte und doch niemals zu Ende träumen durfte, weil es nicht seine Bestimmung gewesen war.

(1) URL: http://www.emmaus.de/ingos_texte/messiah_txt.html: G.F. Händel: Messiah-Der Messias, 3. Teil, (I) Das Versprechen der Auferstehung des Fleisches und die Erlösung von Adams Fall, 40. Arie (Stand: 9.08.2014).
(2) a.a.O.
(3) a.a.O.
(4)a.a.O.

Die zu späte Rückkehr

Kurzer Dialog

von Sophie und Hans

Die Handlung spielt vor dem Hauptgebäude der alten Münchner Universität. Auf dem Platz, der ihren Namen trägt, stehen H. und S.. Man schreibt das Jahr 2018. Genauer gesagt, das Wintersemester 2018/19, das schon eine Zeit lang dauert. Es ist ein früh hereinbrechender, kalter Winterabend im späten Dezember. Das Weihnachtsfest liegt noch nicht allzu lange Zeit zurück, und ein großer Weihnachtsbaum schmückt den Eingang der altehrwürdigen bayrischen Hochschule, die einst von König Ludwig II. von Bayern eingeweiht wurde. H. und S. schauen auf das Hauptgebäude der Universität, in der sie vor vielen Jahren glückliche und unglückliche Zeiten verlebt haben. Die beiden kommen von weit her und haben nur noch wenige Stunden Zeit, bis sie wieder abreisen werden. Sie wollen diese letzte Zeit ihres kurzen Besuchs in ihrem geliebten München verbringen, wo sie beide am 18. Februar 1943 zusammen mit den anderen Mitgliedern der *Weißen Rose* bei einer Flugblattverteilung im Lichthof der Münchner Universität verhaftet worden waren und am 22. Februar 1943 hingerichtet und enthauptet wurden. Die Handlung, die nun folgt, besteht aus einem kurzen Dialog zwischen den dem Naziterror zum Opfer gefallenen Geschwistern, die vor unbestimmter Zeit von einem anderen Planetensystem zur Erde aufbrachen und auf ihrer Reise auf der Erde bereits alle fünf Kontinente besuchten. In wenigen Stunden werden sie wieder zurück in einer anderen Zeit und einer anderen Welt sein, die seit vielen Jahrzehnten ihr neues zu Hause ist.

S. wendet sich an H., der die Hände in die Manteltaschen gesteckt hat, weil er trotz seiner dicken wattierten Wildlederhandschuhe das Gefühl hat, zu frieren. Beide, H. und S., sind wieder so jung wie damals vor ihrer Hinrichtung.

Eine junge und hübsche Frau wendet sich an einen jungen Mann, der einmal Arzt werden wollte, um mit diesem ein Gespräch zu beginnen.

Plötzlich tauchen zwei junge Studenten vor ihnen auf, die gerade an der Universität vorbeigehen. Einer der beiden Männer zieht ein Päckchen Zigaretten aus seiner Hosentasche und bietet seinem Kommilitonen eine Zigarette an. Beide nehmen sich eine Zigarette, können diese jedoch nicht rauchen, da niemand von ihnen Feuer hat. Der Mann, dem die Zigaretten gehören, wendet sich nun an H. und bittet ihn um Feuer. In dem Moment, in dem der Fremde sich die Zigarette in den Mund steckt und sich H. zuwendet, der gerade ein Streichholz angezündet hat, kann dieser am Handgelenk des Studenten eine eigenartige farbige Tätowierung erkennen. H. kann nicht sofort sehen, um was es sich dabei handelt, bemerkt dann aber deutlich die Zahl 666.

S.: *Was denkst du, H., wäre es vielleicht besser gewesen, wenn wir München ganz weggelassen hätten und gleich wieder zurückgefahren wären?*

H.: *Du meinst in die Ewigkeit?*

S.: *Ja, ich meine hauptsächlich wegen der schlimmen Erinnerungen an diesen Ort und auch wegen der Kälte, denn in Rio, wo wir vor Stunden noch waren, war das Klima doch wesentlich angenehmer als hier in Deutschland.*

H.: *Du hast wohl recht, aber ich meine, wir sollten unseren ehemaligen Studienort, wo wir ein paar Jahre lebten, ruhig noch einmal wiedersehen, gerade wegen der letzten Erinnerungen, so schmerzhaft sie auch immer sind.*

S.: *Meinst du, dass die Menschen und die Zeit hier anders sind als in Rom, Kapstadt, Peking, Tel Aviv, Moskau, Berlin, New York, San Francisco, Melbourne und in Rio, wo wir überall schon waren?*

H.: *Wir werden es ja sehen, Schwester. Ich glaube es aber nicht, weil es ja in allen diesen Städten und Ländern ähnlich gewesen ist.*

S.: *Du meinst, ähnlich schrecklich?*

H.: *Ja, grausam und schrecklich. Die Menschen und die Zeit, in der man heute lebt.*

S.: *Da gebe ich dir recht.*

H.: *In unserer Zeit damals gab es zwar schon fürchterliche und grausame Dinge auf der Welt, aber das Böse schien wenigstens auf einige Länder wie Deutschland beschränkt zu sein. Heute ist es wohl überall und global ziemlich schlimm geworden.*

S.: *Nun, das, was wir gesehen haben, war wirklich schlimm. Ich möchte im Grunde genommen auch keine Sekunde länger auf der Erde bleiben, die mir früher einmal so vertraut war. Ich spreche hier in erster Linie von München und dann natürlich von Ulm, wo wir auf unserem Kurzbesuch noch nicht waren, um dort eventuell einige Verwandte zu treffen, die vielleicht noch leben.*

H.: *Hm, das ehrwürdige und liebevolle württembergische Elternhaus würde ich auch gerne noch einmal wiedersehen, aber wir haben nur noch wenig Zeit, gerade so viel, um ein paar Eindrücke von München mitzubekommen.*

S.: *Du hast wohl recht, liebes Bruderherz. Und ich habe auch von jemandem dort oben gehört, dass unsere seligen Eltern damals nach unserer Hinrichtung sehr schlecht behandelt worden sind und sogar wegen uns ihre schöne Wohnung aufgeben mussten, auch wenn sie das heute nicht zugeben würden, weil sie so gütige und liebenswerte Menschen waren.*

H.: *Das stimmt leider, obwohl mir Ulm an sich immer als recht freundlich in der Erinnerung geblieben ist. Aber kannst du dich je daran erinnern, dass wir solche furchtbaren Kriege, Terroranschläge, Mordtaten und Verstümmelungen von Menschen, besonders auch von Kindern, öffentlich und in einem Apparat, dem Fernseher, der heute fast in jedem Haushalt existiert, oder auch nur in einem Kino während der Nazidiktatur einmal sahen?*

S.: *Nein, denn was in den Konzentrationslagern geschah, wussten ja nur wenige Menschen genau, und es gab auch vor dem Zusammenbruch der braunen Diktatur noch keine Filme oder Bildberichte darüber, zumindest für die allgemeine breite Öffentlichkeit nicht. Heute kann man aber alle schrecklichen und furchtbaren Dinge,*

die täglich geschehen, in vielen Medien wie dem Internet laufend mitverfolgen, und die Menschen kommen vor Gräueltaten, die ständig und überall geschehen, gar nicht mehr zur Ruhe.
Am schlimmsten von allem, was ich gesehen habe, fand ich den öffentlichen Missbrauch von Menschen und die vielen Hinrichtungen. Wie man in manchen Weltstädten streunende Straßenkinder aufgelesen hat und sie vor den Augen des Pöbels missbrauchte und danach sogar noch manchmal umbrachte. Die Menschenmenge schien sich dabei sogar zu amüsieren, so wie im alten Rom bei den Hinrichtungen im Kolosseum, als man die Menschen den Raubtieren vorwarf. Nein, ich glaube, die Menschen, die wir in den letzten Tagen in diesen Weltmetropolen gesehen haben, waren noch schrecklicher und verdorbener als damals im antiken Rom.

H.: *Nun, das denke ich auch, liebe Schwester. Und sie scheinen alle einem europäischen Präsidenten Untertan zu sein, den sie Weltherrscher nennen und der seit dem Verschwinden der Christenmenschen auf der Erde regieren soll.*

S.: *Ja, er soll die Welt von Jerusalem und Los Angelos aus regieren. Er und sein Vizepräsident, ein Amerikaner. Die Menschen sind wohl von Kriegen und Terroranschlägen in den vorangegangenen Jahren so erschüttert worden, dass sie sich für eine solche globale Weltregierung entschieden haben.*

H.: *So wird es wohl sein. Und auch der auf der Erde zurückgebliebene säkulare Klerus steht, wie wir es ja in Rom gesehen haben, auf der Seite des Präsidenten, eines ehemaligen berühmten Schauspielers und seines Regimes.*

S.: *Du meinst wohl die Kirchenleute, die nach dem großen Verschwinden der gläubigen Christenmenschen noch hier unten geblieben sind?*

H.: *Ja, diese eigentlich auch ziemlich dunklen Gestalten, wie es mir in Rom schien. Sie hinderten die anderen Menschen nicht an ihren Mordtaten und schrecklichen Vergewaltigungen. Diese Dinge wurden sogar noch in Fernsehern in den Schaufenstern der großen Geschäfte und auf Großwandkinoleinwänden der Stadtzentren übertragen, und die Politiker und hohen Würdenträger der Kirche gaben einige Kommentare dazu ab, während die Opfer vor Schmerzen ganz fürchterlich geschrien haben.*

S.: *Entsetzlich, möchtest du jetzt nicht lieber gehen? Was sollen wir noch länger auf dieser schrecklichen Erde? Ich glaube nicht, dass uns in München etwas anderes erwarten wird. In der alten Weltstadt mit Herz, wie die Menschen hier seit vielen Jahren wohl sagen.*

H.: *Nein, ich glaube auch nicht, dass es im freundlichen Bayernland heuer besser sein wird. Und das Schlimmste ist, wir können die Menschheit nicht einmal mehr warnen, dass sie verloren geht. Denn es ist wohl schon zu spät für eine Rettung.*

S.: *Du meinst zu spät, weil der Messias bald kommt?*

H.: *Ja, er wird kommen. Er wird den bösen Präsidenten und seine grausame Regierung vernichten und dann sein tausendjähriges Friedensreich errichten.*

S.: *Du meinst den bösen Antichristen vernichten, der die Menschheit in die Irre geführt hat, oder?*

H.: *Sprich den Namen ruhig aus, denn es ist der Antichrist, die Zahl 666, der die Welt heute regiert. Er muss schon seit vielen Jahren unerkannt auf der Erde gelebt haben und sich dann mit psychologischem Geschick und Gewalt an die Macht gebracht haben, um die Menschheit zu verführen. Indem er sich schließlich zu Gott gemacht hat und sich vor allen Menschen als Heiland und Erlöser ausrufen ließ.*

S.: *Er und seine bösen Helfer, die die Menschen in die Irre führten. Nun, so wird es wohl sein. Die Menschen hatten nur noch auf den äußeren Schein gesehen. Auf Reichtum und Macht. Ja, die Städte waren sehr reich und herrlich anzusehen. Mit schönen Dingen überladen. Aber was hinter all dem stand, war so grauenhaft, dass ich keine Sekunde länger daran denken möchte.*

H.: *Die grausamen Morde und die schrecklichen Folterungen meinst Du wohl. Die weltweite Korruption und die Legalisierung von Betrug und Kriminalität. Und vor allem der Handel mit Menschen und die Verstümmelungen von Kindern, deren Schreie ich niemals mehr vergessen werde. Die Menschen scheinen seit einiger Zeit Spaß und Vergnügen daran zu finden, so verdorben ist die Welt von heute geworden.*

S.: *Ja, weil die guten Menschen seit dem Verschwinden der Christen nicht mehr auf der Welt sind. Sich alles Gute von der Welt weitgehend abgewandt und entfernt hat.*

H.: *So ist es. Und mich friert in meinem dicken Wintermantel, wenn ich nur daran denke. An die vielen eiskalten und egoistischen Gesichter der Menschen in den Städten und die Unmenschlichkeit in den zwischenmenschlichen Beziehungen.*

S.: *Ja, solche Gesichter konnte man damals fast nur bei der schwarzen SS und anderen Nazihenkern sehen und in der heutigen Welt von 2018 eigentlich schon fast überall. Der Egoismus regiert die Welt.*

H.: *Sag, sollen wir nicht noch ein paar gute alte Freunde in der Elisabethenstraße oder Ainmillerstraße in Schwabing besuchen? Vielleicht lebt ja noch der eine oder andere von ihnen? Du bist doch früher gerne mit ihnen in den Herkulessaal in ein Konzert gegangen, ma lierbs Herzele. Brahms oder Beethoven, gell. Oder ins Cuvilliés-Theater zum Mozart. Erinnere ich mich da recht, liebe Schwester?*

S.: *Ich glaube wohl kaum, dass sie nach so vielen Jahren noch da wohnen werden, denn sie haben dort während ihrer Studentenjahre gewohnt und sind wahrscheinlich später woanders hingezogen.*

H.: *Da magst du wohl recht haben, Schwesterherz. Ich hatte gar nicht mehr an die lange Zeit gedacht, die seit damals vergangen ist. Es ist ja schon viele Jahrzehnte her, und viele von ihnen werden auch nicht mehr leben, so wie wir.*

S.: *Hm, seltsam ist es doch, dass wir sie dort oben in der neuen Heimat noch nicht wieder getroffen haben, wie die Mitglieder der ›Weißen Rose‹.*

H.: *Nun, etwas merkwürdig finde ich es auch, aber wenn man bedenkt, welche gewaltigen Dimensionen unsere neue Welt umfasst, kann man schon verstehen, dass man nicht gleich jedes vertraute und bekannte Gesicht von früher wiederfindet und wiedersieht.*

S.: *Nun, ich würde mir jetzt eigentlich wünschen, dort oben zu sein, beziehungsweise niemals von dort nach unten auf die Erde aufgebrochen zu sein.*

H.: *Ja, du hast recht, ich empfinde ähnlich, obwohl ich natürlich auch sehr neugierig war, einmal zu sehen, wie sich die Welt seit damals verändert hat.*

S.: *Ja, die Veränderungen waren wohl zuerst nach dem Zweiten Weltkrieg sehr gut, als das in Schutt und Asche liegende Europa und Deutschland wieder aufgebaut wurden. Als die Menschen sich langsam und allmählich einen gewissen Lebensstandard schufen, eine neue Lebensqualität. Das konnten wir ja in vielen Museen und Universitäten nachforschen. Erst mit dem Beginn des neuen Jahrtausends änderten sich die Menschen dann zunehmend und später radikal zum Negativen und Schlechten.*

H.: *Du meinst die Ellenbogen-Gesellschaft und die ›Jeder gegen Jeden-Mentalität‹? Die Mobbing-Gesellschaft, in der es nur noch darauf ankam, zu überleben? Ich oder der andere, der andere oder ich ...!*

S.: *Ja, das meine ich damit. Das waren wohl der Anfang und die entscheidende Grundlage für die spätere Schreckensherrschaft des Antichristen. Dass so ein Individuum überhaupt an die Macht gelangen konnte, weil die Menschen doch an sich hätten klüger sein müssen, besonders die in Deutschland Lebenden, die sich noch an den Nazi-Terror zurückerinnern konnten.*

H.: *Es gab wohl zuletzt keine andere Möglichkeit mehr für die Menschheit, die durch Klima- und Umweltzerstörung, Krieg und Terror, Arbeitslosigkeit, Armut und Seuchen so bis an den Abgrund gelangt war, dass sie jede Hilfe angenommen hätte, die man ihr anbot.*

S.: *Das war dann die helfende Hand des Antichristen, der den Menschen Frieden und Heil versprach und sich selbst später als der Messias darstellte. Die Bibliotheken und Museen dokumentieren dieses natürlich heute ganz anders, weil sie in dieser Person den Erlöser der Menschheit sehen und nichts Schlechtes über die neue Weltherrschaft geschrieben werden darf. Ähnlich wie bei Hitler. Selbst die Kirchenleute, die noch hier sind, verehren den neuen Weltherrscher, als wäre er ein Heiland und Erlöser der Menschheit. Weil sie jetzt alle im Grunde nicht mehr an Gott glauben oder an Christus seinen Sohn, den wirklichen Retter der Welt.*

H.: *Ja, und es würde sicherlich die Todesstrafe darauf stehen, gegen diesen bösen Despoten anzutreten. Die Bestrafung wäre wohl ähnlich wie damals bei unseren Aktionen der ›Weißen Rose‹, die mit dem Tode bestraft wurden. Das Verteilen der Flugblätter im Lichthof der Münchner Universität ...*

S.: *Und es fing in den letzten Jahren vor der großen Drangsal und dem Verschwinden der Christen alles so langsam, fast schleichend an, wie ich es in den Bibliotheken nachlesen konnte. Dass nämlich namhafte amerikanische Religionswissenschaftler und Theologen berühmter Universitäten die Apokalypse und das Buch der Offenbarung in der Bibel anzweifelten, indem sie erklärten, dass sich diese Schrift auf das römische Reich und den Kaiser Nero oder sogar auf das alte Testament bezöge. Einen direkten Bezug auf die Endzeit der Welt hielten sie für absurd und im negativen Sinne fundamental.*

Plötzlich tauchte auf der gegenüberliegenden Seite der Ludwigstraße eine Gruppe von schwarzgekleideten jungen Männern auf, die wohl gerade aus der Veterinärstraße gekommen waren und lautstark grölend auf den U-Bahneingang der Universität zusteuerten. H. gab nun seiner Schwester mit seinen behandschuhten Händen einen leichten Stoß, und beide machten sich auf den Weg durch ein romantisch verschneites München in Richtung Leopoldstraße und Münchner Freiheit. Als man sie vom Siegestor aus schon längst nicht mehr erkennen konnte, waren sie in der nachweihnachtlichen Lichterkette einer großen Weltstadt mit oder ohne Herz (was die beiden nicht mehr erkunden konnten) längst untergegangen und verschwunden. Niemand hätte sich mehr daran erinnern können, dass sie auf der Erde gewesen waren, denn niemand hatte sie im Winter 2018 jemals gesehen oder irgendeine Notiz von ihnen genommen. Sie waren irgendein unbekanntes Paar gewesen, das durch die Großstädte der Welt gegangen war. Dann waren sie beide wieder verschwunden, waren zu dem Geist geworden, aus dem sie einmal von einem Höheren gemacht wurden. H. und S. gingen jetzt Hand in Hand und schauten keinen Augenblick mehr zurück auf ihr vertrautes München. Es war nicht mehr die Stadt, die sie einmal so sehr geliebt hatten und wo sie noch kurz vor dem Zusammenbruch einer schrecklichen Diktatur ihr Leben lassen mussten.

Beide schienen nicht unglücklich darüber zu sein, dass sie aus einer dunklen und angsterfüllten Zeit wieder in die neue Heimat, ein Meer von Frieden und Licht zurückkehren konnten. Nein, sie waren glücklich darüber, der alten Erde zu entfliehen, weil das wirkliche Glück woanders auf sie wartete. Es hatte einmal eine Zeit gegeben, in der sie versucht hatten, etwas zu verändern, und H. und S. mussten damals mit dem Leben für ihren Glauben und ihre Ideologie bezahlen. Für ihren Kampf gegen das Böse und gegen den Bösen. Dies aber waren nicht mehr ihr Leben und ihre Zeit, denn ihre Zeit war schon sehr lange vorbei. Jetzt waren die beiden ein Teil einer anderen Zeitdimension, die Ewigkeit hieß.

Am Ende der Münchner Freiheit angekommen, waren zwei Seelen schon längst wieder auf dem Weg zu dem Lichtjahre entfernten neuen Planeten, auf dem es nur noch unendlichen Frieden und Freiheit gab. Einige Tränen, die S. in den letzten Sekunden vor ihrem Aufbruch in die neue Welt in ein wenig später auf den Gehweg gefallenes Stofftaschentuch geweint hatte, erinnerten noch an die beiden Geschwister, sonst gab es nichts mehr, das auf zwei junge Menschen, die aus einer weit zurückliegenden Zeit gekommen waren, hinwies. Das alte hellblaue Taschentuch aus längst vergangenen Münchner Zeiten, in das eine Mutter in Ulm einmal liebevoll die Initialen S.S. gestickt hatte, wurde schon bald vom herabfallenden Neuschnee bedeckt, der die Stadt wie eine weiße Zuckergussdecke umhüllte und allen Menschen ein trügerisches Gefühl von Wärme und Geborgenheit verlieh, das man aber so wie in früheren Zeiten niemals mehr nachempfinden konnte. Und obwohl sich der gute Geist schon seit Langem von hier und überall andernorts auf der Welt entfernt hatte, schneite und schneite es unaufhörlich weiter, bis es schließlich Nacht wurde und man vor Weiß und Dunkelheit nicht mehr vom Siegestor aus bis zum

Odeonsplatz sehen konnte und das Gefühl bekam, als hätte es niemals einen Hitler oder später einen Antichristen gegeben und als wäre die Zeit an einer anderen, unbekannten und fremden Stelle mit den vielen Millionen von Menschen darin, die sich nach Frieden und Freiheit und nach Erlösung sehnten, einfach stehen geblieben …

H.: *Jetzt weinst du aber, Sophie? Ich habe deutlich ein paar Tränen in deinen Augen gesehen, die du vor mir verstecken wolltest!*

S.: *Nein, Hans, das mit dem Weinen ist schon Lichtjahre her. Jetzt sind es nur noch die Augen, die etwas schwitzen, weil sie von der Kälte der alten Welt bald zurück in eine unendliche Wärme kommen werden.*

H.: *Ja, so kann man es wohl auch bezeichnen, ma lierbs Herzele Aber sag, hast du noch Heimweh nach Ulm oder München, wo wir eben noch waren?*

S.: *Nein, Hans, ganz gewiss nicht, Heimweh nach dort bestimmt nicht, eher nach dem Jerusalem, das einmal kommen wird. Ich verspüre nur ein maßloses Gefühl von Enttäuschung und Traurigkeit aufgrund all der schrecklichen Dinge, die wir in den letzen Tagen und Wochen auf der alten Erde gesehen haben.*

H.: *Also möchtest du wirklich niemals mehr zurück in deine alte Heimat, liebe Sophie?*

S.: *Nein, dorthin möchte ich gewiss nie mehr zurück, auch nicht, wenn ich noch manchmal an unser Elternhaus und an die vielen alten Freunde von damals denke und an meinen ehemaligen Verlobten, den Mann, den ich einmal geliebt habe.*

H.: *Echte Gefühle, Sophie?*

S.: *Ganz echte Gefühle, Bruderherz. Aber ich denke, dass ich damit umgehen kann. Der Verzicht auf ein Leben ohne Liebe war ja nicht so schwer, weil wir beide, mein Verlobter und ich, keine große Gelegenheit mehr bekamen, unserer Liebe den richtigen Ausdruck zu verleihen. Ich meine den Bund fürs Leben …*

H.: *Jetzt bist du wohl nicht mehr traurig, meine Sophie? Ich denke, wir beide werden gleich dort oben zurück sein, und dann wird endlich alles gut.*

S.: *Unendlich gut, ja, Bruder, dann wird noch alles gut, ... unendlich gut ...*

Gestohlene Liebe

Kurzgeschichte

Mama, kann ich mal mit dir reden?, fragte der Schüler Robert seine sichtlich gestresste Mutter, die gerade dabei war, die schmutzigen Teller in die halbvolle Spülmaschine zu stellen.

Aber du weißt doch, Junge, dass ich gleich fort muss und in der Bäckerei im Verkauf aushelfe und dass wir das Geld von der 400-Euro-Stelle gut gebrauchen können, seitdem der Papa nur noch Kurzarbeit hat. Geh doch mit dem Martin in die Nachmittagsvorstellung ins Kino um die Ecke oder macht einen Spaziergang durch den Park und geht dann anschließend zu McDonald's. Kurz nach halb sieben bin ich doch schon wieder zurück und bringe eine Menge Kuchen und Brötchen mit, die vom Tag übrig geblieben sind.

Ach, der viele Kuchen, den bin ich allmählich leid, ich möchte lieber, dass du mal etwas Zeit für mich hast, erwiderte Robert seiner Mutter, die jetzt gar kein Verständnis mehr für ihren Jungen aufbrachte und über den langen Flur ins Wohnzimmer hinüberging, wo sie aus ihrer Handtasche einen zerknitterten zwanzig Euro Schein herausholte und auf den Wohnzimmertisch legte.

Ich habe dir etwas Geld auf den Tisch gelegt, Junge, das wird sicherlich fürs Kino oder was ihr sonst vorhaben solltet reichen. Aber ich bin spät dran und muss mich schnell noch umziehen. Du weißt doch, wie gefragt diese 400-Euro-Stellen sind und dass ich Glück hatte, hier ganz in der Nähe eine Arbeit gefunden zu haben. Am Wochenende, ab Samstagnachmittag, habe ich bestimmt Zeit für dich, das verspreche ich dir hoch und heilig.

Aber der Junge wusste auch, dass die Mutter das Wochenende meistens brauchte, um sich von der anstrengenden Woche zu erholen, weil sie auch schon über fünfzig war und ihr die Arbeit nicht mehr so leicht fiel wie vor Jahren, als sie noch jünger und gesünder gewesen war. Und der Vater hatte zweimal in der Woche seinen Skatabend und am Wochenende seinen Kegelklub, bei dem Kinder in des Jungen Alter nicht so gerne gesehen wurden, obwohl Robert schon ein paar Mal dorthin mitgegangen war. An den anderen Abenden war der Mittfünfziger von seiner schweren Arbeit im Metall verarbeitenden Gewerbe kaputt und abgespannt und wollte dann meistens nur noch fernsehen. Robert brachte ihm seine Flasche Bier bis zum Fernseher und entfernte sich dann lautlos, weil der Vater bei seinen abwechslungsreichen Programmen und seinem Pay-TV nicht mehr gestört werden wollte. Nur, wenn es Fußball gab, gesellte sich die ganze Familie um den riesigen digitalen Fernsehapparat, und es kam für kurze Zeit so etwas wie ein Gemeinschaftsgefühl auf, welches Robert während einer normalen Woche so oft vermisste. Ja, der junge Robert, der in die dritte Klasse der Kant-Realschule ging und in den meisten Fächern sehr gute Noten hatte, sodass sich schon viele fragten, warum er nicht aufs Gymnasium wechselte, vermisste eigentlich so etwas wie eine richtige Familie, die ihm Wärme und Geborgenheit schenken konnte. Als Einzelkind gab es für ihn auch niemanden sonst als ein paar Schulfreunde, mit denen er ab und zu mal etwas unternehmen konnte, und natürlich seinen besten Freund Martin aus dem Konfirmandenunterricht, einen Arztsohn, der mit seiner Familie in einem großen Haus in Lichterfelde wohnte. Dessen Vater hatte in seinem Haus eine Praxis als Internist und feste Sprechstundenzeiten. Die Mutter war Hausfrau und nahm auch oft Gespräche von Patienten an. Und beide Elternteile hatten, außerhalb der Praxiszeiten, wohl noch genügend Zeit für ihre zwei Kinder. So schien es Robert wenigstens, wenn er Martin zu Hause besuchte und dessen wundervolle Flugzeug- und Schiffsmodelle in dessen Zimmer begutachten durfte. Martin wollte einmal Flugzeugingenieur werden, das stand jetzt schon für ihn fest, und er war in Mathematik einer der Besten seiner Klasse auf dem Freiherr-v.-Stein-Gymnasium, auf das Robert vielleicht auch nach der Mittleren Reife wechseln wollte.

Er würde Martin gleich anrufen, und sie konnten dann zusammen mit der U-Bahn zum Kudamm fahren und dort vielleicht ein Kino besuchen. Auch würde Robert gerne noch einmal zum Zoo ins Aquarium gehen, wo er bisher erst einmal mit seinem Vater gewesen war, als dieser am Sonntag mal Zeit für seinen Sohn gehabt hatte und nicht zu abgespannt von der arbeitsreichen Woche war.

Als Robert hörte, wie die Mutter die Wohnungstür hinter sich zuschlug, wobei sie ihm noch einmal laut *Tschüs* zurief, hatte er schon den Telefonhörer in der Hand und wählte die Nummer seines besten Freundes Martin, der auch gleich am Apparat war. Martin hatte heute auch nicht viel für die Schule zu tun, und die beiden Jungen verabredeten sich in einer Stunde vor dem Nebeneingang zum Bahnhof Zoo. Sie würden von dort auskundschaften, wo es etwas Interessantes für ihr Alter in einem Kino gab, oder gleich das Aquarium besuchen, das auch Martin noch nicht so gut kannte. Robert schaute schnell noch einmal in die Berliner Zeitung nach dem Kinoprogramm des heutigen Tages für Kinder ab zwölf und fand auch sofort ein paar Filme, die für sie beide infrage kamen. Dann zog er sich seine Lederjacke über, die ihm seine Mutter vor Kurzem zum dreizehnten Geburtstag geschenkt hatte, trank noch ein Glas kalte Milch aus dem Kühlschrank und verließ die elterliche Wohnung. Man würde den Tag schon irgendwie rumkriegen, den strahlenden Sommertag, der einen zum Herumbummeln einlud und mal hier und dort vorbeizuschauen. Die neue CD von den Killers wollte er sich auch schon seit Langem besorgen, und sie konnten ja mal in einem Geschäft nachfragen, ob sie bereits in Deutschland erschienen war. Das letzte Konzert der Gruppe in der Royal Albert Hall in London hatte der Realschüler Robert mit seinem knapp bemessenen Taschengeld natürlich nicht besuchen können, und eine Aufzeichnung davon hatte es im deutschen Fernsehen bisher nicht gegeben.

Der Weg zur U-Bahnstation an der Schlossstraße dauerte einige Minuten, und Robert musste auch noch acht Minuten warten, bis die nächste U-Bahn zum Bahnhof Zoo kam. Martin war vielleicht schon mit einem Zug vor ihm gefahren, wenn ihn nicht seine Mutter mit dem Auto zu der verabredeten Stelle gebracht hatte, denn das tat sie manchmal. Als Robert den Bahnhof Seiteneingang erreichte, wartete sein Freund Martin schon auf ihn und beide begaben sich sofort auf den Weg in Richtung Gedächtniskirche und Premiere-Kino, wo es heute einen guten Film für Jugendliche ab zwölf Jahren gab. Aber die Bilder in den Glasvitrinen draußen vor dem Kino begeisterten die beiden Jungen nicht übermäßig, sodass sie beschlossen, den Kurfürstendamm weiter hoch zu spazieren und noch andere Lichtspieltheater zu inspizieren.

Als sie drei weitere Kinos auf einen passenden Film erfolglos geprüft hatten, begaben sie sich auf den Weg zum Aquarium am Berliner Zoo. Plötzlich fiel Robert ein, dass er noch nach der CD der Killers hatte fragen wollen, weshalb sich beide auf den Weg zum KaDeWe machten, wo das Angebot in der Musikabteilung besonders reichhaltig war. Auf ihrem Weg über den Kurfürstendamm bemerkte Robert: *Deine Eltern haben wohl mehr Zeit für dich als meine? Die haben eigentlich immer was zu tun und danach sind sie müde davon, sodass für mich auch nichts mehr bleibt.*

Ja, das könnte man auf Anhieb meinen, meinte nun Martin. *Aber mein Vater muss auch noch viele Hausbesuche als Arzt und manchmal am Wochenende Bereitschaftsdienst machen, sodass er für die Familie nur wenig Zeit übrighat. Und meine Mutter hat einen großen Haushalt und arbeitet zeitweilig noch in der Praxis mit, im Telefondienst und in der Buchhaltung. Sie erledigt auch die ganzen Steuersachen, weil sie mal nach ihrem abgebrochenen BWL-Studium bei einem Steuerberater aushilfsweise gearbeitet hat. So bleibt nur wenig Zeit, um sich um uns Kinder zu kümmern, auch wenn das nach außen anders scheinen mag. Unsere Familienbeziehungen sind meist nur oberflächlich. Man bekommt einen Geldschein in die Hand gedrückt und ist sich selbst überlassen, wie du das wohl aus eigener Erfahrung kennst. Dann noch von Zeit zu Zeit moderne Designer-Klamotten oder irgendwelche anderen nicht ganz so billigen Geschenke, wie gute CDs oder wertvolle Bücher. Ja, das ist eigentlich schon alles. Eine richtige Familie sind wir eigentlich auch nicht, ich meine so etwas wie ein Nest, in dem man sich geborgen fühlen kann.*

Ja, dann bist du also auch so etwas wie ein Vogel, der aus seinem Nest gefallen ist, wenn dies vielleicht auch etwas goldener ist als meines, und der niemanden hat, der sich wirklich um ihn kümmert?, stellte nun Robert gegenüber seinem Freund fest, woraufhin dieser nur kurz lächelte und meinte: *Ja, so kann man es wohl sagen, Robie.*

Als die zwei Freunde das KaDeWe erreicht hatten, fuhren sie sofort mit dem Aufzug in die Musikabteilung, wo es ein reichhaltiges Angebot der neuesten CDs, DVDs und Schallplatten, die auf dem internationalen Markt waren, gab. Robert wollte erst einen Verkäufer nach der CD der Killers fragen, überlegte es sich dann aber doch anders und wurde auch sehr bald allein fündig. Man hatte bereits das neueste Doppel-Album der Gruppe hereinbekommen, nur entsprach der Preis nicht unbedingt der Vorstellung von Robert, da dieser noch mit seinem Freund das Aquarium besuchen wollte und dann wieder mit der U-Bahn zurück nach Hause musste. Sicher hätte ihm Martin mit Geld ausgeholfen, denn er war stets gut bei Kasse, aber Robert wollte ihn nicht um Hilfe bitten, wie er das schon ein paar Male getan hatte. Er kam sich dann immer so minderwertig vor, auch wenn er Martin das geliehene Geld ein paar Tage später stets zurückgegeben hatte.

Als die beiden etwas später die Kasse passierten und auf den Fahrstuhl zusteuerten, fragte Martin seinen Freund: *Hat dir das Album der Killers nicht gefallen, du wolltest es doch so gerne haben?*

Nein, das ist nicht ganz dasselbe gewesen, wie das, was ich im Internet gesehen habe, erwiderte Robert nur kurz, als die beiden schon mit dem Fahrstuhl nach unten fuhren und auf den Ausgang des großen Geschäftes zusteuerten. Kurz vor dem Verlassen des Gebäudes wurde Robert von einer fremden Hand am Arm festgehalten, und als er sich umdrehte, stand ein Kaufhausdetektiv direkt hinter ihm, der den beiden Freunden schon ein paar Minuten lang gefolgt war. Er war mit dem Handy über einen Diebstahl in der Musikabteilung verständigt worden, und hatte nun die Aufgabe, die beiden verdächtigen jungen Männer zu beobachten und sie am Verlassen des Kaufhauses zu hindern.

In seinem Büro mussten die beiden Schüler nun ihre gesamten Taschen leeren, und es stellte sich heraus, dass Robert wirklich das Album der Killers in einer Innentasche seiner Lederjacke verbarg. Sein Freund Martin dagegen trug keine verdächtigen Gegenstände bei sich, und Robert erklärte dem Detektiv sofort, dass nur er allein für den Diebstahl verantwortlich sei und sein Freund nichts davon gewusst habe, was dieser auch bestätigte. Der Hausdetektiv nahm den Tatbestand schriftlich auf und alarmierte dann die Polizei, die wenige Minuten später eintraf. Auf die Frage des Polizisten, warum Robert den Diebstahl begangen habe und ob er schon früher Ähnliches getan habe, antwortete Robert, dass es das erste Mal gewesen sei und dass er selber nicht genau wisse, warum es passierte. Er sei schon den ganzen Tag über so frustriert gewesen, weil seine Eltern nie für ihn Zeit gehabt hätten. Vielleicht habe er mit der CD ein Stück von dem mitgenommen, was ihm seine Eltern nicht hätten geben wollen. Es schien ihm selber auch als Trotzreaktion aufgrund seiner momentanen Gefühlslage, denn nötig habe er es wegen der paar Euros eigentlich nicht gehabt, weil ihm sein Freund das fehlende Geld bestimmt geliehen hätte, was Martin sogleich bestätigte.

Als die Schüler von der Polizei einzeln nach Hause gebracht wurden und der Polizist Robert beim Betreten seines Mehrfamilienhauses fragte, ob seine Eltern schon zu Hause seien, meinte Robert nur, dass wohl noch niemand da sei und seine Mutter vor sieben Uhr nicht von ihrer neuen Stelle in der Bäckerei zurückkehren würde. Nachdem Robert die Wohnung aufgeschlossen hatte, um die beiden

Polizisten hereinzulassen, fragte er den einen der beiden Beamten, der ihm als sehr freundlich und verständnisvoll erschien: *Haben Sie selbst auch Kinder und keine Zeit für sie?*

Als der Beamte nachdenklich und verlegen nickte, dachte Robert, dass er mit seinem Problem nicht ganz allein dastand. Und weiter noch, dass ihn vielleicht jemand verstand, wenn es dafür nun auch etwas zu spät war.

Jörg

Kurzgeschichte

Ich weiß nicht, was mich an diesem Morgen so quirlig und so schrecklich nervös gemacht hatte. Ich bildete mir ein, dass jemand anders in der Wohnung gewesen war. Jemand, den ich weder hören noch sehen konnte. Und doch war ich mir sicher, dass irgendeine unsichtbare Macht um mich herum aktiv war und mich irgendwie zu beeinflussen versuchte. Ja, ich fühlte wahrhaftig, dass hier in der Nähe etwas Unbegreifliches vor sich ging, obwohl sich dieses Etwas jeglicher Realität entzog und sich auch als Gefühl nicht einordnen ließ, weil man mit Gefühlen manches zu erklären versucht, das sich mit dem logischen Verstand nicht begreifen lässt.

Hatte ich demnach eine trügerische Fiktion, die irrational war und dem natürlichen Denken widersprach? Aber ich spürte doch, dass jemand um mich herum gewesen war. Jemand, der mit mir Kontakt aufnehmen wollte. Und es überkam mich plötzlich der Gedanke, dass dieser Jemand schon im Jenseits sein musste, weil er tot war. Vielleicht gerade erst vor Kurzem gestorben war. Meine noch jungfräulichen, mir bisher unbekannten *über-natürlichen Sinne* wurden in Bewegung gesetzt, wurden angespornt und suchten nach Erklärungen und Beweisen, die es aber nicht gab.

Doch schon bald hatte der normale Tagesablauf seinen Gang genommen, und ich nahm die *Person aus dem Jenseits*, die vielleicht auch nur meiner allzu regen Einbildungskraft und Fantasie entsprungen war, nicht mehr wahr. Erst bei den Ruhepausen, wie den Mahlzeiten, spürte ich wieder diese unbekannte Macht, die irgendwo um mich war und ich hatte das Gefühl, dass diese Macht mit mir Kontakt aufnehmen wollte. Sie war hier unten bei mir. Und sie wollte auch hier unten und bei mir bleiben, obwohl sie doch aus der Ewigkeit oder dem Jenseits kommen musste. Oder etwa nicht? Aber um wen oder was konnte es sich bei dieser unsichtbaren Macht nur handeln? Wollte vielleicht ein Freund aus der Vergangenheit, jemand, den ich einmal gut gekannt hatte und der gerade gestorben war, mit mir in Kontakt treten? Oder wollte er sich noch nicht von dieser Erde lösen, weil ich ihm oder ihr einmal so viel bedeutet hatte? So oder ähnlich mussten meine Gedanken im weiteren Verlauf des Tages gewesen sein, die erst gegen Abend eine entscheidende Wende annahmen.

Als ich um sieben Uhr abends meine Mutter in meinem Heimatdorf anrief, erzählte sie mir gleich von einem Totenbrief und einem Anruf, den sie an diesem Morgen bekommen hatte. Jemand, den ich wohl näher gekannt hätte, wäre gestorben und würde in einigen Tagen auf dem Friedhof in der Nähe meines Heimatortes beerdigt werden. Ich dachte sofort an ein mir bekanntes, sich in meinem Alter befindendes Ehepaar aus meiner ehemaligen Gemeinde, in der ich früher aktiv gewesen war. Aber meine Mutter belehrte mich bald eines Besseren, indem sie mir den Totenbrief, der den Namen eines meiner besten Freunde enthielt, vorlas. Es handelte sich um Jörg, einen Patienten aus der psychiatrischen Anstalt in B., die sich ein paar Kilometer von meinem Elternhaus entfernt befand. Um einen vierundfünfzigjährigen Mann, den ich zirka fünfzehn Jahre lang besucht hatte und der außer einer Schwester, die Sozialpädagogin war und vor einem Jahr an Leukämie gestorben war, keine lebenden Angehörigen mehr besaß. Jörg hatte noch einen Vormund gehabt, der meine Mutter am heutigen Vormittag angerufen hatte, wohl ungefähr zu der Zeit, in der mich das intensive Gefühl überfiel, dass jemand anders um mich war, den ich weder sehen noch hören konnte. Ich versuchte, dieses unbestimmte *Gefühl* von Träumen, Visionen oder Halluzinationen abzugrenzen, womit ich mich in meiner Ausbildung einmal beschäftigt hatte. Aber trotzdem blieb zunächst der Zweifel, ob ich wirklich etwas wahrgenommen hatte. Heute erscheint mir mein seltsames Erlebnis mehr wie eine geheimnisvolle Kontaktaufnahme mit der Welt des Unsichtbaren, denn wie soll ich diese Welt sonst beschreiben, die ich selber noch nicht kenne und die mir fremd ist? Ich hatte keine Stimmen gehört, denn es hatte wohl auch niemand versucht, mit mir zu sprechen. Aber es war eine leidvolle Seele um mich herum gewesen, ja, eine Seele die dem Anschein nach qualvoll litt und die sich nicht von mir und der Erde lösen konnte oder wollte. Diese Situation war auch sehr schmerzhaft für mich gewesen, obwohl sicher bei Weitem mehr für die andere, unsichtbare Person, deren Namen ich zu diesem Zeitpunkt noch nicht kannte, als sich das seltsame Gefühl bei mir erstmalig einstellte.

Und jetzt erinnerte ich mich an den Sommer, der dem Tod von Jörg vorausging, und ich bekam augenblicklich starke Gewissensbisse und Schuldgefühle. Jörg hatte diesen Sommer wegen irgendeiner mittelschweren Erkrankung in unserem Kreiskrankenhaus in Lübbecke verbringen müssen, wo ich ihn auch einige Male angerufen hatte. Normalerweise hatte ich ihn immer mit dem Fahrrad in seiner ungefähr drei Kilometer entfernten Anstalt besucht. Aber das Kreiskrankenhaus lag etwa sieben Kilometer von meinem Elternhaus entfernt, und die Fahrt mit dem Rad dorthin ging bergan und war beschwerlich, sodass ich den Besuch während meines Aufenthaltes in meiner westfälischen Heimat immer wieder aufschob. Als ich dann wieder zurück in der Großstadt Berlin war, hatte ich keine Gelegenheit mehr, Jörg zu besuchen. Ich würde wohl erst wieder zu Weihnachten oder im Januar zu seinem Geburtstag zu ihm fahren können, wenn ich wieder zu Hause auf dem Lande wäre. Aber so lange konnte es Jörg wohl nicht mehr aushalten, denn er ging noch im Spätherbst des gleichen Jahres von uns.

Ich hatte so sehr an Jörg gehangen, so wie er wohl auch an mir hing. Jörg war keine Schönheit, doch für mich war er es trotzdem. Nun, in Wirklichkeit war Jörg ein Mann von fast zwei Zentnern mit einem vollen, runden Bauch. Ich habe seit meinem ersten Zusammentreffen mit Jörg meinen Begriff von Schönheit völlig revidieren und ändern müssen, weil mir seitdem rein äußerliche Schönheit nur noch wenig bedeutet. Jörg hatte seine eigene Physik, Chemie und Astronomie gehabt, und wenn ich bei ihm war, erzählte er mir oft von seinen vielen Wissenschaften. Von Himmelsgestirnen und alledem, was weit über den Wolken lag. Von Weisheiten, die noch nicht in den Schulbüchern standen und die vielen Weisen dieser Welt unbekannt waren und es wohl auch immer bleiben werden. Er hatte mir mit seinen gelehrten Geschichten so viel geschenkt, viele tausendmal mehr, als ich ihm je schenken konnte. Und es gibt wohl niemanden, den ich gegen Jörg eintauschen möchte. Wenn ich heute an meine Besuche bei ihm, es waren in einem Jahr manchmal vier, denke wird mir ganz traurig und wehmütig dabei ums Herz.

Wenn ich dort in seiner Anstalt gewesen wäre, wäre Jörg nicht gestorben! Darin bin ich mir auch heute noch ganz sicher. Aber man hatte mich nicht angerufen, als es Jörg schlechter ging und mit seinem Tode zu rechnen war. Ich erinnere mich auch noch daran, dass er mir früher einmal nach einem Besuch, den ich mit dem alten Wagen meines Vaters bei ihm machte, sagte, dass er damit rechnen würde, bald nach seiner Schwester und vielleicht noch im selben Jahr wie sie zu sterben. Er hatte sich an die Wagentür unseres alten Ford angelehnt und gesagt: *Vielleicht ist dies das letzte*

Mal, Hans, dass wir uns sehen, denn ich fühle, dass meine Kräfte nachlassen und nicht mehr lange ausreichen. Ich hatte mir damals nicht allzu viel dabei gedacht, hätte ich es doch nur! Und ich glaube, es war wirklich das letzte Mal, dass ich Jörg sah, bevor er ins Krankenhaus eingeliefert wurde. Es tut mir so leid, dass ich ihn nicht mehr besucht habe, und ich werde den Groll auf die Pflegestation nicht los, die mich nicht rechtzeitig informiert hatte, als es ihm schlechter ging.

Jetzt liegt Jörg, seine Asche, anonym auf dem Friedhof nicht weit von seiner Anstalt, in der er einen großen Teil seines Lebens verbrachte. Verbringen musste, weil es die Diagnose seines damaligen Psychiaters in den sechziger Jahren so verlangt hatte. Und natürlich auch der schwere Autounfall in Köln, bei dem er als junger Mann und Krankenpflegeschüler an der dortigen Universitätsklinik eine lebensbedrohliche Kopfverletzung mit Folgen davontrug. Wie hatte seine Diagnose damals gelautet? *Schweres Schädel-Hirn-Trauma mit ...* Sein anonymes Begräbnis war wohl vorher so abgesprochen worden, weil Jörg keine Angehörigen mehr besaß. Niemanden mehr, der ihn besuchen konnte – wie früher meine Wenigkeit – mit einem Herzen voller Hingabe, Liebe (das soll keine Übertreibung sein, sondern entspricht tatsächlich der Wahrheit) und Empathie. Und voller Dankbarkeit für all die Liebe, die ich gleichzeitig durch ihn empfangen habe. Jetzt empfinde ich Trauer und Schuldgefühle und kann Jörg nicht mehr besuchen, selbst auf dem Friedhof nicht, weil sein Grab keinen Namen trägt. Ich fahre noch oft mit dem Rad an der Anstalt vorbei, die neben einem alten Schloss liegt. Und an dem ehemaligen Landhaus des *Freiherrn von dem Bussche genannt Münch.*

An eine kurze Begebenheit in diesem Herbst kann ich mich noch erinnern, nämlich dass ich an einem anbrechenden spätsommerlich warmen Abend, der noch einmal den Sommer zurückzubringen schien, auf einer Brücke des Mittellandkanals stand und in der weiten Ferne das beleuchtete Riesenrad des Blasheimer Marktes sah. Ich machte eine Fahrradtour und dachte dabei an Jörg, dessen Krankenhaus ganz in der Nähe des Riesenrades, das von hier aus sehr klein wirkte, lag. Dachte daran, ob er wohl in seinem Krankenzimmer auf mich warten würde. Ich hatte ihn dort jede Woche einige Male angerufen und ihm gesagt, dass ich vielleicht doch noch kommen würde. Aber ich dachte mir damals auch, dass sich das Rad im nächsten Jahr wieder drehen würde und Jörg dann schon lange zurück in seiner Anstalt wäre, woraufhin ich meine Fahrt über Landstraßen zwischen Wiesen und Feldern jenseits des Kanals unbeschwert fortsetzte und Jörg und mein schlechtes Gewissen dabei vergaß.

Nun möchte ich wieder wie früher zu seiner Anstalt fahren und auf seine Station und in sein Zimmer gehen. Doch es gibt dort niemanden mehr, den ich heute noch antreffen und besuchen kann. Niemanden, den ich kenne. *Aber da sind noch so viele andere Menschen in einer ähnlichen Situation, die dich brauchen*, sprechen meine Gedanken beinahe laut, dass ich sie gut hören kann. Doch es ist schwer, sich immer wieder auf jemanden so einzustellen, wie ich mich auf Jörg eingestellt hatte. Es gibt wohl auch nichts Vergleichbares, weil jeder Mensch etwas Einmaliges und Besonderes ist. Ein Unikat eben. Ja, ich hatte versagt, und Jörg war zurückgekommen, um mich daran zu erinnern. An unsere letzte Verabredung, die ich nicht mehr eingehalten hatte und die wohl *Treue* oder so ähnlich hieß. Ich kann Jörgs Botschaft an mich im Nachhinein gut verstehen. Und es tut mir weh, wenn ich noch länger daran denke. Ich hatte ihm mein Wort gegeben, und ich hatte es bereits einen Moment später wieder gebrochen. Ich war wie Petrus, der erst merkte, dass er den Herrn verriet, als der Hahn dreimal krähte. Denn zwischen Jörg und mir bestand und besteht unsichtbar eine Art Treueschwur, einer auf Leben und Tod. Eine Allianz von zwei Herzen, die wohl über den Tod hinaus anhält. Aber in jenem Sommer hatte ich aus Bequemlichkeit und Egoismus versagt, denn anders kann ich es mir heute nicht erklären.

Als ich an einem frühen warmen Herbstabend an unserem alten ostwestfälischen Schloss, derer *von dem Bussche genannt Münch,* und an der Anstalt mit dem Rad vorbeifahre und die Glocken zur vollen Stunde vom kleinen Türmchen am Eingang zum Schlosshof läuten, bin ich wieder bei Jörg, der mit einem breiten Lachen in der Tür seines Zimmers steht und auf mich wartet. Wie er immer auf mich gewartet hatte, in jedem Frühling, Sommer, Herbst oder Winter. In jedem Jahr. *Es hat sich doch eigentlich nichts verändert*, denke ich noch und kann mich wieder selber dabei hören, *wenn man die Welt des Unsichtbaren nicht ganz übersieht.* Jörg war wieder oder immer noch da und füllte fast den gesamten Rahmen der Tür aus, als ich ihm hoch und heilig versprechen musste, jetzt regelmäßiger vorbeizukommen. Ich tat es selbstverständlich und wollte mich diesmal auch an mein Versprechen halten, weil ich

Jörg zurückbekommen hatte, selbst wenn er schon vor vielen Jahren gegangen war.

Als ich etwas später am Abend, der immer noch warm und verheißungsvoll vor mir lag, mit dem Rad über die Kanalbrücke zurück in Richtung Elternhaus fuhr, konnte ich es wieder sehen. Das Riesenrad von Blasheim, das in weiter Ferne lag und mir deshalb ganz klein vorkam. Es wurde wieder einmal Kirmes dort abgehalten. Wie in jedem Jahr um diese Zeit. Auch von der Musik flogen ein paar Fetzen bis zu mir herüber, so glaube ich mich heute zu erinnern. *Mona, Mona*, hieß wohl der Titel des bekannten Schlagers von Roy Black. Als ein dicker, fast zwei Zentner schwerer Mann auf seinem Rad im Schnelltempo an mir vorbeibrauste, musste ich kurz und laut lachen, bevor ich mir hoch und heilig schwor, niemals mehr einen Besuchstermin bei Jörg zu vergessen. Ob es der Mann auf dem Rad wohl noch gehört hatte?

Die Statue von Manhattan

Kurzgeschichte

Philipp erreichte New York über Philadelphia an einem frühen warmen Juniabend. Von La Guardia war es nach Auskunft des Reiseführers noch ein ganzes Stück bis zu seinem Hostel. Er war das erste Mal in den USA und nach den Einwanderungstorturen wie gerädert. Aus Kostenersparnisgründen hatte Philipp einen Billigflug von Frankfurt über Philadelphia nach New York gebucht. Nach einer Wartezeit von knapp zwei Stunden auf dem Flughafen von Philadelphia war es dann mit einem Flyer Shuttle weitergegangen, bis er endlich sein lang ersehntes Ziel New York von seiner anderen, weniger aufregenden und spektakulären Seite aus erreichte. Nicht über die Skyline von Manhattan mit ihren vielen Wolkenkratzern hinweg, sondern aus der Richtung, aus der Inlandflieger aus allen Regionen der Vereinigten Staaten die Weltstadt anfliegen, war Philipp New York einen Schritt oder wenigstens ein bisschen nähergekommen.

Als Philipp den Flughafen verließ und ihn die Wärme einer bald hereinbrechenden New Yorker Sommernacht verheißungsvoll erwartete, dachte er nur noch daran, so schnell wie möglich durch das Dickicht des Großstadtdschungels, von dem er schon so viel in Krimis gelesen und in Filmen gesehen hatte, zu seiner Unterkunft zu gelangen, von der er nur den Namen und die Hausnummer wusste und in welcher Straße sie sich befinden sollte. Eine freundliche und energische Frau um die Mitte fünfzig war gerade mit ihrem sechzehnjährigen Sohn, der in New York eine *Middle School* besuchte, mit dem Flugzeug aus Texas zurückgekehrt und bemerkte nun das Zögern und die Unsicherheit des jungen Mannes aus Deutschland. Sie fragte ihn nach seinem Ziel, nahm ihn an die Hand und schob ihn in einen fast vollen Bus hinein. Man machte sich schnell bekannt, und die Frau erzählte Philipp von ihrem Kurzurlaub in Dallas im Staate Texas und dann von ihrer Zeit als junges Mädchen in Wiesbaden, da sie von Anfang an den Eindruck gehabt hatte, einen Deutschen vor sich zu haben. Ihr Vater sei als höherer Offizier der U.S. Army in der hessischen Landeshauptstadt stationiert gewesen. Ihre Familie habe dort eine große Wohnung gehabt und die Deutschen seien alle sehr freundlich und nett zu ihnen gewesen. Die Mutter hatte damals sogar ein eigenes deutsches Kindermädchen, das aus der Pfalz stammte und oben in einem eigenen Zimmer unter dem Dach gewohnt hätte. Ja, sie erinnere sich immer wieder gerne an die Zeit in Wiesbaden und an die vielen Ausflüge in den Taunus und ins Rheinland. Ein kleines Weißes Haus habe es in Wiesbaden auch gegeben, eine Nachbildung des Originals von Washington, sodass sie sich schon fast wie zu Hause gefühlt habe. Alles sei sehr nett dort gewesen, die Menschen, der Rhein und der Wein. Sie würde auch oft von ihren romantischen Eindrücken, insbesondere von den Fahrten nach Mainz und Heidelberg träumen. Ja, Deutschland würde immer ein Teil von ihr bleiben, obwohl New York, wo sie seit ein paar Jahren ein kleines Häuschen mit einem winzigen Hinterhofgarten mit Rosenbeeten besitzen würde, natürlich auch sehr aufregend sei, vor allem, was den kulturellen Bereich anbelange. Und natürlich die Möglichkeit, mal schnell einen Kurztrip nach Texas oder Kalifornien zu unternehmen, was sie ab und zu mit ihrem Sohn tun würde.

Als die Frau den letzten Satz beendet hatte, hielt der Bus auch schon vor einer U-Bahn-Station, die sicher schon etwas bessere Zeiten erlebt hatte, und die Frau verabschiedete sich von Philipp, nachdem sie ihm genauestens erklärt hatte, mit welcher Linie er weiterfahren und wo er aussteigen müsse. Von dort aus sei es dann nicht mehr weit bis zu seiner Unterkunft. Ein guter Spaziergang würde es wohl sein, meinte sie, obwohl sie selber die Gegend nicht so genau kennen würde. Philipp fuhr also mit einer alten klapprigen U-Bahn weiter und stieg viele Stationen später an der ihm angewiesenen Station aus, von wo aus es nur noch ein kurzer Weg bis zu seinem Quartier sein sollte.

Als Philipp den schmuddeligen und mit vielen Plakaten überklebten Treppenaufgang des U-Bahnhofs hochstieg, packten ihn plötzlich wieder Angstgefühle und er dachte: *Gleich wird dich eine Gang von Jugendlichen und Halbstarken in Empfang nehmen, und du hast keine Chance, lebend zu entkommen.* Aber es kam Gott sei Dank anders. Denn einige Minuten später stand Philipp vor seinem Hostel, das wohl ein Haus aus den dreißiger oder vierziger Jahren sein musste und von außen einen recht ordentlichen und gepflegten Eindruck machte, wenn man die schwarze Fassade des Gebäudes außer Acht ließ. Er vergaß die U-Bahn und die ziemlich düsteren Straßen, die er auf dem Weg von dort bis zu seinem neuen Heim passiert hatte und steuerte gleich auf den Eingang des Hostels zu.

Er betrat einen mittelgroßen Raum, an dessen linker Seite ein Empfangstresen stand. Plötzlich und unerwartet tauchte ein älterer Herr aus einer Tür hinter dem Empfang auf. Auf Philipps in Schulenglisch gestellter Frage, ob er hier richtig in *Amys Youth Hostel* sei, bestätigte ihm der ältere Herr, dass es sich um die richtige Adresse handeln würde. Philipp folgte dem Mann bis an den Empfangstresen und legte seinen Reisepass für die Anmeldung vor. Außerdem hatte er noch um die zweihundert Dollar zu bezahlen, da er in Deutschland nur eine Anzahlung geleistet hatte. Alles ging ganz schnell und reibungslos vor sich, und Philipp kam mit seinem Schulenglisch gut zurecht. Einen Atemzug lang dachte Philipp: *Wie werde ich die nächsten acht Tage hier überstehen?* Er verspürte ein ungewohntes und mulmiges Gefühl, das wohl manch einer hat, der als Fremder über den *Großen Teich* nach Amerika gekommen ist. Pardon, geflogen ist. Auch Philipp war das erste Mal hier – ein Deutscher aus dem östlichen Teil von Westfalen in Nordamerika.

Doch plötzlich waren alle Ängste und Sorgen und das Gefühl des Nichtgeborgenseins so schnell verschwunden, wie sie ursprünglich aus dem ungewohnten Neuen heraus entstanden waren. Denn ein Mann mit schulterlangen Haaren und einem milden, herzenswarmen und verklärten Gesichtsausdruck, der mit einem weißen Gewand bekleidet war, stand in voller Lebensgröße im Hintergrund der Rezeption und lächelte ihn an. Nein, es war nicht das Original, sondern nur eine Replik davon, aber es reichte, dass Philipp sich nicht mehr einsam fühlte. Dass das unangenehme Gefühl augenblicklich verschwand. Er dachte an seine Zeit in Israel und in Jerusalem zurück und daran, dass ihm der Mann wohl bis hierher gefolgt sein musste. Still und unerkannt. Nein, er war wohl überall, wo es Menschen wie Philipp gab. War da, um sie zu beschützen vor den Gefahren der Welt und denen, die auf dunklen Straßen und in U-Bahn-Schächten neuer, unbekannter Städte lauern konnten.
Philipp steuerte auf den Fahrstuhl des Hostels zu, der wohl ebenso alt und wacklig wie sein Gemäuer sein musste. Aber er brachte ihn dennoch sicher und mit lautem Poltern bis in den fünften Stock.
Philipp hatte es geschafft! Vom Fenster seines Zimmers aus konnte er eine lange Straße hinuntersehen und hörte das Aufheulen einer Polizeisirene. *Die Polizeiwagen fahren hier wohl den ganzen Tag und die Nacht die Straßen auf und ab, wie man es aus Filmen kennt,* dachte Philipp und dann *Toiletten und Duschen auf dem Gang – ganz toll.* Philipp ließ sich auf das breite Bett fallen und

suchte sich eine Stelle, die noch nicht so sehr durchgelegen war. *Ich bin in New York,* dachte er, als er endlich erschöpft einschlief und wieder, wie aus weiter Ferne, einen Polizeiwagen mit seiner aufheulenden Sirene wahrnahm. *Danke für den netten Empfang, Jungs,* dachte er gerade noch, als ihn eine kurze Einschlafwelle überraschte und er im kühlen Wasser des Hudson Rivers untertauchte, um den lauten Polzeigeräuschen halbwegs zu entkommen und um am Morgen frisch ausgeruht, geduscht und nach einem amerikanischen Frühstuck mit Toast und Peanut Butter gestärkt zu seinen ersten Exkursionen aufzubrechen. *New York, ich liebe dich und deinen Lärm! New York, New York!* Dann wurde es ganz still um ihn. Leise, geheimnisvoll und still, denn das Wasser des Hudson Flusses hatte den jungen Mann endgültig und von allen Seiten umgeben. Der Film würde morgen früh an einer anderen, noch unbekannten, aber interessanten Stelle weiterlaufen. Philipp würde sicher in dieser Nacht von der Fifth Avenue träumen, die sich ganz in der Nähe befinden musste. Und vom Broadway mit seinen vielen bekannten Theatern, den Musicals und Shows. Er würde in seinem Traum Lauren Bacall und Humphrey Bogart begegnen. Sie würden ihn für kurze Zeit an ihrem turbulenten Leben von einst teilnehmen lassen, und er würde die Einladung zu einem Drink in ihre Wohnung nicht abschlagen. Oder Jimmy Stewart käme ihm mit Grace Kelly von Greenwich Village entgegen, wo sie gerade in einem Apartmenthaus Hitchcocks *Fenster zum Hof* abgedreht hätten.

Was immer auch im Traum oder in der Realität stattfinden würde. Ein junger Mann tauchte erst wieder aus dem Fluss auf, als der Wecker am Morgen klingelte und sich die Sonne verheißungsvoll einen Weg durch die Plastik-Jalousie in den Raum hineinbahnte. Ganz langsam über seinen jungen, ausgedehnten und ausgeruhten Körper und sein Gesicht hinwegkroch. Er hatte wirklich in dieser Nacht geträumt, aber ganz anders als erwartet, nämlich von daheim in Deutschland. Von dem kleinen, ruhigen und idyllischen Dorf im östlichen Teil Westfalens, das wohl von manchen Leuten wegen seiner Bewohner als bodenständig bezeichnet wird. Mit den Fachwerkhäusern und Bauernhöfen, den grünen Weiden und schwarzweiß gefleckten Kühen darauf. Den schmalen, von alten Weidenbäumen umsäumten Landstraßen beidseits des Mittellandkanals, der Rhein und Elbe verbindet und an dessen Seiten es keine Wolkenkratzer, sondern nur unendlich lange Wege, Gebüsch und Laubbäume gibt. Philipp berührte sein Gesicht, das noch ganz nass vom tiefen, nahe liegenden Fluss war. Auch das weiße Kopfkissen war an manchen Stellen durchnässt. Oder lag der Grund in der Wärme einer frühen New Yorker Sommernacht? Zwei salzige Wassertropfen sollten den ganzen Tag über hartnäckig an Philipps Lippen haften bleiben. Das raue, unruhige Meer hatte sie bis in die Bucht von New York, bis hierher gebracht. Sie angespült wie auch Philipp, den Deutschen aus Westfalen. Der junge Mann leckte neugierig mit seiner Zunge über die Lippen um sie zu schmecken. Und schmeckte den aufregenden Geschmack von New York.

Kein Ausweg für Frederik

Kurzgeschichte

Hast du nicht bemerkt, wie er dich angesehen hat?

Ja, natürlich, ich habe es gesehen, ich bin doch schließlich nicht blind, erwiderte Joachim seiner zukünftigen Frau Christine.

Du weißt, dass der Junge sich in dich verliebt hat? Christine sprach von ihrem Sohn Frederik, ihrem Kind aus erster Ehe mit einem wohlhabenden Möbelfabrikanten, die nach neunzehn Jahren in die Brüche gegangen war und vor einem Jahr geschieden wurde.

Ja, ich glaube es gespürt zu haben, obwohl es mich irgendwie unangenehm berührt hat, wie du dir vielleicht vorstellen kannst, entgegnete ihr Joachim.

Unangenehm berührt haben dich die Gefühle meines Sohnes? Sogar ich als ganz normale Frau konnte jede einzelne Nuance davon deutlich wahrnehmen. Fast so genau, wie mit einer Kamera mit Weitwinkelobjektiv. Und es hat mich selber auch sehr betroffen gemacht. Im positiven Sinne meine ich. Und du sagst, dass dich mein eigenes Fleisch und Blut unangenehm berührt haben, meinte nun Christine mit einem bitteren und vorwurfsvollen Unterton in ihrer Stimme, der auch ihre ansteigende Wut, die darin enthalten war, nicht verbergen konnte.

Unangenehm berührt ist vielleicht nicht ganz der richtige Ausdruck, mein Liebling. Du weißt, dass ich deinen Sohn, schon wegen der großen Ähnlichkeit mit dir, von Anfang an ins Herz geschlossen hatte. Aber es ist mir doch irgendwie äußerst unangenehm und peinlich, dieses neue und ungewohnte Gefühl.

Glaubst du, dass du es schaffen kannst, ich meine, dass du damit umgehen kannst, ohne ihn und dich selber zu verletzen? fragte nun Christine ihren zukünftigen Ehemann zärtlich und leise.

Weißt du, es ist mir gar nicht so wichtig, ob ich selber Schaden dabei erleiden könnte, was höchstens der Fall wäre, wenn ich wüsste, dass Frederik an dieser Situation seelisch zerbrechen würde. Ich meine, dass er mit seiner Lage nicht allein fertig wird, weil niemand da ist, der ihm helfen kann. Und dass der einzige, der ihm helfen könnte, dein zukünftiger Ehemann und sein Stiefvater ist, den er liebt.

Du denkst, dass du die starke Zuneigung meines Sohnes nicht ertragen kannst, dass dir dieses Gefühl nicht nur unangenehm, sondern irgendwie unnatürlich und abartig erscheint, habe ich recht?

Nein, abartig, das ist einfach nicht der richtige Ausdruck. In was für einer Zeit leben wir denn heute, wenn ich so denken und fühlen würde? Aber ich weiß auch, dass ich die Gefühle deines Sohnes niemals erwidern kann und werde. Ich meine nicht die normalen Gefühle einer Freundschaft zwischen zwei Männern, die für mich niemals so sein können wie die zwischen einem Mann und einer Frau. Das erscheint mir persönlich irgendwie nicht möglich, und deshalb habe ich auch Angst, dass ich Frederik mit seinem starken Verlangen und seinen Wünschen enttäuschen würde und ihn todunglücklich mache, sagte ein um seinen zukünftigen Stiefsohn sehr besorgter Mann, der gerade die Mitte fünfzig überschritten hatte.

Meinst du nicht, dass wir einen Versuch wagen sollten, schon um unserer beider Liebe willen, denn wir wollen Frederik doch in unser gemeinsames Leben integrieren und ihm unser Heim als ein Zuhause anbieten, in dem er leben kann und sich wohl fühlt? Wärme und Geborgenheit verspürt und sich nicht mit seiner Seele und seinen Gefühlen als ›draußen‹ empfindet.

Als draußen vor der Tür, wo es bitterkalt ist und die Seele friert, weil sie anders beschaffen ist. Nicht so 08/15 wie die unsere angelegt ist, das meinst du doch wohl, Christine?, erwiderte Joachim seiner Frau, die ihn nun verständnisvoll anlächelte, so als hätte er wie ein Seelendoktor im Herzen und in der Seele ihres Kindes und in ihrem eigenen lesen können.

Ich wusste gar nicht, dass du ein so großer Psychologe bist und so viel Verständnis für Minderheiten und Randgruppen und deren Probleme hast, meinte nun Christine, die ihren zukünftigen Gatten liebevoll in die Arme nahm und ihn fest an sich drückte.

Hab ich auch vorher nicht gewusst, meine Liebe, ist mir eigentlich gerade erst klar geworden, als ich versucht habe, mich in Frederiks Lebensproblematik hineinzuversetzen, in seine andere Veranlagung: Was für ein komischer und seltsamer Ausdruck für jemanden, den man gern hat und als genauso normal empfindet wie jeden anderen Menschen auch. Und seine Ministrantentätigkeit in der Kirche und die vielen kleinen sozialen Aufgaben, die er schon im Kindesalter angenommen hat, lassen ihn mir eigentlich mehr denn je als wertvollen Menschen erscheinen, dem seine Mitmenschen nicht egal sind und der sich für andere, schwächere enga-

giert und einsetzt. Hast du nicht mal erzählt, er hätte schon mit dem Gedanken gespielt, Priester zu werden? Oder Sozialarbeiter oder irgendetwas anderes Soziales in der Art? Eigentlich ist diese andere komische Sache doch wie ein unsichtbares Handicap für Menschen, die nichts dafür können, weil sie so auf die Welt gekommen sind. Und wenn er mal allein bleiben sollte, wird er zeitlebens ohne Geborgenheit und ohne menschliche Wärme sein, das ist auch sehr ungerecht. Dann hat er wirklich nur noch seinen Beruf oder seine Berufung. Ja, Gott wird sich schon etwas dabei gedacht haben, dass er nicht alle Menschen 08/15 und gleich geschaffen hat. Es ist wirklich ungerecht, aber ich glaube, der Junge wird seinen Weg schon finden, denn er ist ein guter und aufrechter Mensch auf den du als Mutter mehr als stolz sein kannst.

Ja, ich bin auch sehr stolz auf meinen Frederik, das kannst du mir glauben. Er ist ein Stück Leben aus mir, ohne das ich nicht existieren kann. Wenn ihn jemand schlecht machen sollte oder ihn kränken würde, das könnte ich als ich Mutter nicht ertragen. Dann würde ich mitleiden. Denn er ist wirklich ein Teil von mir, den ich nicht missen möchte, sagte Christine, und man konnte deutlich einen Anflug von Stolz und Mut in ihrer Stimme wahrnehmen. Den Mut, sich für jemanden einzusetzen, den sie einmal zur Welt gebracht hatte und der deshalb zu ihr gehörte, weil er ein Teil von ihr selbst war. Selbst wenn dieser Teil anders beschaffen war als sie selbst. Und auch anders, als sie es sich selbst vielleicht einmal gewünscht hatte.

Frederik saß derweilen oben im Haus in seinem Zimmer vor seinem Schreibtisch und wartete darauf, dass seine Mutter sich von Joachim verabschieden würde und dann zu Bett ginge. Er hatte seine wenigen wichtigen persönlichen Habseligkeiten vor sich auf den Tisch gelegt: seinen Personalausweis und Reisepass, sein Sparkassenbuch, seine Geldbörse mit 200 Euro und seine Zeugnisse vom Gymnasium, das er besuchte und an dem er in einem halben Jahr sein Abitur ablegen wollte. Jetzt starrte er auf die Sachen und überlegte, was er wohl noch brauchen würde, wenn er morgen gegen Mittag in Köln ankäme. Er hatte seit einigen Jahren ein paar Bekannte in Köln, die er dort auf dem katholischen Kirchentag kennengelernt hatte. Ganz normale Bekannte eigentlich, denn bis jetzt hatte der junge Mann noch keine Erfahrungen in Sachen Sexualität oder Liebe gemacht. Ja, er war eigentlich noch das, was man als

Jungfrau bezeichnete, wenn es um Dinge wie den Sex ging. Und außerdem kannte er in Köln einen Priester von einer katholischen Gemeinde, den er besuchen wollte. Er hatte sich früher einmal lange mit ihm unterhalten. Vielleicht konnte ihm dieser doch irgendwie weiterhelfen. Denn Frederik konnte und wollte nicht so weiterleben. Er hatte es seiner Mutter auch alles ganz genau aufgeschrieben. Der Brief lag fertig und verschlossen auf seinem Bett, und die Mutter würde ihn am Morgen dort finden. Sie würde ihren einzigen Sohn bestimmt verstehen, denn sie verstand ihn doch immer. In all den langen Jahren, als Frederik allmählich erkannte, wer er wirklich in seinem Innern war. Wie er, der Junge Frederik, beschaffen und angelegt war. Es war ein langwieriger und schwieriger Prozess der Selbstfindung gewesen. Der junge Mann hatte es sich dabei selber nicht leicht gemacht, da er seine moralischen Prinzipien nicht aufgeben wollte, die meistens die seines Glaubens gewesen waren. Und er hatte sich oft genug dafür gehasst, was für ein Mensch er innerlich war. Wie eine höhere Macht ihn geschaffen hatte. Ja, er flehte manchmal zu Gott, dass dieser ihn doch noch ändern möge, aber seine Seele blieb so, wie sie war, und seine Gefühle auch. Auch wenn sich sein Gewissen manchmal dagegen sträubte oder das, was Frederik seinen Glauben nannte und woran er mit seinem ganzen Leben hing. Aber das andere war auch ein Teil von ihm, den er nicht leugnen konnte. Und Frederik wollte diesen Teil von sich nicht länger verleugnen, denn er wollte nicht weiterhin lügen und sein Leben auf einer Lüge aufbauen.

Aber gab es nicht noch so etwas wie eine Selbstverleugnung um des Glaubens willen? Wenn er vielleicht einmal Priester werden würde, konnte er diesen Weg gehen. Es würde ein harter Weg sein, ein Weg ohne menschliche Liebe, ohne Sexualität, die er noch nicht kannte und die er sich nur in unzähligen Träumen wünschte und herbeisehnte, wie wohl jeder andere in seinem Alter auch. Vielleicht würde er auf diesem Weg auch manches Mal seine Unschuld verlieren, so wie die meisten Menschen während ihres Lebens. Doch er würde seinen Glauben niemals verleugnen und den eingeschlagenen Weg nicht verlassen, weil er ihm Halt, Schutz und Geborgenheit verlieh. Weil er Frederik etwas gab, das er nirgendwo sonst in der Welt finden konnte. Nirgendwo anders als bei Gott, woran der junge Mann fest glaubte.

Jetzt war es unten im Haus ganz still und ruhig geworden, und die Mutter war zu Bett gegangen. Frederik würde noch etwas warten, bis sie eingeschlafen war, und dann leise die Treppe nach unten bis zum Hauseingang hinunterschleichen. Vielleicht würde sie ihn im Schlaf hören, aber sie würde ihn sicher nicht zurückhalten, denn sie hatte ihn immer verstanden, oftmals besser, als er sich selber verstand. Als der junge Gymnasiast sein Elternhaus verließ, war es nach ein Uhr nachts, und er hatte gerade den letzten Zug nach dem über hundert Kilometer entfernten Köln verpasst, sodass er bis in die frühen Morgenstunden auf dem Bahnhof ausharren und warten musste.

Noch am frühen Vormittag erreichte ein übermüdeter Reisender die Großstadt. Als er den Hauptbahnhof verließ und dem Dom gegenüberstand, fühlte er sich wieder fast wie zu Hause. Ein paar Schritte noch, dann würde er in der kleinen, preiswerten Pension sein, in der er einmal ein paar Tage verbracht hatte und die ihm schon vertraut war. Heute Nachmittag würde er seine Mutter anrufen und eventuell am Abend auch seinen Vater, der mit seiner neuen Lebensgefährtin in Düsseldorf lebte. Nein, seine Mutter musste seinen Brief schon vor Stunden gelesen haben, weshalb sich Frederik entschied, sie sofort davon zu verständigen, dass er sicher in Köln angekommen war. Der junge Mann holte sein Handy aus dem Rucksack, setzte sich auf eine Bank in der Nähe des Doms und wählte die Nummer seiner Mutter, die auch sofort am Apparat war. Sie machte ihm keinerlei Vorwürfe und schien sehr gelassen zu sein, so als habe sie solches oder Ähnliches schon lange erwartet. Sie fragte ihren Sohn nur, wie es ihm gehe und ob er genug saubere Wäsche mitgenommen habe, um für die nächsten Tage auszukommen. Frederik versprach seiner Mutter, noch am selben Abend oder gleich morgen früh wieder anzurufen, ob alles mit seiner Unterkunft geklappt hatte. Er wollte außerdem noch seinen Vater anrufen, zu dem er ja immer, auch nach der Scheidung der Eltern, ein gutes oder normales Verhältnis unterhalten hatte. Und er bat seine Mutter noch, dass sie ihn für die nächsten Tage aufgrund irgendeiner Erkrankung in der Schule entschuldigen möge. Damit war das Gespräch, vor dem sich Frederik so gefürchtet hatte, beendet.

Als ein übermüdeter Oberprimaner ein paar Stunden später in seinem Bett in der kleinen Pension eingeschlafen war, schien die Welt fürs Erste wieder in Ordnung zu sein. Alles andere konnte man morgen überdenken und dann auch schon die ersten Schritte unternehmen. Vielleicht konnte ihm sein Vater mit seinen Beziehungen etwas weiterhelfen? Frederik nahm ihn ungern in Anspruch, nachdem sich seine beiden Elternteile getrennt hatten. Er würde ihn heute Abend oder morgen früh aber trotzdem in Düsseldorf in seiner Wohnung nicht weit von der Königsallee anrufen und ihn um Rat bitten. Vielleicht konnte ihm seines Vaters Meinung ja weiterhelfen? Auch den Priester würde er in den nächsten Tagen in seiner Gemeinde besuchen und seine Bekannten, die er auf dem Kirchentag kennengelernt hatte.

Aber Frederik war bereits in seinem Traum und mit seinen Gedanken sehr weit fort, jedenfalls viel weiter als in Köln. Er dachte an Joachim und schämte sich plötzlich nicht mehr dafür, weil im Schlaf alles Schamgefühl ausgelöscht wurde – auch seine letzten Tränen, die auf dem frisch bezogenen Kissenbezug eintrockneten. Morgen, ja morgen würde auch noch ein Tag sein. Ein neuer Tag und ein neuer Anfang. Ein Träumender glaubte wenigstens in seinem Traum daran. Der Schlaf heilte alle Wunden, die der Tag einem jungen Wanderer zugefügt hatte. Alle Welt litt am Tag, und die Nacht konnte mit ihrer friedlichen Ruhe und ein paar schwarzen Farbstrichen alles Leid der Welt auslöschen. Wenigstens für Stunden. Die Nacht war wie ein großes Löschblatt, das über eine klagende und leidende Welt ausgebreitet wurde. Auch alle jemals geweinten Tränen wurden von diesem Löschblatt aufgesogen, so als wäre es ein riesengroßes weißes Taschentuch, das man vor ein heulendes Gesicht hält. Und auch Frederiks Leid und Sorgen und seine vielen Tränen wurden davon aufgesogen. Weil sich der junge Mann schon ganz woanders befand. Nämlich auf den Wogen seines eingebildeten Glückes und seiner eingebildeten Liebe, die er sich so sehr herbeigesehnt hatte. Denn seine Sehnsucht war nach kraftvollen Armen ausgerichtet, die stark waren und umarmen konnten. Nach Geborgenheit und menschlicher Nähe. Nach Wärme. Nach einem Vater, dessen schützende Arme ihm früh verloren gegangen waren. Viel zu früh, wie ein Junge meinte! Morgen, ja morgen würde alles wieder gut werden! Ein Träumender träumte wenigstens in seinem gerade beginnenden Traum davon und ging in der hohen Welle seiner eingebildeten Liebe unter.

Als er am Morgen durch das Telefon vom Portier geweckt wurde, schien das Leben wieder ganz in Ordnung zu sein. Ein hoffnungsvolles junges Leben, das eigentlich noch ganz vor ihm lag. Frederik duschte schnell und begab sich dann zum Frühstück nach unten in das Speisezimmer. Er hatte sein Programm schon fest im Kopf. Sozusagen alles wie in einem inneren Terminkalender vorprogrammiert. Er hatte seine Mutter und seinen Vater am Abend doch nicht mehr angerufen, weil er in seinem Bett fest eingeschlafen war. Durchgeschlafen hatte bis zum Wecken am frühen Morgen. Jetzt begab er sich aber gleich nach dem Frühstück nach draußen, um von einer Telefonzelle aus zu telefonieren, weil sein Guthaben auf dem Handy schon fast aufgebraucht war. Sein Vater war nicht in seiner Wohnung, sondern bereits in seinem Büro in der Firma, wie ihm der Anrufbeantworter mitteilte. Aber auch in der Firma konnte er seinen Vater nicht sofort sprechen, da dieser sich in einer wichtigen Konferenz befand. Deshalb telefonierte er erst noch einmal mit seiner Mutter, um ihr zu erklären, dass er in der Pension gut untergekommen sei und sie sich keine Sorgen zu machen brauche. Seine Mutter wollte am morgigen Tag mit dem Zug nach Köln kommen und sich mit ihm treffen. Frederik konnte es ihr nicht abschlagen, und so vereinbarten sie einen Termin. Kurz nach zwölf Uhr mittags würde ihr Zug laut Fahrplan am Hauptbahnhof ankommen. Das hatte seine Mutter ihm erklärt. Sie freute sich schon auf ihren Sohn, und Frederik, der seine Mutter über alles liebte, musste sich nun trotzdem Mühe geben, am Telefon freundlich zu sein. Seinen Vater erreichte er kurz darauf in seinem Büro. Dieser fragte ihn zuerst nach seinem Befinden und wollte Frederik sofort bei der Zimmersuche und bei den anfallenden Unkosten behilflich sein.

Morgen hast du ein kleines Einzimmerapartment. Ich muss nur noch ein paar Anrufe deswegen machen. Wie heißt deine Pension in Köln? Ich rufe dich heute Abend noch dort an. Hast du schon ein laufendes Konto bei einer Bank oder Sparkasse? Ich richte dir morgen gleich einen monatlichen Überweisungsauftrag ein, damit du gut auskommst. Du klingst so weit fort, lieber Sohn, viel weiter als die paar Kilometer bis Köln. Oder soll ich heute Abend mit dem Auto noch schnell nach Köln kommen? Es macht mir wirklich nichts aus. Ich würde mich sehr freuen.

Frederik gab seinem Vater die gewünschten Auskünfte und lehnte dessen Angebot, noch am selben Abend nach Köln zu kommen, dankend ab, da seine Mutter ja morgen kommen würde und der junge Mann die Zeit bis dahin mit sich selbst verbringen und über manches nachdenken wollte. Er würde heute ein wenig durch die Stadt laufen und eventuell schon nach einer neuen Schule Ausschau halten, an der er seinen Abschluss machen konnte. Sein Vater könne ihn aber noch bis spät abends in der Pension anrufen und er würde sich sehr auf seinen Anruf freuen, meinte Frederik seinem alten Herrn gegenüber. Er bedankte sich noch einmal bei ihm für seine großzügige Hilfe und Unterstützung, obwohl er sich ganz gerne etwas anderes gewünscht hätte – eine intakte Familie und noch so manches, das man mit Geld nicht kaufen konnte. Das ihm mehr fehlte als alle materiellen Dinge dieser Welt, nämlich die Nähe und Liebe eines Vaters, zu dem er nicht nur gelegentlich mal Kontakt hatte. Aber das sagte der Junge seinem Gegenüber am Telefon nicht mehr.

Und Frederik bummelte später noch an einem sonnigen Herbstnachmittag durch Köln und sah danach in seiner Pension sämtliche Telefonbücher nach Gymnasien durch, die für ihn infrage kommen konnten. Seine Mutter rief ihn gegen acht Uhr abends in seinem Zimmer an, und sie besprachen kurz das geplante Zusammentreffen für den morgigen Tag am Kölner Hauptbahnhof. Frederik erzählte seiner Mutter auch vom Hilfsangebot seines Vaters und dass dieser sich um ein Zimmer für ihn bemühen wollte, was seine Mutter schon wusste, weil sie mit ihrem geschiedenen Mann in Düsseldorf telefoniert hatte und in allem auf dem Laufenden war. Sie würde morgen mit Frederik in Köln das Weitere besprechen. Eine Weile später war das Gespräch beendet, da seine Mutter schon sehr früh zu Bett gehen wollte, weil der morgige Tag ein anstrengender Tag für sie werden würde.

Sein Vater rief Frederik kurz nach zehn Uhr abends auf seinem Zimmer in der Pension an und gab ihm die Adresse eines Zimmers mit Kochnische und Duschgelegenheit in einem Einfamilienhaus mit Garten in Lindenthal, das er sich mit seiner Mutter zusammen am morgigen Tag ansehen könne. Einen Dauerauftrag hatte er für seinen Sohn auch schon eingerichtet, und Frederik würde genug Geld haben, um davon gut leben zu können. Noch ehe Frederik etwas erwidern konnte, hatte der Vater ihm eine gute Nacht gewünscht und aufgelegt. Er wollte sich morgen Abend wieder bei ihm melden und wünschte seinem Sohn noch einen schönen morgigen Tag, den er zusammen mit seiner Mutter verbringen würde. So ähnlich lauteten die letzten Worte des Vaters, und das kurze Telefonat war danach beendet. Der junge Mann blieb wieder der Einsamkeit seines Zimmers überlassen – der Einsamkeit seines jungen Lebens, die er sich in den seltensten Momenten herbeisehnte und vor der er sich meistens fürchtete, weil sie schon irgendwie sein Schicksal zu sein schien und ihm deshalb unheimlich war. Aber hiervon und von seinen vielen anderen Gedanken und Gefühlen erzählte Frederik seinem Vater nichts, weil dieser ihm dabei sowieso nicht zugehört und ihn noch viel weniger verstanden hätte.

Am nächsten Mittag stand Frederik um zwölf Uhr auf dem Bahnsteig, auf dem seine Mutter in einer Viertelstunde ankommen sollte. Sie kam mit ihrer neuen Reisetasche in der Hand, in der sie etwas Wäsche für ihren Sohn und das Nötigste für sich für die eine Nacht im Hotel eingepackt hatte. Es sollte auch ein schöner und warmer Herbsttag werden. Man besichtigte gemeinsam die kleine Wohnung im Stadtteil Lindenthal, die sich im Dachgeschoss einer alten, weiß gestrichenen Villa befand. Sie war vollständig eingerichtet, und die Familie des Vermieters erschien Frederik sehr freundlich. Frederik konnte schon in den nächsten Tagen dort einziehen und sein Zelt in der Pension abbrechen. Die übrige Zeit des Tages verbrachte der junge Mann mit seiner Mutter in einem Café und den Abend in einem Restaurant bei Kerzenlicht. Als sie beide am späten Abend in die Pension zurückgingen, wo die Mutter ein Zimmer mit Bad für sich hatte reservieren lassen, klingelte das Telefon auf Frederiks Nachttisch und sein Vater war am Apparat. Er wollte wissen, ob es mit der Wohnung geklappt hatte, was Frederik, der sich bei seinem Vater für alles bedankte, nur bejahen konnte. Sein Vater sprach auch noch ein paar Worte mit seiner ehemaligen Frau, die sich noch in Frederiks Zimmer aufhielt und sich kurz darauf von ihrem Sohn verabschiedete, weil sie morgen früh wieder nach Hause fahren würde und deshalb gleich zu Bett gehen wollte. Man wünschte sich gegenseitig eine gute Nacht, und Frederik konnte in dieser Nacht auch wirklich gut schlafen, denn alles hatte doch irgendwie geklappt. Selbst seine Eltern waren sich etwas nähergekommen, wenn auch nur am Telefon. Nein, es würde wohl niemals mehr so sein, wie es einmal gewesen war, aber trotzdem schien die Welt für Frederik wieder in Ordnung zu sein. Zumindest seine kleine, zerbrochene Welt wurde mit etwas Herz-Kitt zusammengehalten, und so würde sie die rauen Stürme des Alltags überstehen können. Noch nicht die großen Orkane, die hoffentlich niemals kommen würden, nicht so schnell wenigstens. Und schon recht keine Tsunamis. Aber Frederik schlief schon zu fest, um sich jetzt noch weiter unnötig Gedanken zu machen. Der morgige Tag würde sicher auch gut verlaufen. Ja, alles schien endlich wieder in Ordnung zu sein.

Als seine Mutter am nächsten Morgen auf dem gleichen Bahnsteig, auf dem sie angekommen war, mit ihrer Reisetasche in der Hand in den Zug einstieg, standen Tränen in ihren Augen. Als sie wenig später aus ihrem Fenster winkte, als der Zug den Bahnhof verließ, hatte Frederik das Gefühl, dass er seine Mutter niemals mehr so wiedersehen würde. Auch seine Mutter musste in diesem Moment ähnlich denken und fühlen, dachte der Oberprimaner, dem jetzt ein paar dicke Tränen die Wangen hinunterliefen, die er schnell mit einem Papiertaschentuch unsichtbar machte, weil sie für niemanden außer für ihn selbst bestimmt waren. Denn seine Mutter brauchte nicht zu sehen, wie er sich gerade fühlte, und so noch trauriger werden, als sie ohnehin schon war.

Als Frederik den Bahnhof im Schatten des großen Doms verließ und sich auf den Heimweg begab, wünschte er sich, zu Hause bei seiner Mutter geblieben zu sein. Nein, es wäre doch wohl nicht gut gegangen, die Sache mit Joachim und … Denn er wollte sich nicht in das Leben seiner Mutter einmischen und konnte ihr die Beziehung zu ihrem neuen Freund und zukünftigen Ehemann nicht verbieten. Er wollte seine Mutter niemals mehr unglücklich sehen. So unglücklich, wie sie einmal nach ihrer Scheidung von ihrem Mann gewesen war. Denn seine Mutter war noch eine gut aussehende Frau von Mitte fünfzig, und ihr Leben war noch nicht vorbei. Aber Joachim würde immer zwischen ihm und seiner Mutter stehen oder seine Mutter zwischen Frederik und Joachim. Wie man die Sache auch drehen wollte, es würde sich nichts daran ändern. *Vielleicht heilt die Zeit ja alle Wunden, auch die der Liebe*, dachte Frederik, der gerade seine Pension betrat. Dachte ein Junge, der eigentlich noch nichts groß von den Wunden, die die Liebe schlägt, wissen konnte.

Auch Gott konnte helfen und kranke Seelen heilen. Er konnte sich seiner leidenden Seele annehmen. Der Seele eines Mannes, der momentan weder ein richtiges zu Hause noch richtige Freunde besaß. Schulfreunde, Bekannte und Verwandte, ja die gab es wohl noch irgendwo für Frederik, aber einen wirklichen Freund, nach dem er sich besonders seit der Zeit der Trennung seiner Eltern sehnte, besaß Frederik nicht. Er hatte es bisher nicht gewagt, oder seine christliche Einstellung und sein Glaube hatten es ihm nicht gestattet. Sein Herz und seine Seele würden deshalb weiterhin einsam sein und bleiben. Ja, gab es denn nur noch diesen einen, einsamen Weg, den er gehen konnte, und sonst keinen anderen mehr?

Er hatte sich so nach der Liebe von Joachim gesehnt, vielleicht weil er so etwas wie einen verlorenen Vater in ihm sah. Und er sehnte sich immer noch nach dessen Armen, die ihn einen Teil seines Lebenswegs hätten begleiten und festhalten können. Ihm Geborgenheit, Wärme und Liebe hätten schenken können. Er hatte die niemals kennengelernte Liebe eines Mannes verloren, weil er seine Mutter nicht verlieren wollte. Und es war ihm nicht möglich, den Mann, den er so sehr liebte, zu sehen, ohne gleichzeitig seine Mutter zu verletzten oder zu hassen, weshalb es besser für alle gewesen war, dass er von daheim fortging. Jetzt war er fort. Weit fort und allein. Ohne Vater und ohne Mutter. Die neue Wohnung und die Schule würden vielleicht helfen. Seine Bekannten von der Kirche und vor allem der Priester, den er morgen noch besuchen wollte. Als Frederik in dieser Nacht einschlief, dachte er an seine Mutter mit den traurigen Augen und der Reisetasche in ihrer Hand. Seine Tränen, die niemand außer ihm sehen konnte, sickerten wieder in den Kopfkissenbezug, der ganz nass davon wurde. Als er fest eingeschlafen war, befand er sich zu Hause, so als wäre er niemals von dort abgefahren. Seine Mutter stand lachend in ihrem sommerlichen Garten und neben ihr sein Vater. Das mussten jetzt acht oder neun Jahre her sein. Später ging der Vater fort zu einer anderen, viel jüngeren Frau, und Frederik blieb mit seiner Mutter allein in dem blühenden Garten zurück. Danach kam ein fremder Mann in den vertrauten Garten und entfachte starke Gefühle in dem Jungen, die neu und anders waren.

Frederik sah kurz darauf wieder seine Mutter am Fenster ihres Zugabteils. Sie wirkte traurig bei ihrer Abreise. Der Zug setzte sich langsam mit ihr in Bewegung, und der Junge wusste, dass er seine Mutter niemals mehr so wiedersehen würde, wie er sie einst in dem warmen und vertrauten Sommergarten seiner Kindheit gesehen hatte. Mit einem strahlenden Lachen auf dem Gesicht. Und auch nicht, wie er sie jetzt in seinem Traum sah.

Frederik hatte sich vorgenommen, am nächsten Tag den Priester zu besuchen, den er auf dem Kirchentag kennengelernt hatte. Er rief ihn vorher in seinem Büro im Gemeindehaus seiner Kirche an und erhielt eine Einladung in die Wohnung des Priesters zum Abendessen am selben Tag. Als er gegen halb sieben bei dem Geistlichen eintraf, traf er einen aufgeschlossenen und warmherzigen Gesprächspartner an, der ihm nach dem Essen fast zwei Stunden ununterbrochen lang zuhörte. Frederik schämte sich wegen seiner Gefühle, die er gegenüber seinem zukünftigen Stiefvater hegte, vor dem vierzigjährigen gut aussehenden Kirchenmann, der jedoch keinerlei Anstalten machte, irgendetwas Unnatürliches im Verhalten des erwachsenen Jungen zu sehen, wie dieser es erwartet hatte, sondern der seinen Gast besonders rücksichtsvoll und liebevoll anzunehmen verstand und ihn sogar noch zur Verwirklichung seiner Wünsche ermutigen wollte. Als ihn der Priester auf eine sonderbare Weise anlächelte und ihn fest umarmte, machte sich Frederik frei und versuchte, der neuen und ungewohnten Berührung zu entkommen. Er verließ enttäuscht und gekränkt die Wohnung des Priesters, denn er fühlte sich irgendwie mit seinen Gefühlen verraten. Seine einzige Liebe zu einem anderen Mann, nämlich zu Joachim, war von einem Kirchenmann, der schon Erfahrung in solchen Liebesdingen haben musste, in den Schmutz getreten worden, bevor sie überhaupt stattgefunden hatte. So empfand es Frederik wenigstens, als er wenig später in seinem Zimmer auf seinem Bett lag und laut zu weinen anfing. Ja, er war nun ganz weit weg. Von allen Menschen, die er je geliebt hatte und die ihn liebten. Von seiner Mutter – und auch von Joachim. Aber auch weit weg von sich selbst. Von dem, der ihm bekannt war, mit seinen Gefühlen und Enttäuschungen. Mit seinen Nöten und Verirrungen, aus denen er sich selbst nicht mehr befreien konnte. Auch der da oben, an den er immer geglaubt hatte, konnte ihm nun nicht mehr helfen.

Frederik legte sich auf den Boden neben das Bett und setzte die scharfe Klinge seines Taschenmessers an der richtigen Stelle der Arterie seines rechten Handgelenks an. Er hatte in einem Buch gelesen, wie man den Schnitt richtig machen musste. Er spürte wie das Leben mit seiner Wärme, aber auch mit seinem Leid langsam aus ihm herausfloss. Ganz langsam. Er würde es nicht mehr aufhalten – jetzt nicht mehr – in dieser Nacht nicht mehr. Und auch morgen nicht und niemals mehr. *Gott steh' mir bei und vergib mir meine Schuld,* dachte ein vor dem Leben und seinen Problemen Flüchtender still und leise. Schrie das Herz eines Jungen in das einsame Dunkel der Nacht hinein. In das Dunkel seiner Seele, die heute Nacht müde und alt war. Und in die Dunkelheit eines unpersönlichen Hotelzimmers. Doch nur er selber und sonst kein anderer Mensch hörten seine gedachten und deshalb lautlos herausgeschrienen Worte. Denn es war still in und um Frederik geworden. Auch die Welt war nun still und schlief ihren gerechten Schlaf. Nein, niemand schien noch Ohren für ihn zu haben. Niemand konnte und wollte ihn jetzt noch hören. Morgen früh würde sicher alles wieder gut sein. Morgen früh …

Als der Junge fest *eingeschlafen* war, sah er wieder seine Mutter mit ihrer neuen Reisetasche in der Hand. Sie war gerade auf dem Kölner Bahnhof in den Zug eingestiegen und wollte nach Hause in ihre Heimatstadt fahren. Jetzt konnte er seine Tränen, die ihm über das ganze Gesicht liefen, nicht mehr verbergen. Er wusste, dass er seine Mutter niemals mehr so wie jetzt wiedersehen würde. Sie fuhr zurück in ihr Leben, zurück zu Joachim. In ihren traurigen Augen lag kein Ausdruck eines Vorwurfs, denn sie hatte ihn verstanden, weil sie ihn immer verstand. Als der Zug schon lange den Kölner Bahnhof verlassen hatte, bewegte sich der Junge langsam im dichten Gedränge der Menschen fort. Irgendwo im Schatten des großen und ehrwürdigen Doms setzte er sich auf eine Bank, weil er müde war und die Sonne und das Licht um ihn herum heute so sonderbar glänzten, so überaus hell waren. Viel heller als sonst, schien es dem Jungen. So wie einst in dem schönen Sommergarten, als sie alle noch zusammen gewesen waren – Vater, Mutter und Sohn. Als ein Junge langsam im Licht einer aufgehenden Sonne verschwand, hatte sich eine Mutter in ihrer Heimatstadt gerade an den gedeckten Frühstückstisch gesetzt und an ihren Sohn gedacht. *Sie hat mich verstanden,* dachte Frederik noch einmal, als er zusammen mit dem Licht eine Bank und eine Stadt verließ. *Sie hat mich immer verstanden ...* Er konnte seine Mutter in ihrer Küche noch einmal kurz sehen, als sie sich gerade eine zweite Tasse Kaffee aufbrühte und einschenkte.

Ladies

Kurzgeschichte

Ladies, hatte Herr Bilandi so oft zu ihnen gesagt. *Ladies.* Christa drehte sich in ihrem Bett etwas zur Seite und versuchte noch ein wenig zu schlafen. Die Schwester war vorhin in ihrem Zimmer gewesen und hatte ihr ein Beruhigungsmittel gespritzt, damit sie innerlich etwas zur Ruhe gelangen konnte, denn Christa fühlte sich schon seit Tagen sehr elend und war, bei großer innerer Anspannung und Unruhe, doch ständig müde, obwohl sie niemals richtig schlafen konnte. Jetzt dachte sie wieder an ihre alte Firma, in der sie noch so lange wie möglich gearbeitet hatte. An ihre Kolleginnen und an ihren Chef, Herrn Bilandi, mit dem sie sich immer so gut verstand. Ja, Christa hatte bis zuletzt *Vollzeit* gearbeitet, bis es nicht mehr ging, weil der Darmkrebs, der nicht mehr operabel gewesen war, sich schon über das Lymphsystem und die Blutbahn ausgebreitet hatte. Metastasen verursachte, wie es die Ärzte wohl in ihrer Fachsprache bezeichneten. Sie wollte auch so lange arbeiten, wie es eben ging, weil es ihr schwerfiel, den ganzen Tag allein zu Hause herumzusitzen und zu warten. Zu warten auf Menschen, die dann doch nicht mehr kommen würden, weil sie mit einer Schwerkranken wie ihr nichts mehr anzufangen wussten. So glaubte es Christa jedenfalls, denn sie hatte früher ja genauso empfunden, wenn sie mit einem Todkranken konfrontiert wurde. *Möglichst nicht zu viel Kontakt mit diesen Menschen haben,* war stets ihre Devise gewesen, weil sie sonst selber depressiv geworden wäre. So wie die Kranken, die ihr schweres Los mithilfe ihrer Angehörigen, der Ärzte und Therapeuten und vielleicht auch mit Gott, wenn sie an einen solchen glaubten, gezwungenermaßen auf sich nehmen mussten. Christa hätte sich auch nicht in der Lage gefühlt, mit anderen mitzufühlen. Sie war eine einfache Fabrikarbeiterin und keine Psychologin. In ihrer Jugend hatte sie die Volksschule eines kleinen Dorfes im Taunus in der Nähe der hessischen Landeshauptstadt Wiesbaden besucht. Acht Klassen ohne Fremdsprachen, denn die hatte man in den fünfziger Jahren dort noch nicht gelernt. Ihre Lieblingsfächer waren immer Deutsch und Erdkunde gewesen, und Christa hatte einmal die Namen aller Hauptstädte von allen Ländern auswendig gekonnt, worüber sie sehr stolz gewesen war. Nach der Volksschule starb ihr Vater und sie konnte deshalb keine weitere Ausbildung mehr machen, weil ihre zwei kleineren Geschwister noch die Grundschule besuchten und versorgt werden mussten. Die Mutter war damals auch in die Fabrik gegangen und hatte am Fließband gearbeitet. Halbe Tage, um noch Zeit für ihre Kinder zu haben. Christa hatte zuerst auch am Fließband gearbeitet und später etwas anderes in einer Großhandlung gefunden, die Plastik- und Gummiwaren verkaufte. Sie konnte dort auf ihrem Elektro-Hubwagen durch die langen Gänge fahren und die auf einem Zettel aufgelisteten Waren aus den Regalen in einen Kasten, der auf ihrem Hubwagen stand, legen. Hatte sie alles zusammen, war ihr *Auftrag* beendet und sie unterzeichnete mit ihrem Namen, beziehungsweise mit dem Kürzel *Ch*, das für Christa stand. Sie hatte sich seitdem auch immer als etwas Besseres als eine einfache Fabrikarbeiterin gefühlt, denn sie war ja nun eine kaufmännische Angestellte, die ihre *Aufträge* erledigte. Christa wurde dafür oft von ihrem Chef, Herrn Bilandi, dem Prokuristen von Petersen & Co, sowie auch schon von dessen Vorgänger gelobt, denn sie war stets gewissenhaft, fleißig und sehr ordentlich in der Durchführung ihrer Aufgaben. Da sie eigentlich keine richtige Ausbildung im Leben genossen hatte, durfte sie mit der guten Stelle zufrieden sein, denn es gab bisweilen sogar junge Leute, die von der Hochschule oder Universität kamen und vorübergehend in der Firma mit ihren Diplomen oder Magisterabschlüssen die gleiche Arbeit wie Christa verrichten mussten, weil es keine passenden Stellen für sie auf dem Arbeitsmarkt gab. Was war das heute schon für eine verrückte Welt? Die Menschen lernten und studierten zwanzig Jahre lang auf ihren Schulen und Hochschulen, um dann etwas zu machen, das eine ungelernte Kraft ebenso gut oder vielleicht noch besser konnte.

Als Christa das erste Mal auffiel, dass ihr Stuhl etwas blutig verfärbt war, hatte sie sich noch nichts dabei gedacht, nur als es ein paar Male hintereinander auftrat, war sie zu ihrem Hausarzt gegangen, der sie dann an einen Spezialisten in die Klinik überwies. Dort hatte man Christa auf Herz und Nieren untersucht und festgestellt, dass bei ihr Darmkrebs im fortgeschrittenen Stadium vorlag und eine Operation aussichtslos erschien. Der Krebs hatte sich schon zu weit ausgebreitet und gestreut, wie die Ärzte damals meinten, die ihr dennoch Mut zu machen versuchten und die Möglichkeit von alternativen Behandlungsmethoden aufzeigten. Aber Christa hatte ihre letzte Zeit, die ihr noch blieb, nicht für Dinge opfern wollen, die nur wenig erfolgversprechend waren und vielleicht auch noch große Kosten sowie Schmerzen verursachen konnten, weshalb sie diese Möglichkeiten von vorneherein nicht in Betracht zog. Sie wollte, so lange es eben ging, ihre Arbeit in der Firma bei Herrn Bilandi verrichten, und wenn es soweit war, ins Krankenhaus gehen, um zu sterben. Bei der Arbeit würde sie die Krankheit schon vergessen, und sollten ungeahnt starke Schmerzen bei ihr auftreten, konnte sie zu ihrem Arzt oder in die Klinik gehen, um sich Medikamente verschreiben zu lassen. Es gab keinen anderen Weg für Christa. Auch nicht den zu einem Psychologen oder Psychotherapeuten, denn Christa war nicht so ein *Redemensch*, der mit Worten gut umgehen konnte. Das war etwas für Menschen mit einer höheren Schulausbildung und nicht für so einfache Frauen wie Christa, die nie gelernt hatten, mit der Sprache redegewandt umzugehen. Sie in passende Worte und Sätze zu formulieren, um sich in allen Lebens-Situationen angepasst ausdrücken zu können. Die Psychologen wären nur eine zusätzliche Belastung für eine so einfache Frau wie sie gewesen, denn sie müsste sich erst einmal in deren Welt und Sprache einarbeiten, um sie auch zu verstehen.

Als das halbe Jahr seit der Krebserkennung schon fast zu Ende war, hatten jedoch so starke Schmerzen bei Christa eingesetzt, dass sie sich sofort in eine Klinik einweisen ließ. Dieselbe Spezialklinik im nahe liegenden Wiesbaden, die ihre Diagnose erstellt hatte, nahm sie jetzt als Patientin auf und würde wohl zur letzten Adresse einer hilflosen und schwerkranken Frau werden, die die Hoffnung auf eine Heilung eigentlich schon sehr lange aufgegeben hatte. Dies war Christas vorgezeichneter Weg, und sie musste ihn bis ans Ende gehen, das spürte die dreiundsechzigjährige Frau, die niemals in ihrem Leben geheiratet hatte und seit dem Tod ihrer Mutter nur noch ihre zwei Brüder besaß, die in Mainz und Frankfurt lebten und die Christa nun ab und zu in der Klinik besuchten. Ja, es war ihr vorgezeichneter Weg, obwohl es eigentlich kein Weg mehr war, denn ein Weg hatte doch immer noch ein Ziel. Und Christa hatte eigentlich kein Ziel mehr, sie ging nur weiter, so lange sie noch gehen konnte. Niemand konnte ihr mehr helfen, weder die Ärzte mit ihren Medikamenten noch die Psychologen mit ihren Gesprächen. Vielleicht noch ein Pfarrer, wenn Christa gläubig gewesen wäre? Doch Christa war nie über den Katechismus, an den sie nicht wirklich glaubte, hinausgekommen und hatte nach ihrer Konfirmation auch niemals wieder Kontakt zur Kirche oder einer Glaubensgemeinschaft gesucht. Sie hatte eigentlich nie die passenden Vorbilder hierfür gehabt, weder in der Familie noch in der Schule und auch nicht in der Kirche, die sich damals wenig um die Jugendlichen ihres Alters kümmerte, sondern mehr um die alten Menschen in der Gemeinde, die ja ebenfalls Hilfe benötigten. Sie musste früh damit beginnen, für sich zu sorgen und wollte noch ihre Mutter ein wenig unterstützen, damit dieser, nach dem frühen Tod des Vaters, ausreichend Geld für ihren Haushalt zur Verfügung stand.

Als ihre Mutter gestorben sei, sei sie die erste Zeit sehr einsam gewesen, denn ihre zwei Brüder, die jeder eine eigene Familie gehabt hätten, seien beruflich und privat so angespannt gewesen, dass sie für Christa keine Zeit gehabt hätten, berichtete die Kranke ihrem Stationsarzt nach der letzten Visite. Außer ein paar Telefongesprächen im Monat und einem gemeinsamen Treffen an Weihnachten und manchmal noch an Geburtstagen, habe kaum noch Kontakt unter den drei Geschwistern bestanden. Und zu den Schwägerinnen in Mainz und Frankfurt sei der Kontakt von vorneherein nicht so gut gewesen, da diese reine Hausfrauen seien, die es nie nötig gehabt hätten, in einem Geschäft oder einer Fabrik zu arbeiten, weshalb sie oft auf Christa von oben herabsehen würden. Dieser Zustand habe sich erst etwas gebessert, als sie von Christas schwerer Krankheit erfahren hätten. Ihre Neffen und Nichten seien jedoch ganz moderne, aufgeschlossene oder wie man heute sagen würde *coole* Leute, die Christa vor ein paar Monaten einmal am Sonntag gemeinsam mit ihren Eltern in ihrer Wohnung besucht hätten, als es ihr noch besser gegangen sei, erzählte Christa dem Pflegepersonal manchmal, das sich nun ständig um sie kümmerte, denn Christa hatte in der letzten Zeit rapide abgebaut. Eine liebe Schwesternschülerin fuhr Christa jeden Tag in ihrem Rollstuhl auf den Balkon, denn es herrschte schon warmes Sommerwetter zu Maibeginn, das nur ein ganz wenig durch die *Eisheiligen* abgeschwächt und unterbrochen wurde. Und eine Schwerkranke blühte noch einmal für kurze Zeit richtig auf, bis der Verfall dann endgültig …

Aber nein, jede Sekunde und jede Minute würde für Christa von jetzt an so wertvoll wie niemals zuvor in ihrem Leben sein, wo es noch Zeit in Hülle und Fülle für sie gegeben hatte. Denn jede Minute konnte ja auch die letzte in ihrem Leben sein, und Christa wollte ihr Leben noch einmal richtig genießen. Wenigstens das machen, wozu sie Lust verspürte und wofür ihr früher oft die nötige

Zeit gefehlt hatte. Sie träumte bis lange in den Tag hinein und wenn die Schmerzen wieder unerträglich wurden, kam die Schwester mit einer Spritze auf dem Tablett, nach deren Wirkung Christa gleich ganz friedlich und ruhig einschlief. Dann befand sie sich wieder auf ihrem Elektro-Hubwagen in ihrer Firma und fuhr mit ihrem vollen Auftragszettel durch die langen Gänge. Sie nahm etwas aus den Regalen heraus und legte es in ihren Kasten, und schon ging die Fahrt weiter, bis es irgendwann laut schellte und Herr Bilandi in seinem weißen Kittel auftauchte, um zu rufen: *Ladies, es ist Zeit zur Mittagspause. Ladies,* hatte Herr Bilandi jetzt wieder gesagt. *Ladies,* wiederholte Christa immer wieder und wieder in ihrem Traum, sodass es außer ihr wohl niemand hören konnte. Dann würde Herr Bilandi die Frauen der Abteilung alle zu sich in die Chefetage einladen, und sie würden dort ein wunderbares Essen vorgesetzt bekommen, was auch tatsächlich einmal vor Weihnachten so geschehen war. Einmal in Jahrzehnten, aber für Christa war es damals der Himmel auf Erden gewesen, denn Herr Bilandi hatte nach dem Essen noch an alle Frauen seiner Abteilung Präsente ausgeteilt, und man hatte bei ein paar Gläsern französischem Sekt geplaudert und viel Spaß zusammen gehabt. Jetzt würde Herr Bilandi niemals mehr durch die Tür hereinkommen, um den Arbeiterinnen und Christa Komplimente zu machen. Jetzt würde wohl niemand mehr kommen. Niemand, bis zu dem Tag, an dem man sie aus ihrem Zimmer heraustragen würde, um sie auf dem Friedhof ihres Heimatdorfes zur letzten Ruhe zu betten.

Was hatte der Pfarrer noch bei ihrem letzten gemeinsamen Gespräch in der Klinik gesagt: *Das Sterben und der Tod sind nur Stationen auf dem Weg nach Haus.* Aber wo war Christa denn zu Hause? In Wiesbaden oder in Mainz oder etwa im großen Frankfurt? Oder vielleicht in dem kleinen Dorf im Taunus, wo sie aufgewachsen war? Nein, so meinte es der Pfarrer wohl sicher nicht. Aber das mit dem anderen, geheimnisvollen Zuhause war für Christa noch etwas zu weit und außerhalb ihrer Vorstellungskraft, als dass sie sich ernsthaft damit befassen konnte. Die Vorstellung von einer unsichtbaren Welt und einem Leben nach dem Tode war an sich eine aufregende Sache, aber für Christa hatte sich das Leben meistens ganz bodenständig oder besser gesagt auf ihrem Hubwagen in ihrer Firma abgespielt, mit dem sie in den vielen Jahren die langen Gänge hinauf- und hinabfuhr. Mal langsam, dann wieder schnell, so wie das Leben nun mal spielte. Sie konnte fast bis zuletzt Herrn Bilandi dabei sehen und war dann froh, noch so aktiv am Leben teilnehmen zu dürfen. Trotz ihrer schweren Krankheit noch an allem, nein, an fast allem teilnehmen zu dürfen.

Sie lachte nun im Traum aus voller Kehle, sodass die anderen Frauen in der Firma bei ihrer Arbeit aufgeschreckt wurden und nach ihr sahen und manche in Christas Traum mitlachten. Ja, so fantasierte eine Schwerkranke gelegentlich vor sich hin, denn die Medikamente bescherten ihr manchmal fantastische und bunte Träume. Aber Herr Bilandi würde, außer in Christas Träumen, niemals mehr zu ihr zurückkehren. Dennoch war es ein schöner Gedanke für eine Frau, die niemals den passenden Mann gefunden hatte und deshalb unverheiratet geblieben war.

Ich hab eine Meenzer Mutti, hatte Christa am Morgen noch lachend der Schülerin auf der Station erzählt, die sie immer auf den Balkon nach draußen fuhr. Ja, Christas Mutter stammte wirklich aus dem goldenen Mainz und war eine rechte Frohnatur gewesen, trotz all der schweren Bürden, die ihr das Leben früh auferlegt hatte. Nach Mainz und Wiesbaden hatte sie als Jugendliche, selbst nach dem frühen Tod des Vaters, oft Fahrten gemacht und ein paar Mal einen Ausflug mit dem Bus nach Schlangenbad, das Christa damals besonders gefiel. Es war in der unmittelbaren Nachkriegszeit gewesen, und die Städte in Hessen, Rheinland-Pfalz und andernorts hatten sich noch nicht von ihren großen Kriegsverletzungen erholt. Die Amerikaner seien überaus nett und freundlich gewesen und hätten sie manchmal in den alten Ami-Bussen, die schon recht drollig ausgesehen hätten, mitfahren lassen, wenn es keine andere Fahrtmöglichkeit von Wiesbaden in das Heimatdorf im Taunus gegeben habe, erzählte Christa der Schwesternschülerin bei ihrem letzten Zusammentreffen. Frankfurt sei damals eine echte Geisterstadt gewesen, und der alte Römer sei ihr so geheimnisvoll erschienen, weil man ihn nicht mehr habe wiedererkennen können. Nur der große Hauptbahnhof sei fast vollständig unversehrt geblieben, fast so wie der von Wiesbaden, der ihr heute aber noch besser gefiele. Ja, irgendwie sei sie wie ihre Mutti eine echte Meenzer Frohnatur, und der Karneval läge ihr auch im Blut. Die Hessen seien da schon wieder etwas anders, gell. Aber es sei insgesamt doch eine schöne Zeit gewesen. All die vielen Jahre in der Firma und dann die Urlaubsfahrten, die sie nach Bayern, Österreich und an den Bodensee unternommen habe. Einmal sei sie sogar auf die Nordseeinsel Norderney gefahren und habe dort für zwei Wochen in einer wunderschönen Familienpension gewohnt. Einen eigenen Strandkorb habe sie auch gehabt. Ihre weiteste Reise sei eine Busfahrt ins sonnige Italien gewesen und sie habe Venedig, Rom und Neapel besichtigt. Weiter sei selbst der alte Goethe nicht gekommen, von dem sie aber niemals etwas gelesen habe. Mit einem Fährschiff habe sie von Neapel aus eine Fahrt nach Capri unternommen, woran sie heute immer wieder zurückdenken müsse.

Ja, die schönen Reisen seien vielleicht so etwas wie ein Ersatz für die verlorene Familie gewesen, denn der Traum von einer eigenen Familie habe sich für Christa nie erfüllt, obwohl sie sich nicht eigentlich als eine *Single* ansehen würde, denn sie habe ja nicht allein leben wollen. Es habe sich einfach so ergeben, und später sei es dann wohl für eine Ehe zu spät gewesen. Ihr Traummann sei immer ihr Chef in ihrer Firma gewesen, der manchmal in seinem weißen Kittel durch die Gänge gegangen sei. Aber dieser sei damals schon verheiratet gewesen und habe drei Kinder gehabt und Christa habe sich den Gedanken an eine Beziehung zu einem verheirateten Mann schnell aus dem Kopf geschlagen. Die junge Schwesternschülerin hörte sich immer wieder die Geschichten von Christa gerne an, obwohl ihr die Zeit, aus der dieselben stammten, eigentlich fremd war, denn nicht einmal ihre Eltern waren in der unmittelbaren Nachkriegszeit geboren. Und auch Amis gab es hier heute nicht mehr so viele, sodass die junge Schülerin selber keinen echten Wiesbadener Ami kannte. Ja, Christas Zeit war schon lange vorbei. War irgendwie ein Stück vergangene Zeitgeschichte, zu der nur sie selber den passenden Schlüssel besaß. Den Schlüssel zum Schloss und dem, was dahinter lag, das *gelebte Vergangenheit* hieß. Für alle Außenstehenden blieben ihre Geschichten ein Stück fremder Traum und Einbildung von einer Wirklichkeit, die so oder anders stattgefunden hatte, aber die nur ein Mensch mit der Tiefe seiner Gefühle nachempfinden konnte, weil er sie selber einmal so erlebt hatte.

Christa war jetzt tief eingeschlafen und hatte schließlich auch mit dem Träumen aufgehört. In einem neuen Traum würde sie bestimmt wieder Herrn Bilandi begegnen, wenn sie mit ihrem schnellen Elektro-Hubwagen durch die Gänge brausen würde. Vielleicht würde sie aber auch mit dem Hubwagen in warmen Sommernächten über die Straßen von Wiesbaden, Mainz, Darmstadt, Frankfurt und noch etwas weiter bis nach Mannheim und Heidelberg fliegen. Vielleicht sogar in sternklaren Nächten bis Heilbronn dahinschweben und noch einmal in ihre Kindheit und Jugend zurückkehren. Sie war ein echtes Meenzer Mädchen, so wie die Mutti – gell. Und Christa lachte und lachte über alle Maßen dabei, obwohl sie doch nun ganz fest eingeschlafen war. Als sie die Nacht schon fast überstanden hatte und die Wirkung der Spritze in dem kleinen und kranken Körper beinahe verbraucht war, war Christa mit ihrem Hubwagen hinauf bis an den Himmelsrand und dann, nach einem kurzen Blick zurück auf die Erde und auf das gerade wieder erwachende Wiesbaden, das ihr von Kindheitsbeinen an so vertraut war, in den Himmel aufgefahren, der nun wohl ihre neue und letzte Heimat sein würde, wovon Christa aber noch nichts ahnte.

Als gegen Morgen die Stationsschwester mit einem riesigen Blumenstrauß mit leuchtenden Sommerblumen das Zimmer betrat, war Christa schon nicht mehr dort, wo sie eigentlich war. Oder hätte sein müssen. *Ein Herr Bilandi hat gestern Abend noch einen herrlichen Blumenstrauß für Sie abgegeben, doch ich wollte Sie nicht mehr wecken, weil Sie schon so fest schliefen,* meinte die ältere Schwester, die noch gar nicht gemerkt hatte, dass eine Schwerkranke sie während der letzten Stunden – oder waren es nur Minuten? – verlassen hatte. Christa hörte die Botschaft der Krankenschwester jedoch noch ganz deutlich, Wort für Wort, auf ihrem schnellen Hubwagen, mit dem sie nun über Wiesbaden, den Rhein und Mainz dahinkreiste und dann weiter in den Himmel hinaufstieg. Wie immer mit ihrem Kasten und dem vollen Auftragszettel darin und natürlich auch mit Volldampf. *Ladies,* hatte Herr Bilandi oft zu ihr und ihren Kolleginnen gesagt. *Ladies,* dachte sie noch ein letztes Mal, wobei sie sich aber eine dicke Träne wegen des unverhofften, stark nach Sommer duftenden Blumenstraußes von Herrn Bilandi nicht verkneifen konnte. Es war ein heller und warmer sommerlicher Morgen, und eine Seele war endlich erlöst und hatte sich von ihren Schmerzen und ihrem kranken Leib getrennt. Niemals wollte sie mehr in diesen zurück. Was hatte der Pfarrer einmal gegenüber Christa, die doch nie über den Katechismus hinausgekommen war, bemerkt, als er sie im Krankenhaus besuchte: *Der Tod ist nur eine Station auf dem Weg nach Haus.* Sie würde es ja sehen, wenn sie zu Hause angekommen wäre.

Mamas Kleider

Kurzgeschichte

Ich weiß auch nicht, warum ich gerade heute dazu komme, dachte Lisa. *An einem so strahlenden und schönen Sonntagnachmittag im Hochsommer auf den staubigen Dachboden zu klettern, um im Kleiderschrank meiner Mutter in deren alten Röcken, Kostümen und Blusen zu wühlen. Sie noch einmal sanft durch meine Hände gleiten zu lassen, so wie Mama früher, bevor sie sich für eines ihrer Kleider entschied. Vielleicht will ich aber auch nur die alten Zeiten, die jetzt seit mehr als vierzig Jahren vorbei sind, wieder ins Leben zurückrufen? Die Erinnerung an Mama in mir wecken, wenn ich ihre alten, eingemotteten Kleidungsstücke, die mir früher als Kind gar nicht immer so gut gefielen, von Neuem betrachte. Aber vielleicht ist es auch nur so ein Gefühl von Nostalgie gepaart mit sentimentaler Wehmütigkeit, das mich die hohen Treppen hat hochsteigen lassen? Mamas Kleider, die noch da sind und die das letzte Erinnerungszeichen und das einzige sind, das mir von Mama geblieben ist.*

Es war im Sommer 1963 oder 64, ich weiß es gar nicht mehr so genau. Das, woran ich mich erinnere, ist Mama, wie sie auf dem Bürgersteig vor unserer preiswerten Pension mit einem alten, kleinen und mir damals sehr armselig erscheinenden Koffer gestanden hat. Einem Köfferchen so schäbig wie ein alter großer Schuhkarton. Ich sehe Mama noch in Gedanken dort stehen und über ihr einen strahlend blauen Inselhimmel mit ein paar Möwen, die kreischend ihre Kreise am Firmament hinterlassen. Dann irgendwann genug von den neu angekommenen Besuchern aus der ostwestfälischen Provinz haben, das heißt, diese nicht mehr ganz so wichtig und interessant finden und schnurstracks zurück in Richtung Meer fliegen, das sich ja nur ein paar Meter weiter befindet.

An einem wunderschönen Sommertag waren Mama und ich gerade eben auf der ostfriesischen Insel Norderney an Land gegangen. Mit der Fähre hinübergesetzt und dann mit dem Taxi weiter bis zur Pension gefahren. Mama hatte gemeint, dass wir uns das ja wenigstens einmal im Jahr leisten könnten – wie ich meine, wohl ein Zeichen nachkriegsdeutscher Sparsamkeit – das Taxi und dass es schneller und bequemer so sei. Als ich Mama dann mit dem kleinen Köfferchen aus vorkriegsdeutschen Tagen, das schon so viele Male mit der Bahn aufgegeben worden war und deshalb mit zahlreichen Papierzetteln beklebt war, die man später nur notdürftig wieder mit Reinigungsmitteln entfernen konnte, vor unserer Unterkunft stehen sah, erfasste mich ein unbeschreibliches Gefühl, das nur eine Mischung aus Mitleid, Scham und Zorn gewesen sein konnte. Mama selber musste es wohl gar nicht aufgefallen sein. Oder vielleicht doch und sie hatte es mir nur nicht gezeigt? Hatte es für die unbeherrschten Gefühle eines heranwachsenden Teenagers gehalten und nicht groß darüber nachgedacht! Ich kann es heute beim besten Willen nicht mehr sagen. Denn in meine Mutters Gefühle, die sich äußerlich sehr selten zeigten, konnte ich nur schlecht oder gar nicht hineinsehen. Und heute kann ich Mama ja nicht mehr danach fragen, wenn ich sie einmal im Monat auf dem Friedhof meines Heimatdorfes besuche.

Aber Mama in ihrem selbst geschneiderten, hellen Sommerkostüm und ich in meiner etwas hausbackenen Mädchenkluft, einem blauweißen Marinekleid und den dazu passenden blauen Schleifchen, die meine streng geflochtenen Zöpfe in ihrer ›So-gehört-es-sich-Form‹ festhielten, wirkten in dem Inselalltag Anfang der Sechziger, die das Beat-Zeitalter auch auf dem Land allmählich ankündigten, etwas hinterwäldlerisch, sodass ich eigentlich nur noch stolz auf meine neuen blauen Lackschuhe mit den kleinen, vergoldeten Spangen sein konnte, die mir Mama extra noch für den Sommerurlaub am Meer in der nahe liegenden Kreisstadt gekauft hatte. Danke, Mama, ich habe sie bis heute zur Erinnerung an dich und unseren gemeinsamen Urlaub, die vierzehn Tage auf Norderney, aufbewahrt.

Ja, so war das damals mit meiner lieben Mutter. Wie schämte ich mich nur, als Mama und ich dann beim Kurkonzert in dem anliegenden Kur-Café Kaffee trinken und Eis essen waren. Ich hatte es Mama ja vorher schon oft gesagt, was die jungen Mädchen aus Bremen, Hamburg oder Berlin damals trugen. Petticoat und Nylons. Nietenhosen. Schuhe mit Stöckelabsätzen. Und dann natürlich nicht zu vergessen der passende Lippenstift und Nagellack. Auch ganz billig in der alten Drogerie unseres Heimatdorfes zu bekommen, deren Fußboden noch mit den schwarzen Holzdielen von anno dazumal ausgelegt war, die immer so geheimnisvoll ächzende Ge-

räusche abgaben, wenn ein neuer Kunde zur Sommer- und besonders zur Winterzeit den kleinen Raum mit dem wunderbaren Geruch von altem Holz und parfümierten Seifen betrat.

Die moderne Frau der Großstadt oder besser die Dame von Welt in Mamas Alter trägt natürlich Blusen aus Nylon oder Perlon und nicht immer nur diese altmodischen Seidenblusen. Dann darf selbstverständlich auch der passende Modeschmuck am gesamten Ensemble nicht fehlen, wie man ihn im Kaufhaus der Großstadt bekommt, wie zum Beispiel bei Hertie oder Woolworth. Mamas Theresientaler und schwere altmodische Goldkette passen doch nicht mehr in die moderne Zeit hinein, oder doch? Und natürlich sind auch die weißen Sommerschuhe mit den hohen Stöckelabsätzen ein unabdingbares Muss. Wo hat Mama bloß diesmal ihre gesamte Sommergarderobe eingekauft? Im Textilgeschäft des nächst größeren Dorfes? Oder in der Kleinstadt ein paar Kilometer weiter?, hatte Lisa damals noch gedacht.

Jetzt dachte sie nur sehnsuchtsvoll zurück an ihre Mutter und schämte sich entsetzlich für ihre früheren unreifen und lächerlichen Teenagergedanken. Ihre Teenagerideale, die in der Mode gerade *in* und vorgegeben waren. *Ich dummes Gänschen. Mama, vergib mir, wenn du mich hören kannst, da, wo ich jetzt stehe. Von dort, wo du jetzt bist. Was hatte ich mir bloß dabei gedacht? All das billige Zeug, der Modeschmuck und so weiter, den man heute auf den Müll werfen würde. Und dann diese komischen Stöckelabsätze. Du hattest immer Stil, der sich sehen lassen konnte, Mama. Warst immer dezent und fast ungeschminkt, trugst nur echten Schmuck, echtes Gold und niemals bunten Plastikkram oder künstliche Perlen. Deine Haut kam nur mit reiner Seide in Kontakt, auch wenn sie vielleicht etwas unmodern zu jener Zeit war und ich meinte, mich für dich schämen zu müssen. Und wie ich mich damals erst über meine eigene Aufmachung ärgerte und schämte! Doch ich kann mir jetzt bei meiner Figur keine Jeans mehr leisten, und wer trägt heute noch den Petticoat? Und dann gab es da noch diesen letzten Schrei, den Hula Hoop ...*

Als Lisa die Kleider ihrer Mutter wieder fein säuberlich zusammen mit den Mottenkugeln in den Schrank zurückhängt und die Tür des Schrankes sorgfältig verschließt, erinnert sie sich an ihre eigenen zwei Töchter und daran, was diese wohl heute über sie denken, wenn sie mit ihnen ans Meer oder in die Berge in den Urlaub fährt.

Oder vielleicht sogar zu einem Badeurlaub an die Adria nach Rimini in Italien, wo all die schönen jungen, braun gebrannten Mädchen und Jungen in ihrer modischen, italienischen Sommerbekleidung mit den dazu passenden Schuhen herumlaufen, die es bei uns in der Nähe im Warenhaus in dieser großen Auswahl und Fülle gar nicht gibt. Vielleicht schämen sie sich dann auch insgeheim für ihre Mütter und Väter und für deren Aufmachung? Und vielleicht stehen die Mädchen von ihnen vierzig Jahre später auch einmal oben auf einem Dachboden vor einem alten Kleiderschrank und halten die Kleidungsstücke ihrer Mütter in den Händen? Lisa ist sonst nicht so sensibel, aber sie muss ein wenig weinen bei dem Gedanken, dass die Zeit für sie alle nicht stehen geblieben ist. Und es auch in Zukunft nicht tun wird. Dass ihre Töchter morgen dort sein werden, wo sie heute ist, und sie da sein wird, wo ihre Mutter ist.

Ach hätte ich doch bloß ein Taschentuch, um mir die Tränen abzuwischen, denkt Lisa. *Eines von den ganz altmodischen von Mama, die ich gerade wieder eingemottet habe und die nun an ihrem alten Platz im Schrank liegen. Dort, wo meine Mutter sie immer aufbewahrt hat. Vergib mir, Mama, ich wollte dir niemals wehtun! Wenn du damals irgendetwas gemerkt haben solltest, dann vergib mir mein dummes Verhalten! Ich war doch nur ein albernes Gänschen und so geblendet von den äußerlichen Dingen der Zeit, dass ich dich selber gar nicht bemerkt habe! Und wie lieb du mich damals wohl gehabt hast? Trotz allem! Jetzt brauche ich aber wirklich ein Taschentuch,* denkt Lisa und dreht sich um, als ihr eine vom Alter gezeichnete, knöcherne Hand eines von Mamas alten Taschentüchern reicht. Frisch gewaschen und gebügelt und ohne Mottengeruch. Als Lisa nach oben schaut, blickt sie erstaunt in zwei immer noch leuchtende und strahlende Augen und in ein liebevoll lächelndes Gesicht, das ihr für viele Jahre verloren gegangen war, nach dem sie sich insgeheim in ihrem Herzen immer noch sehnt und das sie erst jetzt wirklich wiedergefunden hat. Es ist das einer guten alten Freundin, es ist das von Mama.

Menschen vor Weihnachten

Kurzgeschichte

Ich war am frühen Nachmittag auf dem Berliner Hauptbahnhof, dem ehemaligen Lehrter Bahnhof, in den Schnellzug nach Prag eingestiegen, der mich über die Feiertage in die nicht allzu weit entfernte Stadt nach Tschechien bringen sollte. Weg von meinem grauen Alltag in Berlin und auch weg von der manchmal belastenden Einsamkeit und Anonymität der Millionenstadt, in der so viele Menschen jetzt an den nahenden Feiertagen auf der Suche nach Wärme und Geborgenheit sind und manch einer sich nach einem Freund sehnt, der mit ihm die erdrückende Sehnsucht nach Wärme teilt und sein Herz warm und weit macht für Dinge, die der Verstand nicht wahrhaben und begreifen kann.

Vielleicht war es gerade diese Sehnsucht, die mich nun nach Prag getrieben hatte? Die ich irgendwo lange in mir trug und die mich jene etwas beschwerliche Reise in dem überfüllten, alt und wenig gastfreundlich wirkenden Zug hatte antreten lassen – meine Fahrt in die noch fremde, unbekannte Stadt, einen Tag vor Heilig Abend, zwei Tage vor Weihnachten. *Vielleicht werde ich mir eine schlimme Erkältung holen in diesem unfreundlichen Zug, wenn ich keinen Sitzplatz in einem der überfüllten Abteile mehr bekomme*, war mein erster Gedanke, der mich beim Einsteigen überfiel und der die *Sehnsucht nach dem Unbekannten* und auch gleichzeitig eine gewisse Furcht davor verdrängte. Ich hatte zwei Bände Kafka in Taschenbuchformat in meiner Reisetasche bei mir: *Das Schloss* und *Amerika. D*as würde schon reichen. Reichen, um das schlechte Gefühl der Angst vor dem Fremden und Unbekannten und die sicher noch aufkommende Einsamkeit zu verdrängen. Eine, die irgendwann automatisch auftritt und gegen die Kafka vielleicht die richtige Medizin war. Ganz bestimmt sein würde. Viele werden mich jetzt sicher für einen altmodischen oder uncoolen Menschen aus einer anderen Zeit halten. Jemand, der mit zwei kleinen Taschenbüchlein auf die Reise geht. Doch damit kann ich leben. Denn ich liebe meinen Kafka, und vielleicht würde es jemanden, ähnlich wie ihn, in diesem für mich noch namenlosen Prag geben, der mich am Bahnhof oder später in Empfang nehmen würde, wenn dieser jemand auch nicht gleich der bekannte tschechische Schriftsteller wäre.

Natürlich hatte ich aus Kostengründen wieder einmal nicht reserviert und erhielt deshalb auch keinen Sitzplatz mehr in einem der Abteile, die alle restlos überfüllt waren. So musste ich es mir wohl oder übel auf dem Gang, auf einem der spärlichen ausklappbaren Sitze *bequem* machen und war gezwungen, bei jedem der vorbeigehenden Reisenden von meinem Sitzplatz aufzustehen, was nach zwanzig- oder dreißig Malen allmählich zu einer Tortur wurde. Für einen Endfünfziger, der auch kein so junger Spund mehr war. Der Zug sollte über Dresden nach Prag fahren, doch hielt so gut wie in jeder etwas größeren Stadt, die wir passierten an, sodass ein ständiges Gedränge auf den Gängen leider unvermeidbar war. *Nach Dresden wird es leerer*, hörte ich irgendeine heiser klingende Sachsenstimme aus einem der Abteile rufen. Ja, in Dresden sollten nach Meinung des jungen Mannes sehr viele Reisende aussteigen und nur ein kleinerer Teil weiter nach Prag fahren. Das war ja schon ein winziger Hoffnungsschimmer für jemanden, dessen Kreuz allmählich zu schmerzen begann und der nicht mehr wusste oder spürte, ob er wirklich noch ein Gesäß besaß. In Dresden würde man in eines der begehrten Zweite-Klasse-Abteile wechseln können, dachte ich nur kurz, als eine junge, winterlich vermummte Frau, die wohl auch schon in Berlin den Zug bestiegen hatte, neben mir auf einem der ausklappbaren Sitze Platz nahm.

Sie sei schon in fast allen Waggons der ersten und zweiten Klasse gewesen, und überall sei es das gleiche katastrophale Bild – ein übervoller Zug ohne eine Möglichkeit, sich einmal in einem Abteil richtig auszuruhen, die Beine von sich zu strecken und die Augen schließen zu können. Sie heiße Christiane, sei eine gebürtige Deutsche aus Regensburg, erzählte die sibirisch Vermummte weiter, und käme gerade aus Bologna, wo sie in der Nacht schon abgefahren sei. Eigentlich sei sie eine Münchnerin, da sie in München einmal das Licht der Welt erblickt habe. Ihr Ziel sei Dresden, wo sie das *Fest der Liebe* mit ihren Eltern und Geschwistern feiern wollte, die vor einigen Jahren in die sächsische Hauptstadt umgezogen seien und die sie lange Zeit nicht mehr gesehen habe. Genauer gesagt seit dem letzten Weihnachten nicht mehr. Ja, sie freute sich wirklich sehr darauf, nach Hause zu fahren, das konnte man ihr ansehen. In Italien lebe sie mit einem geschiedenen Italiener und mit dessen drei kleinen Kindern, ihren lieben *bambini*, zusammen. Von Beruf sei sie Sekretärin in einer Firma, für die sie die ausländische Korrespondenz übernommen habe. Bis vor drei Jahren habe sie noch in Amerika, hauptsächlich an der Ostküste, gelebt. Auch dort habe sie meistens als Sekretärin gejobbt und auch eine Zeit lang mit einem Amerikaner zusammengelebt. Die Beziehung mit dem jungen Texaner John sei jedoch nicht gut verlaufen, weil sie irgendwie mit der amerikanischen Lebensweise nicht zurechtgekommen sei, was auch der Grund dafür gewesen sei, weshalb sie wieder nach Europa zurückflog. Das Leben in Italien entspreche ihr irgendwie mehr, obwohl die Frauen dort nicht so viel zu sagen hätten wie in den USA. Aber sie würde sich schon gegenüber ihrem neuen Partner durchsetzen, wenn es auch manchmal Probleme gebe, insbesondere mit Enzos Eltern, die noch mit im selben Haus wohnen würden. Als ich sie fragte, wie das denn mit der Sprache bei ihr liefe, meinte sie, dass das Italienische ihr sehr leicht fiele und sie es genauso gut spreche wie deutsch und englisch. Auf meine Frage, was ihr einmal an Amerika besonders gut gefallen habe, erzählte sie mir etwas von ihrem Leben dort. Die großen Städte hätten sie sehr fasziniert, und es stimme überhaupt nicht, dass jemand, der eine kennen würde, alle anderen auch kenne. Das sei nur ein dummes Vorurteil. Besonders New York, Philadelphia, Washington, Chicago, Atlanta und New Orleans, wo sie längere Zeit lebte, hätten sie sehr beeindruckt. Und natürlich die Landschaften, von den Rocky Mountains bis hin zum Golf von Mexiko. Von der Westküste kenne sie nur San Francisco und Los Angelos, und Kalifornien sei natürlich auch ein toller Ort zum Leben, allein schon des warmen Klimas wegen, obwohl sie insgesamt nur einige Tage dort verbracht habe. Kalifornien habe auch irgendwie Ähnlichkeit mit dem sonnigen Italien, besonders mit dem südlichen Teil des großen Stiefels. Sie möchte irgendwann einmal wieder nach Amerika fahren, wenn es ihre Zeit und ihr Geldbeutel erlauben würden. Und natürlich ihr jetziger Partner, bei dem sie immer noch nicht sicher sei, ob er wirklich ernste Absichten habe, denn er spiele manchmal mit dem Gedanken, zu seiner ehemaligen, sehr attraktiven Frau Marinella zurückzukehren, womit sie wieder, was das partnerschaftliche Problem anbelange, ganz bei *null* anfangen müsse. Aber ihre Erlebnisse könne ihr schließlich niemand nehmen, die blieben ihr bis ans Lebensende. Ja, ein toller und gut aussehender Mann sei ihr jetziger Partner schon, aber doch auch sehr wankelmütig in seinen Gefühlen und Entscheidungen. Aber so seien die italienischen Männer nun mal, sehr emotional und ein wenig weicher, manchmal sogar etwas theatralisch und ganz und gar nicht immer beständig in ihrer Lebensart. Himmelhochjauchzend und zu Tode betrübt, das sei wohl die richtige Bezeichnung. Der Ami war da ganz anders und habe weniger Gefühle gezeigt, sei härter und sehr direkt gewesen und gleich zur Sache gekommen. Als Frau seien ihr die europäischen Männer jedoch lieber, trotz deren mannigfachen Stimmungsschwankungen. Und sie, Christiane oder auch Chris, wie alle sie seit der Zeit vor dem Abi in Regensburg nennen würden, meine junge Mitreisende auf dem ausklappbaren Sitz zu meiner Rechten, sei nun mal eine gebürtige Deutsche aus Bayern und selbstverständlich eine Frau.

Die letzte Bemerkung war trotz Pagenschnitt und Jeansanzug unter einem dicken, gut gefütterten, nun halb geöffneten gelben Anorak mit ebensolcher, jetzt herunterhängender Kapuze, nicht zu übersehen. Ja, Christiane oder Chris, wie alle sie zu nennen pflegten, war wirklich und wahrhaftig eine Frau, eine recht gut aussehende, junge Frau, die sicher leicht Bekanntschaften machen konnte, wenn dies ihre Absicht sein sollte. Und sie hatte schon einiges erlebt, das konnte man ihr auch auf Anhieb ansehen, war in der Welt herumgekommen, wie sie selber berichtete und hatte auf diese Weise Erinnerungen gesammelt, die ihr niemand nehmen konnte. Sie schien irgendwie stolz auf ihr junges, interessantes und buntes Leben und zufrieden damit zu sein, selbst wenn nicht immer alles so glatt gelaufen war, wie sie es sich gewünscht hatte, wie zum Beispiel das Leben mit ihrem amerikanischen Freund. Sie lebte wohl nach der Devise, dass man am besten aus den eigenen Fehlern klug wurde, weshalb es auch in ihrem Alter nicht so schlimm war, eine ganze Menge davon zu machen. Im heranrückenden Alter würde sie dann sicher irgendwo in Italien oder Deutschland als die gute dicke *Mama* ihre nun schon erwachsenen *bambini* um sich scharen und ihnen von ihren Erlebnissen und Erfahrungen als junge Frau in Deutschland, Amerika und Italien berichten. Ihre Kinder würden sich die Geschichten der lieben *Mama* anhören und vielleicht dabei denken, dass diese doch nicht so *cool* sei und man in der heutigen Zeit alles ganz anders machen müsse.

So, wie Chris jetzt alles anders machte als ihre Mutter in Dresden – mit ihrem abgebrochenen Verhältnis in den USA und dem neuen in Italien. Mit dem männlichen Ami-Typ, der zu wenig Gefühle hatte, und dem anderen, emotionaleren Mann, bei dem sie nicht sicher war, ob er sie wirklich liebte oder zu seiner schönen Frau zurückkehren wollte. Es war eine verzwickte Situation, eine Situation, die nach einer Lösung suchte, einer Lösung noch kurz vor dem Heiligen Abend, noch kurz vor Weihnachten. Ich wusste leider auch keine passende Lösung, die ich ihr ad hoc hätte anbieten können, nur dass es wohl das Wichtigste im Leben sei, glücklich zu sein mit dem, was man hatte und daraus machen konnte.

Und das Christuskind in der Krippe zu Bethlehem im Stall durfte man nicht wecken vor dem Heiligen Abend, weshalb es uns jetzt auch mit seiner Hilfe nicht zur Hand gehen konnte. Aber Chris fand meine Lösung, die an sich keine war, ganz plausibel und passend. Es war eine aus dem Stehgreif heraus, ohne allzu große Reflektionen und Hintergedanken. Ich war kein Pastor oder Therapeut und sie keine Beichtende oder Patientin, sondern wir beide waren nur Reisende in einem Zweite-Klasse-Wagen auf der Fahrt nach Prag, in dem alle Abteile mit Reisenden schon besetzt waren. Waren nur kurze Weggefährten, die das Schicksal oder ein später Weihnachtsengel zusammengeführt hatte und über die er schützend seine großen Flügel ausbreitete. Als das Handy von Chris klingelte, wurden unserer beider Betrachtungen jedoch unterbrochen, denn Chris' Mutter war am Apparat und fragte ihre Tochter, wie lange es noch dauern würde, bis sie zu Hause in Dresden ankommen würde. In gut einer Stunde komme sie auf dem Bahnhof in Dresden an und ungefähr eine Dreiviertelstunde später zu Hause, wenn sie niemand abholen würde, meinte Chris. Natürlich würde sie jemand am Bahnhof abholen, erwiderte die Mutter darauf, und sie verabredeten eine bekannte Stelle, wo sie sich treffen wollten. Es würde also jemand da sein, wenn sie in der vertrauten Heimat ankäme und sie wäre die ersten Sekunden und Minuten und auch später nicht allein. Chris hatte einen beruhigten und zufriedenen Gesichtsausdruck, als das Gespräch mit ihrer Mutter beendet war.

Es war also jemand da für jemand anderen vor und an Weihnachten, doch wer würde für mich da sein – in Prag? Wer auf mich am Bahnhof einer neuen, unvertrauten und fremden Stadt in der Winterkälte ausharren und warten? Ich wusste keine Antwort darauf, und auch Chris hätte sicher keine passende für mich gehabt, weshalb ich sie gar nicht erst fragte oder weiter mit dem Gedanken daran spielte. Und auch der Weihnachtsengel, der unsere beiden Körper und Seelen unter seinen flauschig warmen Federn wärmte, schaute nur verlegen aus dem Fenster des rollenden Gefährts in die vorbeifliegende, verträumte Winterlandschaft und schien meine unausgesprochene, leise Frage, die er als Engel aber eigentlich gehört haben musste, nicht verstanden zu haben.

Doch meine weiteren Überlegungen konnten auf dem wenig pittoresken Gang nicht mehr wachsen und so vielleicht zu trügerischen Grübeleien avancieren, weil sie durch einen Neuzuwachs auf den ausklappbaren Sitzflächen plötzlich unterbrochen wurden. Eine noch *relativ* jung wirkende, jedoch die vierzig schon um einiges überschrittene Frau, die einen ziemlich energischen und resoluten Eindruck vermittelte, hatte sich durch auf dem Gang herumstehende Reisende und deren Koffer und Taschen gedrängt und anscheinend Chris und mich ins Visier genommen, weil sie ein paar vor uns befindliche, momentan unbesetzte Sitze außer Acht ließ. Als sie schließlich uns zwei in der Tiefe des Ganges Sitzende erreichte, setzte sie sich sofort neben Chris und schob ihren Lederrucksack unter ihren Sitz. Im Sitzen machte die nicht mehr ganz junge Frau einen etwas ruhigeren Eindruck als in der Hektik des Ganges, und als sie ihre rote Wollmütze, von der man den Eindruck hatte, dass sich an dieser einmal ein dicker Pudel befand, von ihrem Kopf zog, kam ein regelrechtes Büschel von dunkelblonden Locken darunter hervor, die ihr über die Stirn bis weit ins Gesicht hineinfielen und die sie nun notdürftig mit der rechten Hand etwas zurechtsteckte.

Im nächsten Moment begann auch schon ein regelrechter Redeschwall wie ein Wasserfall ihrem Mund zu entspringen. Sie komme aus Berlin und habe in einem Abteil gesessen, das von jemand anderem reserviert gewesen sei. Die Leute, die es reserviert gehabt hätten, seien dann irgendwo unterwegs eingestiegen und sie habe ihren Sitzplatz deshalb verloren. Nun befinde sie sich auf der Suche nach ein paar netten Leuten, um sich die Zeit etwas zu vertreiben. Sie heiße Roswitha, sei ohne Angehörige und wolle ihren ehemaligen Partner in Dresden besuchen, den sie schon einige Jahre nicht mehr gesehen habe. Er habe bereits ein Zimmer mit Bad in einem Hotel für sie reserviert und sich ein schönes Programm für die Feiertage ausgedacht. Ihr früherer Lebenspartner mit dem Vornamen Georg, mit dem sie eigentlich einmal eine Familie habe gründen wollen, lebe jetzt zusammen mit seiner Mutter in deren großen Wohnung, weil diese nach einem schweren Schlaganfall im letzten Jahr nicht mehr allein habe leben können, weshalb es auch für Roswitha nicht möglich sei, über Weihnachten bei Georg zu wohnen. Sie würden aber in Dresden vieles gemeinsam unternehmen, denn ihr Freund habe extra für die Feiertage stundenweise einen privaten Pflegedienst engagiert. Obwohl damals mancherlei Meinungsunterschiede zwischen ihnen bestanden hätten, freue sie sich doch darauf, ihren alten Partner von früher einmal zu besuchen.

Roswitha schien augenblicklich etwas nervös zu sein, das konnte man ihr deutlich ansehen. Vielleicht war der Grund dafür, dass sie bald einen Menschen wiedertreffen würde, den sie einige Jahre nicht mehr gesehen hatte. Sie zog eine Zigarette aus einem Päckchen Marlboro heraus und wollte sich diese gerade anzünden, als Chris meinte, dass sie damit besser warten oder in einem Raucherabteil rauchen solle. Roswitha steckte daraufhin die Zigarette an ihren Platz in das Päckchen zurück und holte dafür eine Flasche Wein und drei Pappbecher aus ihrem Rucksack hervor. Es müsse erst einmal richtig Stimmung aufkommen, meinte sie nun. Die Leute im Zug seien ihr sowieso viel zu förmlich und spießig, und das Leben sei zu kurz, um darin zu versauern. Sie wolle wenigstens ab und zu etwas Spaß haben, sonst habe sie das Gefühl, niemals wirklich gelebt zu haben. Als Roswitha den zweiten Pappbecher in der Hand von Chris gefüllt hatte, hielt ich meine linke Handinnenfläche gerade noch rechtzeitig über den dritten Becher und erklärte ihr, dass ich auf nüchternen Magen nichts trinken könne und schließlich noch bis Prag fahren müsse, wo ich mich nicht auskennen würde. Vielleicht müsse ich noch eine Stunde weiter vom Bahnhof bis zu meinem Hostel fahren, und Alkohol würde mich sofort müde machen, weshalb ich am Tag nichts trinken könne.

Roswitha schien nicht ganz zufrieden mit meiner Antwort zu sein, weil ich jetzt in ihren Augen wohl so etwas wie ein uncooler *Spaßverderber* oder *Spielverderber* war, aber sie akzeptierte es schließlich doch, und sie und Chris machten sich daran, die Flasche Rosé ohne mich zu leeren. Als Roswitha den ersten Pappbecher fast ausgetrunken hatte, fragte sie mich, weshalb ich über Weihnachten nach Prag reisen würde und ob ich dort Freunde hätte. Ich verneinte die Frage nach den Freunden, da ich dort noch niemanden kannte, sondern aufgrund kultureller Interessen in diese Stadt reisen würde. Museen, Theater und Opern seien meine große Leidenschaft und das goldene Prag habe ja in dieser Hinsicht allerhand zu bieten. Auf meine Frage, ob Roswitha schon einmal dort gewesen sei, meinte sie, dass es schon über zwanzig Jahre her sei, dass sie in Prag gewesen sei und sie sich nicht mehr so genau an alles erinnern könne. Aber es sei eine sehr schöne und romantische Stadt mit vielen Sehenswürdigkeiten, das stimme schon. Vor allem der Wenzelsplatz, die Prager Burg, die Karlsbrücke und die Neustadt seien ihr in Erinnerung geblieben und sehr beeindruckend gewesen. Sie würde auch gerne einmal wieder dorthin fahren, wenn es ihre Mittel und Zeit erlauben würden. Ich war erstaunt über die örtlichen Kenntnisse von einer Stadt, die jemand vor zwanzig Jahren einmal besucht hatte. Erstaunt auch deshalb, weil Roswitha bis jetzt mehr den Eindruck vermittelte, als würde ihr nichts wichtiger sein, als ständig nur Spaß zu haben. Als wolle sie nie innerlich zur Ruhe gelangen, um an tiefere und ernstere Dinge zu denken. Oder um die Zeit zu nutzen, die Ruhe und Stille in sich selbst zu finden, die ihr im Gedränge der heutigen Welt und des Lebens verloren gegangen war. Doch ich hatte mir vielleicht ein unwahres Bild von Roswitha gemacht, und der erste Eindruck war falsch gewesen. Der Eindruck, mit dem sie uns zwei, Chris und mich, auf unseren Sitzen auf dem Gang überraschte. Ja, sogar förmlich überrollte. Es war vielleicht nur ein Schutzmantel gewesen, mit dem sie ihre eigene Zerbrechlichkeit und Einsamkeit verdecken wollte. Den Verlust ihrer Partnerschaft und den der Familie, die sie sich einmal gewünscht hatte und wohl niemals bekommen würde, was ihr vielleicht im Laufe der Jahre zunehmend klarer geworden war. Der Pappbecher mit dem roten Wein, der Stimmung aufbringen sollte, weil das Leben zu kurz sei und man wenigstens ab und zu mal etwas Spaß haben müsse, sollte den *inneren Menschen Roswitha* überdecken. Ich hatte also für einen kurzen Moment hinter die Schale einer äußerlich so lebenslustigen Frau gesehen, wie mir schien, die vielleicht ihre innere Traurigkeit und Verlassenheit so am besten vergessen und verbergen konnte. Und vor allem ihre starke Verletzbarkeit. Mit einem Pappbecher voll rötlich schimmerndem Wein in der Hand, der ihre Fröhlichkeit und ihr Lebensglück bestimmen sollte.

Als der Bahnhof von Dresden immer näher kam und wir in wenigen Minuten dort ankommen würden, wurde mir klar, dass auch ich nach der Abfahrt des Zuges von Dresden wieder ganz allein sein würde. Die irdischen Wege von drei Reisenden hatten sich für kurze Zeit auf einem Schnellzuggang auf schicksalhafte, fast schon überirdische Weise, wie mir damals schien, gekreuzt und waren dann schnell wieder auseinandergegangen. Jeder von uns würde seine eigenen Lebensziele irgendwie weiterverfolgen und irgendwohin gehen. In eine noch ungewisse Zukunft – ganz in die Nähe oder sogar in ein fernes Land. Chris würde nach den Feiertagen wieder nach Bologna zurückkehren zu einem Mann, von dem sie nicht wusste, ob er es wirklich ernst mit ihr meinte, und Roswitha in ihre Wohnung oder ihr Apartment in Berlin. Auch ich würde nach dem zweiten Weihnachtstag wieder in die winterliche deutsche Hauptstadt zurückkehren, in meine Wohnung und in meine Einsamkeit, wie wohl viele andere Menschen in diesen Tagen. Wir drei drückten uns alle noch einmal die Hand, bevor Chris und Roswitha den Zug verließen, um im Gedränge vieler Reisender auf dem Bahnsteig einer weihnachtlich geschmückten Großstadt in verschiedenen Richtungen zu verschwinden. Ich blickte ihnen noch kurz nach, dann setzte sich der Schnellzug wieder in Bewegung und zurück blieb für kurze Zeit eine innere und äußere Leere und zwei leere Pappbecher, die vorher noch mit Rosé-Wein gefüllt waren. Und außerdem ein mit Abfällen übersäter Gang, der bis vor wenigen Minuten mit der Wärme und dem Lachen von lebendigen Menschen angefüllt gewesen war. Ihren beseelten Körpern, die sich in einer vorweihnachtlichen Stimmung befanden, in einer Vorfreude auf das kommende Fest. Es lag noch ein wenig von dieser Stimmung in der Luft, denn der Geist der Menschen war noch für kurze Zeit in dem Zug geblieben, um mir die Weiterfahrt in die Fremde zu erleichtern. Ich sammelte schnell die von Chris und Roswitha benutzten Pappbecher vom schmutzigen Boden des Ganges auf, beförderte sie in einen der angebrachten Müllbehälter und nahm dann in einem der zahlreichen leergewordenen Abteile Platz, denn die meisten der Reisenden hatten den Zug in Dresden verlassen.

Ein paar Stunden noch, und ich würde in der großen und für mich unbekannten *Goldenen Stadt* ankommen. Wie würde mich die *schöne Fremde* empfangen? Mit offenen Armen oder unfreundlich und abstoßend? Oder vielleicht sogar gleichgültig? Mit einem immerwährenden *Fröhliche Weihnachten* oder *Merry Christmas* auf den Lippen, das so unpersönlich war, dass ich augenblicklich zu frieren begann, was aber nichts mit der Kälte von draußen zu tun hatte, denn die geschlossenen Fenster ließen keine Kälte herein und im Abteil war Gott sei Dank ausreichend geheizt. Aber ich wusste nicht, was auf mich zukommen würde, konnte es nicht wissen, weil ich die tschechische Fremde noch nicht kannte, was schon Grund genug war, um Angst und ein kaltes Gefühl zu bekommen. Es hatte mir zu Hause am Telefon nur einmal ein freundlicher *Nassauer* aus Hessen gesagt, dass Prag sehr schön sei und ich es mögen würde. Ähnliches hatte ich vor einigen Jahren schon einmal aus dem Munde einer portugiesischen Apothekerin im Flugzeug nach Lissabon gehört, das dann zu meiner großen Liebe wurde. Aber ich musste jetzt wieder an meine beiden Reisebegleiterinnen denken und wie sie die Feiertage wohl verbringen würden. Die eine mit der lieben Familie und die andere mit dem früheren Lebensgefährten unter einem festlich geschmückten Weihnachtsbaum? Das war doch wesentlich mehr als bei mir, auf den kein Weihnachtsbaum mit lieben Menschen darunter warten würde. Aber ich hatte ja schließlich auch noch lebende Verwandte in einem anderen Teil von Deutschland, zu denen ich hätte fahren können, weshalb ich keinem anderen als mir selber einen Vorwurf machen konnte. Doch die innere Traurigkeit wollte einfach nicht verschwinden, sondern wuchs sogar noch und wurde durch die zunehmende Dunkelheit draußen verstärkt. *Bis Dresden ist es hell gewesen, jetzt wird es dunkel in und über meinem Leben, und ich bin selbst schuld daran.* So oder ähnlich mochte ich wohl gerade gedacht haben und nickte schläfrig ein, als mich ein freundlicher Schaffner in tschechischer Sprache weckte. Wir hatten also die Grenze passiert und ich hatte dabei geschlafen. Nichts in meinem Traum davon gemerkt, dass ich meine deutsche Heimat verlassen hatte, um mir anderswo für kurze Zeit eine neue zu suchen. Eine Heimat des Herzens, eine, die mein Herz an Weihnachten in der Fremde wärmen sollte. Aber ich trug ja noch so etwas wie eine eigene Heimat in mir, eine, die mir nie ganz verloren gehen, sondern immer treu bleiben würde. Auch wenn ich ihr manchmal, so wie jetzt, untreu wurde.

Aber was war aus unserem Volk heute nur geworden? Vielleicht ein Volk von Menschen, die auf der Suche nach ihren verloren gegangenen Wurzeln waren? Und dies auch noch am Heiligen Abend und an Weihnachten? Tatsächlich wurden Menschen gerade in diesen Tagen besonders empfindlich und nachdenklich und vor allem wohl die Menschen, die das Fest allein verleben mussten und nicht im Kreise ihrer Lieben. Chris, Roswitha und ich, wir hatten einiges gemeinsam, weil wir alle irgendwo gestrandet und gescheitert waren auf der Suche nach einem Partner oder einer Familie, die uns am Fest der Liebe Geborgenheit und Wärme vermitteln konnten. Wir waren eigentlich noch immer nicht richtig *zu Hause angekommen.* Befanden uns auf der Suche nach uns selbst und flüchteten vor unserer eigenen Heimatlosigkeit und Einsamkeit. Vielleicht waren wir auch auf der Suche nach einem Gott, der die Welt an Weihnachten wie in jedem Jahr von Neuem besuchte, um sie ein paar Monate später an einem Kreuz aus Holz zu erlösen – dem Jesus-Kindlein zu Bethlehem im Stall.

Ja, die eine flüchtete aus ihrer Single-Wohnung in Berlin nach Dresden und ich aus meiner nach Prag. Auch Chris hatte in Bologna eigentlich keine richtige eigene Familie, aber sie war jetzt sicher zu Hause bei ihren Eltern und Geschwistern in Dresden, die eine Familie für sie waren. Hm, wir schienen wirklich eine gescheiterte Generation zu sein – eine *Singlegeneration.* Studiert und gebildet, jeder seine eigenen Wege gehend, die meistens am anderen vorbeigingen. Wir hatten mit unserem Wohlstand viel erreicht und auch wieder *nichts*, denn das wirkliche Leben entstand doch erst dort, wo Menschen miteinander echte und andauernde *Lebens-Gemeinschaften* bildeten und nicht mehr nur vor ihren Computern dahinvegetierten und es manchmal im heranrückenden Alter gar nicht mehr auffiel, ob einer noch da war oder nicht. Wen interessierte es schon, ob in irgendeiner anonymen Wohnung vor einem Computer jemand fehlte? Es würde schon ein anderes Gesicht nachwachsen. Wer dachte schon daran, wie es einsamen Menschenherzen, die keine Angehörigen mehr hatten, an Weihnachten in ihren Wohnungen und Apartments ging? Menschen, für die man sich das ganze Jahr über sowieso nicht interessierte und die niemand mehr wirklich wahrnahm und vermisste. Die Zeit der eiligen und kurzen Internet-Dates hatte eben erst über die Online-Partnerschaftsbörsen begonnen. Viele saßen jetzt in ihren Flugzeugen, die sie über die Festtage in wärmere Länder bringen würden. Aber dies alles hatte mit Familie und Geborgenheit, mit menschlicher Nähe an Weihnachten nicht mehr viel zu tun. Es ließ das Herz kalt, und Herzen mussten doch warm werden am Heiligen Abend und in der Dunkelheit einer seligen Nacht!

Ich hatte jetzt im Zug einige der wenigen tschechischen Reisenden, die noch auf mittleren Bahnhöfen zugestiegen waren, den Namen Prag rufen hören. Jetzt würde der Zug wohl bald in Prag ankommen. Ich musste wohl oder übel meine pseudophilosophischen und psychologischen Betrachtungen unterbrechen, weil es auf dem Gang des Zugabteils immer lauter wurde. Als ich dann etwas später mit meiner kleinen Reisetasche auf dem Bahnsteig des Prager Bahnhofs stand und mich mit der Menschenmasse wie ein Fischlein in einem kalten Fluss, der wohl in Tschechien seinen Ursprung hatte, in Richtung Ausgang und Stadt treiben ließ, überfiel mich irgendwie das gleiche Gefühl wie damals bei meiner Ankunft auf dem Flughafen in Lissabon, nämlich nach einer langen Reise endlich wieder zu Hause zu sein. Nein, ehrlich gesagt hatte ich es hier erst ein oder zwei Tage später, aber ein guter tschechischer Engel musste doch von einem Cherub den dringenden Auftrag bekommen haben, mich vom Bahnhof in der fremden, mitteleuropäischen Großstadt abzuholen, um mich dann sicher in mein Quartier zu bringen. Es war ein junger, sympathischer Lehrer für Philosophie aus einem kleinen Dorf in der Nähe von Málaga, der Stadt des Weines, der hier vor ein paar Jahren eine Lehrerstelle ohne Krankenversicherung, dafür aber unter der Obhut irgendeines Ministeriums, angetreten hatte und der früher auch schon in Berlin unterrichtet hatte. Ich konnte gerade noch das riesige Michael-Jackson-Plakat an einer Litfaßsäule erkennen, der eigentlich aus der *Stadt der Engel* zu einem Konzert am Ende des Jahres nach Prag kommen wollte, um dort mit seiner Show aufzutreten und der unseren Planeten leider vor Monaten verlassen hatte, als mich mein freundlicher Weihnachtsengel, der *Señor* aus dem südlichen *España,* unweit der marokkanischen Küste und der Straße von Gibraltar, in einwandfreiem Deutsch in die Straßenbahn beförderte und mich somit meinem neuen zu Hause in seiner goldenen Wahl-Heimat *Praha* näherbrachte. Ich war meinem Engel sehr dankbar dafür.

No Lucky Strike

oder

Eine Hommage à Rita

1918-1987

Kurzgeschichte

Ein Winterabend im Dezember des Jahres 1990 in Manhattan. Die Straßen sind verschneit, und die eisige Kälte beginnt sich langsam, aber allmählich durch das Äußere meines von innen dürftig gefütterten Trenchcoats vorzuarbeiten. Und auch mein Kopf spürt trotz Wollmütze noch die abendliche, stärker hereinbrechende Kälte. Auf einer ziemlich schäbigen Plakatwand werden ein paar alte, nostalgische *Hollywoodschinken* mir dennoch unangemessen den Passanten angeboten: *Gilda* und *The Lady of Shanghai.* Ich habe beide Filme schon so oft gesehen, kenne den Inhalt fast auswendig. Die Farben der *Shanghai-Lady* und des Mannes ihr gegenüber wirken fahl, irgendwie ausgebleicht, strahlen keine innere Wärme und Kraft mehr aus. Aber ich nehme die Einladung – auch im Wissen um meine eigene kalte und unbeheizte Wohnung – trotzdem wegen der eisigen Kälte draußen dankend an. Rita Hayworth – sie ist nun seit drei Jahren tot – Glenn Ford und Orson Welles waren Schauspieler, die mich immer schon faszinierten. Die mich irgendwie innerlich in einen Gefühlsrausch, ganz ohne permanente Ausbrüche, versetzen. Wenig später stehe ich vor dem Hochhaus, in dem sich das angezeigte Kino befindet, in welchem die Filme aufgeführt werden sollen und wo ich früher schon ein paar Male mit einer Freundin war, die an dem heutigen Abend leider *keine Zeit* hatte mitzukommen.

Auf der Leinwand des für New Yorker Verhältnisse mittelgroßen Kinos im 20. Stockwerk verabschiedet sich Rita als *Gilda* soeben von einem Mann. Ihr laszives Lächeln breitet sich fast zwei Meter weit über die weiße Fläche auf der Bühne aus. Zieht mich irgendwie aus der Menschenmenge heraus und in den Bann. Ich fühle mich warm und wohl dabei. Möchte immer in diesem Augenblick, dem des seelischen Wohlseins oder der inneren Wärme, ausharren und bleiben. In diesem Moment und bei Rita-Gilda. Sie hat eine Zigarette im rechten Mundwinkel, bietet dem Mann ihr links gegenüber – oder bin ich es vielleicht? – vor seinem Gehen auch eine an. Sie ist, wie allgemein bekannt, bald darauf von Welles geschieden. Danach mit dem Prinzen Ali Khan wieder neu verheiratet. Soll irgendwann eine Entziehungskur gemacht haben (*Pardon me, Rita*). Dann, als sich Gilda-Rita von mir und ihrem Publikum abgewandt hat, kommt es auch schon. Das heißt, es rollt für einen Moment lang eine Gänsehaut über mein Inneres, genauer meine bisher eher nüchterne amerikanische Seele irischen Ursprungs: *Put the blame on Mame. Put the blame on Mame* ... Ich denke ein paar Sekunden oder fast schon eine Minute lang, dass sie mich dabei anschauen müsste. *Rita, sing doch weiter, sing dies, dein, nein, unser Lied. Es ist das, was mein melancholisch gestimmtes Herz oder meine Seele jetzt brauchen. Sing es für mich und die ganze Welt. Ich könnte sterben für dieses eine Lied und einen Blick von dir.* Doch Rita dreht sich nicht noch einmal nach mir und den anderen Zuschauern um, hat nur ein Auge für ihren neuen Mann und Liebhaber vergangener Liebesnächte. Heute an einem kalten New Yorker Winterabend in einem mäßig oder besser gesagt schlecht beheizten Kinosaal.

Dann bin ich für einen Moment lang eingenickt, als mich die Zigarettenverkäuferin in der Pause mit der Frage weckt, ob ich bei ihr Zigaretten kaufen möchte. *No thanks, I'm a non-smoker.* Es werden heute zwei alte, mir sehr vertraute Filme mit Rita-Gilda gezeigt, denke ich, als die Verkäuferin schon lange wieder mit ihren Zigaretten fort ist. Ein Hauch von *Put the blame on Mame* ist jedoch zurückgeblieben, der mich innerlich immer noch aufwühlt. Aber das Lied kommt an dem heutigen Abend nicht noch einmal wieder, auch als Rita später in einem anderen Film – oder war es nur in einer Filmvorschau? – in einer Kussszene zusammen mit Orson Welles auf der Leinwand erscheint. Vielleicht hat sie das Lied in ihrer Garderobe vergessen, als sie sich für die neue Szene umzog oder ihr Make-up auffrischte? Oder ihr momentaner Ehemann Orson Welles hat sie ganz überraschend in der Garderobe besucht, wie er das manchmal tut. Sie hat ihm vielleicht von ihrem Zusammentreffen mit Marlene erzählt und Rita hat darüber ihr, nein, unser Lied einfach vergessen. Auch weil ihr die Dietrich vielleicht irgend so ein Geheimnis anvertraut hat. Eines, das Frauen manchmal untereinander haben. Ich werde deshalb noch ein wenig warten müssen, eventuell so lange, bis sich nach der kurzen Pause der Vorhang zum neuen Film, *Die Lady von Shanghai,* wieder heben wird. Dann wirst du im Film in der Tür stehen und ich werde dich wieder singen hören. *Ja, ich will dein Lied hören, nur eine Strophe davon,* sprechen meine Gedanken fast schon laut, doch Rita hört mich nicht, weil sie sich gerade wieder eine neue Zigarette angezündet hat und in ein Gespräch mit Glenn, nein, Welles, vertieft ist.

Nein, an diesem Abend bist du wirklich nicht noch einmal mit deinem, unserem alten, immer wieder neuen, unsterblichen Song auf die Bühne und die Leinwand zurückgekehrt. Ich stehe jetzt schon im Vestibül des Filmtheaters, fertig zum Aufbruch, als mir ein Mann im mittleren Alter eine geöffnete Packung *Lucky Strike* hinhält und mir eine Zigarette daraus anbietet. Er ist wohl auch nur einer von den vielen einsamen Wanderern an einem kalten New Yorker Winterabend, den seine Freundin versetzt hat, denke ich, als ich ihm lauthals aber freundlich zu verstehen gebe: *No thanks, I'm a non-smoker.*

Als ich wenig später wieder allein unten auf dem verschneiten Bürgersteig stehe, wo mich die gnadenlose Kälte einer angebrochenen, immer noch halbschwangeren Nacht, die jedoch noch einiges von ihrer hoffnungsvollen Kraft für mich bereithält, wenig liebevoll in Empfang nimmt, denke ich noch einmal zurück an mein strahlendes Juwel, denke ich an Rita. Wie sie mir heute Abend so oft zugelächelt hat und dann ihr Lied für mich gesungen hat. Für mich allein! Das Lied und ihre sanft ausgesprochenen und unausgesprochenen Worte klingen in meinem Wernicke-Sprachzentrum noch lange und andauernd fort. Bald schon hat mich die Menschenmenge der Weltstadt in sich aufgesogen und mit sich weit fortgetragen. Irgendwohin – nirgendwohin – ich schwimme einfach mit den anderen wie ein Fischlein in einem Strom, der Menschenmasse heißt, mit. *Möchte ich eigentlich noch irgendwo ohne dich hin, mein Liebling?* Ich fühle mich wie vom Erdboden verschluckt. Irre einsam umher durch tiefe Schluchten von hohen Türmen eines anonymen Babylon – des *Tores Gottes.* Aber es ist doch nur das zu einer irdischen Hölle, die Manhattan heißt. *Kann man so allein sein unter so vielen Menschen in dieser Riesenmetropole?,* frage ich mich noch, als ich mich einige Zeit später zu Hause im Norden von Brooklyn und in meiner Wohnung befinde. Es ist so kalt in meinem Schlafzimmer und in den anderen

Räumen, weil ich das Geld für die Heizkosten nicht mehr aufbringen konnte und der Besitzer mir kurzerhand die Heizung abgestellt hat.

So begebe ich mich sogleich zu Bett mit einem Glas heißen Tees in der Hand – aber nicht ohne den Rum darin – und stelle vorher noch den Plattenspieler an. Von der Langspielplatte ertönen deine alten Lieder und führen mich zurück bis in das Kino, wo ich mich vor Kurzem noch aufhielt. Sie stimmen mich so weit melancholisch, dass ich es gerade noch aushalten kann. Jetzt fängt Rita, nein, Gilda, wieder an zu singen. *Put the blame on Mame. Put the blame on ...*

Ich unterbreche sie ungern in ihrem Lied, tue es dann aber trotzdem: *Yes! Put the blame on* Mame, singe ich mit einer von der Kälte von draußen oder in meinem Zimmer heiser gewordenen Stimme, indem ich dabei mit dem Zeigefinger von meinem auf dem Bett liegenden, ausgestreckten, noch nicht so alten, aber auch nicht mehr ganz jungen Körper sehnsüchtig auf dein schönes Foto an der Wand zeige und gleichzeitig beobachte, wie dicke Rauchringe langsam zur Decke meines Zimmers aufsteigen. *Klickedi-klickedi-klick.* Mehr fällt mir zu dem Zigarettenqualm und dem Bild – um es mit den Worten von Bogie auszudrücken – im Moment nicht ein. Ich hatte noch eine halbvolle Packung Lucky Strike von der Zeit vor meiner Nikotinentwöhnung irgendwo in einem der Fächer meines Wohnzimmerschranks gefunden und habe deiner Einladung zu einer Zigarette aufgrund meiner etwas labilen Natur nun etwas verspätet Folge geleistet, Gilda.

Jetzt fühle ich mich nicht mehr so einsam, denn Rita – nicht mehr die aus dem Film mit Namen Gilda – steht mir in meinem Traum gegenüber. Sie lächelt mich aus ihren großen – ich habe die genaue Farbe deiner Augen vergessen, Darling – Augen an. Ich bin irgendwann am Abend oder in der Nacht aufgestanden und habe sie in ihrem New Yorker Apartment aufgesucht. Sie war zufällig nicht an der Westküste oder in Südfrankreich und hat mir, einem ihr völlig unbekannten Verehrer und Fremden, geöffnet. Nun also stehe ich ihr am offenen englischen Kamin ihres Wohnzimmers, in dem ein Feuer brennt und knistert, gegenüber. Es ist so wohlig warm in der Wohnung, ganz anders als draußen und bei mir zu Hause. Ich möchte immer hier bleiben, bei Rita. Dann denke ich noch, *wie schön sie doch ohne Make-up ist,* als sie mir plötzlich den Rücken zudreht und leise mit ihrem Lied beginnt: *Put the bla-*

me on Mame ... Ich fühle, wie das Blut in meinen Adern zu gefrieren beginnt und mir erneut eine Gänsehaut, nun über den ganzen Rücken, läuft. *Sing weiter,* sprechen meine Gedanken laut, *sing weiter und lass mich nicht noch einmal als Ertrinkender im Meer meiner Sehnsucht zurück. Und als einsamer Taucher im Ozean der Liebe, der zu tief für mich ist durch all die vielen Empfindungen, die dein Lied in mir entfacht hat. Sing es immer wieder für mich, Baby, in dieser einsamen Nacht. Lass mich nicht allein, mein Engel, sondern ›Stand by me‹,* singe ich ihr als Refrain zu einem anderen, mir gerade eingefallenen Song, ganz ohne Worte zu.

Als sich Rita wieder zu mir umdreht, habe ich die leise Hoffnung und irgendwie den nicht ganz unbegründeten Verdacht, dass sie mich – weil sie so merkwürdig mit ihrem linken Auge zwinkert, was so ihre Art ist – verstanden hat. Sie hat eine neue, unangebrochene Packung Lucky Strike in ihrer rechten Hand und bietet mir – oder ist es vielleicht Orson in dem Film-noir-Klassiker der Shanghai-Lady? – erneut eine Zigarette an. Ich überlege kurz, nachdem sich meine Nerven und mein Blutkreislauf wieder etwas von dem Lied erholt und zu ihrer vollen Normalität zurückgefunden haben, und erwidere ihr dann in Gedanken, sodass sie mich wohl kaum verstehen kann, sanft und zärtlich: *No, thanks. Rita, I'm truly sure, I am a non-smoker.*

Die Nacht ist schon fast vorbei. Ich muss irgendwann eingeschlafen sein und der Plattenspieler hat in der Zwischenzeit immer wieder leise die gleiche Platte mit deinen alten Liedern gespielt. Ich wage kaum noch, die Hand aus dem Bett zu strecken, so kalt ist es in der Wohnung geworden. Schließlich tue ich es aber doch und verbinde die Gelegenheit mit einem letzten Gang ins unbeheizte Bad und zur Toilette und danach zum Lichtschalter. Wenn du mich so sehen könntest, Rita-Gilda. Ich schäme mich richtig für diesen, meinen momentanen Zustand. Ich werde morgen früh gleich den Hausmeister anrufen und ihn bitten, die Heizung wieder anzustellen. Irgendetwas Passendes wird mir schon dazu einfallen. Schließlich liegt mein fertiges Drehbuch für einen neuen Film mit Rita Hayworth schon so lange in meinem Schrank und wartet nur noch auf eine Vorsprache und Annahme bei Warner Bros. und Columbia. Und ich kann doch letzten Endes nicht jeden Abend in das gleiche Kino und zu Rita gehen. Dann fallen mir die Augen endgültig zu, und ich begebe mich noch einmal zu Rita in die Fifth Avenue, die mich schon lachend und mit einem vollen Whiskeyglas in der rechten Hand in ihrer Wohnungstür erwartet. Auch das geheimnisvolle Lied dringt nun im Traum immer wieder bis an das Äußere meines Gehörgangs. Dann tiefer und tiefer bis in die Cochlea, den Teil meines Innenohrs. Ich kann mich aber trotz allem nicht mehr daran erinnern, was noch weiter in derselben Nacht passiert ist, weil der Traum mit Rita irgendwo, irgendwann einmal aufhörte, als ich mich schon zu weit von ihr und mir, unserem gemeinsamen Lied und den dazu passenden Gefühlen entfernt hatte …

Als ich aus meinem kurzen, tiefen und wenig erholsamen Schlaf erwache, höre ich es wieder, immer wieder. Es fließt langsam, dann immer schneller auf mich und mein erwachtes Bewusstsein zu, lässt sich nicht mehr abweisen. Lässt mich nicht mehr los, will nicht mehr fort von mir – hat mich endgültig gepackt und wird zu einem Teil von mir. So taumle ich von einem Rausch zum anderen, bis mich Ritas sanfte Stimme innerlich beruhigt und erlöst: *Put the blame on Mame. Put the blame on Mame ...*

Danke, Gilda, Dank sei dir und der Nacht, die ihre Geburtswehen wohl endlich ganz oder wenigstens zur Hälfte überwunden hat. Die mich von Neuem geboren hat.

Dann aber denke ich nicht mehr, weil sie zu singen beginnt …

When Mrs. O'Leary's cow
Kicked the lantern in Chicago town
They say that started the fire
That burned Chicago down
That's the story that went around
But here's the real low-down
Put the blame on Mame, boys
Put the blame on Mame
Mame kissed a buyer from out of town
That kiss burned Chicago down
So you can put the blame on Mame, boys
Put the blame on Mame

Remember the blizzard, back in Manhattan
In eighteen-eighty-six
They say that traffic was tied up
And folks were in a fix

That's the story that went around
But here's the real low-down
Put the blame on Mame, boys
Put the blame on Mame
Mame gave a chump such an ice-cold ›No‹
For seven days they shovelled snow
So you can put the blame on Mame, boys
Put the blame on Mame

When they had the earthquake in San Francisco
Back in nineteen-six
They said that Mother Nature
Was up to her old tricks
That's the story that went around
But here's the real low-down
Put the blame on Mame, boys
Put the blame on Mame
One night she started to shim and shake
That brought on the Frisco quake
So you can put the blame on Mame, boys
Put the blame on Mame

They once had a shootin' up in the Klondike
When they got Dan McGrew
Folks were putting the blame on
The lady known as Lou
That's the story that went around
But here's the real low-down
Put the blame on Mame, boys
Put the blame on Mame
Mame did a dance called the hoochy-coo
That's the thing that slew McGrew
So you can put the blame on Mame, boys
Put the blame on Mame

Aufgeschrieben von Anita Ellis für die Singstimme
von Rita Hayworth im Film ›Gilda‹.

Als ich wieder zu mir komme, erkenne ich über mir zwei strahlende Reihen von weißen Perlen übereinander. So erscheint es meinen halb verschlafenen Augen und meinem ebensolchen Verstand wenigstens. *Nein, entschuldige bitte, es ist dein Mund mit deinen strahlend weißen Zähnen darin – die mir wie Perlen erscheinen – Rita-Gilda, der mich nun aus einem glänzenden, makellos geschminkten Gesicht heraus anlächelt,* denke ich fast laut. Dann murmele ich irgendetwas beinahe Unverständliches wie *Gilda, Gilda ...* vor mich hin und höre, wie mir deine zärtliche und sanfte Stimme aus nächster Nähe liebevolle Worte in mein Ohr flüstert. *Gilda, ach meine liebe Gilda, bleib bei mir und ...,* fantasiere ich unentwegt weiter.

Vor meinem Bett steht Rita-Gilda mit dem Hausmeister, der mir zu verstehen geben will, dass er eine halbe Stunde lang vor meiner Tür gestanden und geschellt hat, da er ja zu dem vereinbarten Termin, um die defekte Heizung zu inspizieren, kommen wollte. Die Frau neben dem Hausmeister, die meiner Gilda, der aus dem Kino in Manhattan, ähnlich sieht, sagt etwas wie *Schnapsleiche* und verlässt danach mit einem dicken Schlüsselbund in der Hand aufgeregt mein Schlafzimmer. Der Hausmeister hat sich ohne seine Frau und ohne mein Aufstehen bereits an die Arbeit gemacht und kontrolliert die einzelnen Heizkörper der Reihe nach und dann noch die Gasleitung und den Ofen in der Küche. Ich wage nicht einmal, den nackten großen Zeh aus dem Bett herauszuhalten, so kalt ist es noch in dem Raum. Als der Hausmeister ruft, dass alles nicht so schlimm gewesen sei und die Heizung wieder funktioniere, wage ich einen ersten Versuch aus meinem warmen Bett heraus. Als ich vor Kälte zitternd in meinem Pyjama vor meinem Bett stehe, reicht Rita-Gilda mir unerwartet und ungebeten meinen Morgenrock und wir beide schlendern gemeinsam in die Küche und in den neuen Tag hinein, der auf zwei frisch Verliebte mit einer Kanne voller heißem Kaffee und Eiern mit Speck wartet. Ich frage mich, ob Gilda oder Rita bei ihrer Figur wohl Eier mit Speck essen darf und denke dann wieder an das Lied zurück, das sie immer für mich gesungen hat. Aber sie singt es jetzt nicht mehr. Sie singt es von nun an nie mehr, denn das Lied war nur ein Teil ihres alten, früheren Lebens, das längst vergangen und vorbei ist.

Als ich eine Woche später an einem nicht mehr ganz so kalten Wintertag wieder auf dem Weg zum Kino in Manhattan bin, denke ich zurück an meine letzte Begegnung mit Rita vor einem Jahr auf dem Holy Cross Cemetery in Culver City nahe Los Angelos, wo ich ihr einen Strauß roter Rosen auf ihr Grab legte. *Put the blame on Mame,* diese Worte fallen mir wieder ein, als ich nun in Gedanken den verwelkten Strauß entferne und ihn gegen frische Blumen austausche. Rita oder Gilda lächelt noch ein letztes Mal, als ich den Kinosaal im 20. Stock in Manhattan betrete und bemerke, wie sie sich gerade Welles zuwendet. Sie hat das Lied bestimmt in der Garderobe bei Marlene vergessen, befürchte ich, bis mich die Musik, die nun mit ziemlichem Gepolter einsetzt, für einige Stunden, oder sind es nur Sekunden, der grauen Lethargie meines New Yorker Alltags entreißt. *Ich bleibe dir treu, meine Rita, meine Gilda. So lange, wie ein Mann nur treu sein kann und so lange wie dein Lied dauert – nein, sogar noch weit darüber hinaus.*

Als Gilda zu singen aufhört, werfe ich ihr einen Strauß frischer, herrlich duftender roter Rosen auf die Bühne des halb leeren Kinos. Sie hebt ihn, trotz der eifersüchtigen und eisigen Blicke von Welles, sofort lächelnd auf und verschwindet als schlanke Silhouette vor der Dunkelheit einer gespenstischen Nacht inmitten von Bäumen und Gebüsch und zwischen den Gräbern des Holy Cross Cemetery. *Sorry, Rita, ich hätte deine Ruhe doch um alles in der Welt nicht stören dürfen,* denke ich wohl als Entschuldigung noch, die sie aber nicht mehr gehört haben kann und mache mich dann glücklich, zufrieden und allein mit Gilda oder Rita im Herzen auf den Weg zurück nach Brooklyn und nach zu Hause.

Put the blame on Mame. Put the blame on Mame ...

Rahels letzte Reise

Kurzgeschichte

Rahel Goldstein lebte nun seit über vierzig Jahren in Nordamerika und zwar ungefähr seit der Zeit, als die Amerikaner Auschwitz und andere Konzentrationslager befreiten und sie und einige ihrer Mitgefangenen aus demselben Block die weite Reise mit dem Schiff in die Vereinigten Staaten oder nach Palästina antreten durften. Rahel war damals nur eine von vielen jungen Frauen gewesen, die ihre ganze Familie und fast alle ihre Verwandten in Auschwitz, Treblinka und anderen Lagern verloren hatten, und deshalb schien es ihr eigentlich egal, wohin sie nach dem Zusammenbruch des *Dritten Reiches deutscher Nation* und der Befreiung durch die Amerikaner und Russen ging. Sie wollte lediglich weit fort von einem für sie wenig christlichen Abendland – der alten Welt –, weg von Europa und natürlich von Deutschland, dort, wo ihr und ihrer Familie so unendlich viel Leid zugefügt worden war. Auch Beethoven, Goethe und Schiller konnten nichts an dem Entschluss ändern, dass sich Rahel letzten Endes für die Reise nach Amerika entschied, weil eine gute, alte Freundin von ihr noch rechtzeitig, nämlich zu Beginn der Hitlerzeit, mit ihrer Familie dorthin auswandern konnte. Nach New York. Genauer gesagt nach New York City im Staate New York, denn daher hatte sie einmal eine Postkarte von ihrer Freundin Sarah mit dem Stempel *Airmail* erhalten. Eine Karte mit dem Empire State Building und anderen hohen Wolkenkratzern aus Manhattan und ein paar Grüßen darunter, die nicht viel mehr besagten, als dass es der Freundin und ihrer Familie dem Anschein nach gut ging.

Nur diese wenigen Worte, denn Rahel befand sich damals ja schließlich noch im Nazideutschland der dreißiger Jahre, in einem Stadtteil von Berlin mit Namen Friedenau, wo ihr Vater ein kleines Kurzwarengeschäft betrieb und ihre Mutter, neben dem Haushalt und der Betreuung der vier Kinder, noch manchmal im Geschäft aushalf. Der mit dicker weißer Ölfarbe auf die Fensterscheibe des Geschäftes aufgemalte sechseckige Davidstern hätte Rahel eigentlich schon vorwarnen oder zumindest beunruhigen müssen, denn im Frühjahr 1943 wurde die gesamte Familie vom Bahnhof Grunewald, vom berüchtigten Gleis Nummer 17, zu nächtlicher Stunde nach Auschwitz deportiert. Mit ein paar alten Koffern und mit gelben Sternen an der Winterkleidung hatten sie auf den Zug gewartet, der sie in sechs Tagen, die ihnen wie eine Weltreise in der niedrigsten Kategorie vorkamen, bis auf Rahel in den sicheren Tod fuhr. Ihre Eltern und ein jüngerer Bruder, die auf der langen Fahrt bis Polen in dem schmutzigen Viehwaggon sehr krank wurden, kamen sofort unter die Dusche oder ins Gas, zwei weitere Brüder von Rahel starben wenige Wochen später auf ihr unbekannte Weise. Rahel hatte die Deutschen jahrelang wegen dieser furchtbaren Verbrechen nur hassen können, obwohl sie doch selber eine Deutsche war. Jetzt empfand sie fast nur noch eine innere Gleichgültigkeit gegenüber diesem, ihrem Heimat-Volk, das ihr und ihrer Familie so viel Unrecht und Böses angetan hatte – ein Gefühl, das sie innerlich schützte und ihre zeitlebens unverheilten Wunden nicht mehr andauernd anrührte und von Neuem aufbrechen ließ. Wenn sie sich später einmal besonders elend und am Ende fühlte, hörte sie sich die Erlöserarie aus Händels *Messias* an. Und obgleich Rahel eine Jüdin war, spürte sie die Kraft, Wärme und Geborgenheit, die von der Arie und von dem Gott ausging, von dem man sagte, dass die Juden ihn ans Kreuz genagelt haben sollten. Dann überwand sie für kurze Zeit ihren Hass und den Gedanken an das Pogrom.

Nun hatte Rahel nur noch ihre zwei Kinder, ihren Sohn John, der mit seiner kleinen Familie als Anwalt in der Nähe von Tel Aviv lebte, und ihre Tochter Ana, die in Los Angelos wohnte und dort mit ihrem Mann ein fortwährend expandierendes Damenkonfektionsgeschäft betrieb. Außerdem lebte bis vor einem Jahr noch ihr Schwager David mit seinem erwachsenen Sohn Richard im New Yorker Stadtteil Queens, der sie manchmal am Sonntag allein oder in Begleitung seines Sohnes in ihrer Wohnung in Brooklyn besucht hatte. Aber auch er war seit etwas über einem halben Jahr tot, wie fast alle ihre alten Freundinnen und Freunde mit denen sie und ihr Mann sich früher des Öfteren getroffen hatten. Und Rahels Ehemann Herschel Goldstein war vor drei Jahren an einem Herzinfarkt nach der Hochzeitsfeier seiner Tochter Sarah, zu der sie beide extra mit dem Zug nach San Francisco gefahren waren, weil Herschel aus gesundheitlichen Gründen das Fliegen so weit wie möglich vermied, gestorben. Rahel fühlte sich seitdem oft einsam in ihrer schönen Wohnung mit dem großen, von bunten Blumen in Blumenkästen umrankten Balkon im Stadtteil Brooklyn, denn die Kinder waren ja auch schon seit Langem aus- und fortgezogen und lebten mit ihren Familien ihr eigenes Leben.

Aber Rahel waren die weiten Fahrten zu ihren Kindern, einmal im Frühsommer mit dem Flugzeug nach Israel – wobei sie sich immer nach den Ferienzeiten ihrer Verwandten richtete – und ein zweites Mal im Spätsommer mit dem Zug oder Flugzeug nach Kalifornien, inzwischen zu anstrengend geworden. Ihre Kinder finanzierten ihr zwar jedes Mal die teure Reise, doch Rahel spürte immer mehr die Lasten des Alters, das jeden Tag ein wenig stärker und lauter an ihre Lebenstür klopfte und um ungewünschten Einlass bat. Denn Rahel hätte sich wohl noch ein wenig mehr Vitalität und Jugend gewünscht, von der sie einen ihr mehr verhassten als geliebten Teil an das Deutschland der Nazizeit abgeben musste.

Rahel hatte gerade im Januar ihren sechsundachtzigsten Geburtstag wieder ganz allein und ohne Herschel feiern müssen, denn ihr Neffe Richard war wie immer beruflich für seine Firma unterwegs gewesen und ihre beste noch lebende Freundin Esther schon seit Jahren Insassin eines Pflegeheims im Stadtteil Queens, da sie schwer gehbehindert war und nur noch im Rollstuhl in den Park ihres Heims gefahren werden konnte. Rahel durfte sie zwar ab und zu in Queens besuchen, aber die Besuche waren immer nur von kurzer Dauer, da Esther, die vor wenigen Tagen achtundneunzig Jahre alt geworden war, schon nach kurzer Zeit ermüdete und dann ins Bett gebracht werden musste. An ihrem sechsundachtzigsten Geburtstag erhielt Rahel sogar einen Anruf von ihrer Freundin, aber nach ein paar Sätzen wurde das Gespräch schon abgebrochen, da Esther das Sprechen sehr schwerfiel und ihr die Schwester den Hörer aus der Hand nehmen musste. Auch Rahels Sohn und ihre Tochter hatten angerufen, aber auch hier waren die Gespräche aufgrund der weiten Entfernungen nicht sehr lang gewesen. Man gratulierte der Mama herzlich und freute sich schon wieder auf ihren Besuch. Wie in jedem Jahr seit dem Tod von Herschel.

Und Rahels erste und beste Freundin Sarah, die sie noch aus ihrer Berliner Zeit kannte und die mit ihrer ganzen Familie schon sehr früh in die Vereinigten Staaten ausgewandert war, hatte den alten Planeten Erde schon vor Jahrzehnten verlassen, sodass Rahel nichts als die wenigen schönen Erinnerungen an die gemeinsame Kinderzeit in Deutschland und an ihre ersten Jahre in New York blieb. Die Jahre in denen Rahel auch ihren späteren Ehemann Herschel, einen gelernten Schlachter, der damals im Fleischerladen seines Vaters in der Lower East Side arbeitete, kennen- und lieben lernte und in denen sie eine so wundervolle und harmonische Zeit miteinander verlebten. Mitte der fünfziger Jahre heirateten Herschel und Rahel in der Synagoge ihres Viertels in der Lower East Side, wo sich auch ihre erste kleine Wohnung befand, und waren seitdem ein glückliches Paar gewesen, dem Gott zwei wundervolle Kinder, einen Jungen und eine Tochter, geschenkt hatte. Ja, Rahel war sich damals als die glücklichste Frau und Mutter der Welt vorgekommen, denn Herschel war ein liebevoller und gut aussehender Mann und ein guter Vater gewesen, aus dessen Mund man nie ein böses Wort gehört hatte und der immer und stets zu allen Menschen freundlich und zuvorkommend gewesen war. Zehn Jahre später wurde Herschel dann Rabbi in seiner Synagoge, worauf er sich jahrelang neben dem Schlachterberuf vorbereitet hatte. Er hörte mit dem Fleischerhandwerk auf und übertrug sein Geschäft auf seinen Bruder David, der auch von Beruf Schlachter war.

Nun lebten beinahe alle die ihr lieb gewordenen Menschen aus dieser Generation nicht mehr. Nur Rahel war noch da, sie musste der liebe Gott vergessen haben, als er oder sein Engel das letzte Mal die Erde besucht hatten. So schien es Rahel, wenn sie in einsamen Nächten an Herschel und an ihre schönen gemeinsamen Jahre zurückdachte und sich wünschte, bei ihrem Mann zu sein, wo immer dies auch sein mochte.

Als Rahel das erste Mal auf dem Flughafen Ben Gurion in Lod bei Tel Aviv aus ihrem Flugzeug stieg, wunderte sie sich über die gewaltige Hitze in diesem Land. Denn obwohl es erst Ende Mai war, herrschte schon eine Lufttemperatur von fast 28 Grad Celsius, und irgendwie konnte Rahel das afrikanisch geprägte Mittelmeerklima auf die Dauer schlecht vertragen, da sie schon seit Jahren unter einem hohen Blutdruck litt und zwei Herzanfälle auf der Intensivstation eines nahe gelegenen Krankenhauses in Brooklyn gerade so überstanden hatte. Ihr Sohn John erwartete sie schon mit seiner Frau und seiner Tochter, einem Mädchen im Teenageralter und Schuluniform, in der großen Abfertigungshalle des Flughafens, und kurze Zeit später saßen die vier in einem offenen Wagen und fuhren zu Johns Haus in der Nähe von Tel Aviv. John hatte seine Ausbildung als Stipendiat an der Columbia Universität in New York absolviert und entschied sich schon bald danach, nach Israel auszuwandern, wo es ihm, nach einer vorübergehenden Phase der Eingewöhnung, auch sehr gut gefiel, obwohl er die ersten beiden Jahre als Getränkekellner in einem Restaurant arbeiten musste, weil es für Rechtsanwälte und Notare keine Arbeitsmöglichkeiten gegeben hatte. Wenn Rahel ihren Sohn betrachtete, erkannte sie in ihm immer nur den kleinen dreizehnjährigen Knaben, der mit der Bar Mizwa eben zu einem Sohn der Pflicht geworden war, obwohl er sich äußerlich damals in keiner Weise von den anderen amerikanischen Jungen seines Alters unterschied und auch heute äußerlich nichts von einem orthodoxen Juden an sich hatte, sondern eher wie ein moderner israelischer Geschäftsmann wirkte.

Und Rahel konnte sich auch nach wochenlangem Aufenthalt immer noch nicht an die große Hitze des Mittelmeerstaates gewöhnen. Sie liebte, als ehemalige Europäerin und jetzige Nordamerikanerin, den Rhythmus des Wetters in den unterschiedlichen Jahreszeiten, *Frühling, Sommer, Herbst und Winter,* weshalb es ihr auch in Kalifornien bei ihrer Tochter Ana nicht so gut gefiel. Rahel war ein Mensch, der die Natur im Herbst in ihren vielen bunten Farben sterben sehen musste und im Winter den Schnee liebte, denn dann waren Herschel, sie und ihre Kinder meistens durch den Central Park gewandert, um nach Eichhörnchen Ausschau zu halten, die an den Baumstämmen hochkletterten, um kurz darauf in deren Kronen zu verschwinden oder auf den Ästen ihr possierliches Spiel zu treiben.

Wenn es der Familie draußen zu kalt wurde, waren sie meistens in Emmas nahe liegendem Restaurant eingekehrt, einem kleinen Schnellrestaurant, wo ihnen die Hamburger und Donuts bei einer Tasse heißen Kaffees besonders gut schmeckten. Die heißen Sommertage, die auch oder gerade in New York unerträglich sein konnten, verbrachte die Familie oft in einer kleinen Pension am Strand von Long Island, die jüdischen Freunden gehörte, die in den anderen Jahreszeiten manchmal am Wochenende zu Besuch bei Rahel und Herschel in New York wohnten.

Ja, und was Rahel besonders an Israel störte und was auch Herschel bei seinem ersten und einzigen Besuch dort missfiel, waren die vielen Soldaten zur Bewachung gewesen. Junge hübsche Frauen und Männer in Uniform, die überall irgendwo präsent waren, um das Leben der Menschen zu schützen, war etwas, das sie an ihre Jugendjahre in Berlin zurückerinnerte. An die jungen oder fast schon erwachsenen Männer in braunen und manchmal sogar schwarzen Uniformen mit ihren engelhaft schönen und oft so kalten Gesichtern. Freundliche Gesichter und herzenswarme, sympathische junge Menschen konnte man in Israel, im Gegensatz zum Nazi-Deutschland der dreißiger Jahre, sehr viele entdecken, aber Rahel wollte nicht mehr ständig an einen Überwachungsstaat erinnert werden, sondern unter freien Mitmenschen leben, die überall hingehen konnten, ohne einer Bedrohung ausgesetzt zu sein.

Und sie wollte auch niemals mehr an die Nacht zurückdenken, in der sie und ihre Eltern und Geschwister mit ihren Koffern am S-Bahnhof Feuerbachstraße von Lastautos abgeholt wurden, die sie zum Bahnhof Grunewald brachten, wo schon Polizisten und SS-Männer in Schwarz mit Hunden warteten, um die Menschen wie Tiere in Viehwaggons zu treiben, in denen sie zu ihrer Reise ohne Rückfahrtschein aufbrechen mussten. Sie hörte manchmal noch die lauten Geräusche, wenn die Waggons verschlossen wurden, und danach das Weinen der vielen darin eingesperrten Menschen und erinnerte sich an die langen Nächte, in denen sie fror und vor Hunger und Durst ängstlich durch den Stacheldraht vor den Gucklöchern des Waggons den Mond und die Sterne betrachtete, die sie und die anderen lebenden Toten den Weg bis nach Polen still und schweigend begleiteten.

Uniformen, überall nur Uniformen, aber sicher kein Vergleich mit dem Deutschland in den dreißiger Jahren, dachte Rahel. Trotzdem würde sie niemals wieder in einem Land leben können, in dem Freiheit und Sicherheit keine alltägliche Selbstverständlichkeit waren und man dieselben durch Militär beschützen musste. Denn Rahel erinnerte sich auch noch sehr gut an die Angst, in der sie und ihre Familie im Nazideutschland ständig lebten, und an die Nacht, in der die Synagogen in Berlin brannten und man die Fensterscheiben ihres kleinen Ladens, mit den bescheidenen Auslagen darin, einwarf und denselben danach ausplünderte. Die Mutter wäre in dieser Nacht in ihrer Wohnung über dem Laden vor Angst fast gestorben, und der Vater, Rahel und ihre Geschwister mussten sie die ganze Zeit über in den Arm nehmen und beruhigen. Auch alle anderen hatten sich natürlich vor dem plündernden Gesindel schrecklich gefürchtet, obwohl sich niemand wegen der Mutter etwas anmerken ließ, um diese nicht noch mehr zu beunruhigen. Rahel hörte die schweren Stiefelabsätze der Bande schon in Gedanken auf den Stufen der Treppe, die vom Laden nach oben bis zur Wohnung führte. Aber die Männer hatten die Wohnung von innen sicher verbarrikadiert, aus Angst davor, dass die wilde Horde versuchen konnte, hier einzubrechen, wozu es Gott sei Dank in dieser und in den folgenden Nächten nicht mehr gekommen war.

Rahel erzählte ihrem Sohn John bei seinem letzten Anruf zu ihrem sechsundachtzigsten Geburtstag, dass sie nun wohl nicht mehr nach Israel kommen würde, weil ihr das dortige Klima in ihrem hohen Alter, bei ihrer stark angegriffenen Gesundheit, große Probleme bereiten würde, wofür John sofort Verständnis aufbrachte. Aber als es wieder Ende Mai war, packte sie noch einmal ihre Sachen und flog zu ihrem Sohn, dessen Frau Hannah und ihrer Enkeltochter Rebecca. *Ein letztes Mal,* hatte sie zu sich selber gesagt. Sie wollte sie alle noch einmal wiedersehen und sich von ihren Lieben verabschieden, weil sie spürte, dass ihre Zeit auf der Erde bald abgelaufen war und ihr nur noch eine kurze Frist blieb, die sie nutzen musste. Sie hatte in den letzten Monaten zweimal mit Mühe und Not einen schweren Kreislaufkollaps überstanden, litt gelegentlich unter Schwindelanfällen und fühlte sich dabei müde, matt und abgespannt, woran sicher auch die vielen Medikamente schuld waren, die sie ständig einnehmen musste. Aber vom Flugzeug bis zum Haus ihres Sohnes würde alles gut klimatisiert sein, denn Johns Auto sei mit einer modernen Klimaanlage ausgestattet, sodass sich Rahel wegen der Hitze keine Gedanken zu machen brauchte. Das hatte ihre Schwiegertochter Hannah ihr vor ihrem Abflug aus New York seit Wochen am Telefon zu erklären versucht, um sie zu beruhigen und sich keine unnötigen Sorgen zu machen, die Reise aus gesundheitlichen Gründen nicht antreten zu können.

Und Rahel war schließlich noch einmal aus Amerika gekommen. Als sie das Flugzeug auf dem Flughafen Ben Gurion bei Tel Aviv verließ, kam ihr wieder die große, von ihren früheren Besuchen bekannte Hitze entgegen, und sie glaubte, diese aufgrund ihrer stark angegriffenen Gesundheit diesmal nicht zu überstehen. Aber es wurden, trotz aller gesundheitlicher Bedenken und Probleme, vier wunderbare Wochen, die sie bei ihrem Sohn und dessen Familie verbrachte und die sie dem Land Israel und den Menschen auf eine herzliche Weise näher brachte, wie sie es sich niemals vorher hatte vorstellen oder erträumen können. Besonders der Besuch von Jerusalem, das ihr Sohn als die *Seele der Welt* bezeichnet hatte, und die in der Abendsonne schimmernde Kuppel des Felsendoms, würden ihr immer in Erinnerung bleiben. Einer islamischen Legende nach sollte unter der goldenen Kuppel des Doms von Jerusalem ein Steinbock aus dem Paradies ruhen …

Und es kam schließlich sogar so weit, dass sich Rahel nach den vier Wochen wünschte, immer bei ihrem Sohn und dessen Familie bleiben zu können, obwohl sie wusste, dass dies nicht möglich sein würde, weil ihr Zuhause doch in New York und bei Herschel war, obwohl ihr Mann seit drei Jahren tot war und sie sein Grab nur noch sehr selten besuchte, weil sie alles, was mit Sterben und Friedhof zu tun hatte, seit ihren frühen Erlebnissen im Konzentrationslager, so gut es eben ging, aus ihrem Leben und Gedächtnis verdrängte. Und irgendwie glaubte Rahel, ihrem Sohn und vor allem ihrer Schwiegertochter unnötig zur Last zu fallen, weil die beiden voll berufstätig waren, auch wenn sie sich diesbezüglich nichts anmerken ließen und stets liebenswürdig und aufgeschlossen gegenüber ihrer Mutter waren. Aber Rahel wollte nicht so etwas wie *das fünfte Rad am Wagen* sein, und das würde sie früher oder später sicher werden, wenn sie in Israel bliebe, auch wenn ihr dieses Land schon lieb und zu einer zweiten Heimat geworden war. Nein, sie musste zurück nach New York, nach Brooklyn und in ihre schöne Wohnung, in der sie mit Herschel und den Kindern so viele Jahre glücklich gewesen war. Die Erinnerungen lebten noch immer dort in den Räumen, und Rahel würde zurückfahren in die schönste Zeit ihres Lebens, die mit dem Öffnen der Wohnungstür von Neuem lebendig werden würde. Gestalt annähme, denn nur sie selber konnte der toten Vergangenheit mit ihrer Gegenwart zum Leben verhelfen. Ihr den Lebensatem einhauchen. Ja, Herschel wartete dort insgeheim auf sie, seine Rahel, die niemals lange von ihm fort gewesen war. Er würde ohne sie gar nicht zurechtkommen, so wie Rahel ohne Herschel nicht zurechtkam.

Schon beim Zubereiten des Frühstücks würde sie das Gefühl haben, dass Herschel neben ihr stünde und sie beide gleich einen langen Spaziergang durch Brooklyn unternehmen würden, wo eben ein wunderschöner Spätsommer oder Herbst herrschte, den Rahel besonders liebte, obwohl es dem Kalender nach noch Hochsommer war. Aber was machte das schon aus, wenn Rahel sich nur glücklich in ihren Erinnerungen fühlte, denn die bestimmten jetzt ihr Leben im höheren Alter. Ein Leben, das einmal so schön und aufregend gewesen war, auch wenn sie einen Teil davon, nämlich den wertvollsten ihrer Jugend, in Deutschland und im Konzentrationslager verbringen musste. Wenn sich wieder einmal dunkle Wolken am Himmel auftaten und sich Schatten der Bitterkeit, Angst, Verzweiflung und Ohnmacht über ihre Seele schoben, dachte sie zurück an ihren geliebten Herschel, wie er sie bei der Hand nahm und sie zusammen auf einem Ball der Schlachterinnung tanzten, was sie so oft in den ersten Jahren ihrer Ehe getan hatten. Nein, Rahel konnte nur bei ihrem lieben Ehemann Herschel in New York leben, eine andere Alternative gab es für sie nicht, auch wenn dieser in Wirklichkeit nicht mehr da war, gab es doch noch die Umgebung, in der er und Rahel so glücklich gewesen waren.

Als Rahel wieder im Flugzeug saß und sich nicht mehr in allzu weiter Entfernung von New York befand, konnte sie an nichts anderes mehr denken, als an ihr schönes gemeinsames, amerikanisches Leben mit ihrem toten, in ihr immer noch lebenden Ehemann und an ihre Kinder. Als die Ansage kam, dass das Flugzeug aus technischen Gründen, auf die nicht näher eingegangen wurde, leider nicht den John F. Kennedy Airport anfliegen könne, sondern stattdessen auf dem etwa sechsundzwanzig Kilometer von Manhattan entfernten Newark International Airport landen würde, dachte Rahel noch, dass ihr Neffe Richard, falls er nur ein einziges Mal für sie Zeit gehabt hätte, um sie am Flughafen abzuholen, jetzt vergeblich auf seine Tante am Kennedy Airport warten würde. Als Rahel kurz darauf fest eingeschlafen war, dachte sie in ihrem Traum nicht weiter an Richard, sondern wieder an Herschel, bis sich ein älterer Herr über ihren Sitz beugte und sie auf vertraute Weise bei ihrem Namen ansprach. Sie drehte sich langsam um und erkannte den, auf den sie ein ganzes Leben oder noch länger gewartet hatte. Und auf den sie noch immer wartete. So kam es einer älteren und sehr müde wirkenden Reisenden jedenfalls vor.

Als Rahel sich nun in ihrem Traum noch einmal nach ihren beiden Kindern und Enkeln und der goldenen Kuppel des Felsendoms in Jerusalem umsehen wollte, nahm der alte Mann behutsam ihre Hand und dann den kleinen Rucksack, den sie als Gepäck auf Reisen immer mit sich führte, und zwei alte oder ständig wieder neu Verliebte verließen glücklich das Flugzeug. Sie passierten, ohne kontrolliert, aufgehalten oder von jemandem gesehen zu werden, die einzelnen Durchgänge des Flughafenterminals und durchschritten wenig später die riesige Eingangshalle des Newark International Airport, als der Mann für sie beide ein Taxi herbeiwinkte.

Rahel war im tiefsten Innern ihres Herzens froh und glücklich, denn in einer Stunde konnten sie beide vielleicht schon zu Hause sein, und sie würde für Herschel und sich das Abendessen zubereiten. Wie immer um diese Zeit. Auch in New York herrschte gerade ein sehr warmer Sommer, fast wie in Tel Aviv. *Ein schöner Sommerabend für zwei junge und ewig Verliebte,* dachte Rahel in ihrem letzten Traum, und vielleicht würden sie und ihr Mann ihr Abendessen heute einmal auf dem Balkon einnehmen. Sie würde jetzt für immer zu Hause bleiben, nicht mehr irgendwo anders in Amerika oder in Israel, sondern nur bei Herschel – weil ihre letzte und schönste Reise beendet war. Oder vielleicht auch gerade erst begonnen hatte …!

Als der Steward einer eingeschlafenen Passagierin erklären wollte, dass es nun Zeit sei, auszusteigen, konnte er an ihrem lächelnden und vom Alter gezeichneten Gesicht, auf dem ein langes und erlebnisreiches Leben seine Spuren hinterlassen hatte, erkennen, wie glücklich die Frau war, weshalb er sie nicht aufweckte, sondern nur mit einer warmen Decke vollständig zudeckte.

Tante Marie

Novelle

Der Muckefuck ist fertig! Kinder, kommt schnell ins Haus, sonst wird er noch kalt! Die alte und wohlbeleibte Frau von Ende sechzig, die man aber heutzutage wohl weit über die siebzig oder gar achtzig einschätzen würde, schlurfte in ihrem Rock mit der langen karierten Schürze davor, die ihr beide fast bis an die Fußknöchel reichten und mit ihren ausgelatschten Filzpantoffeln an den Füßen, die schon einmal bessere Zeiten erlebt hatten, langsam zurück in das sich vor ihr befindliche rote Backsteinhaus, wo die zwei kleinen Jungen schon sehr bald in der großen Wohnküche wie üblich mit ihrer Großtante Marie, der Schwester der Großmutter mütterlicherseits, ihre frischen Hefestuten in den mit Milch abgekühlten Malzkaffee tunken würden und die herzensgute Tante ihnen vergnüglich dabei zusehen würde, denn sie hatte selber niemals eigene Kinder gehabt und war deshalb glücklich, dass ihr noch im Alter so viel Glück beschert war. Dass sie noch in vorgerückten Jahren an dem Glück der anderen teilhaben durfte, nämlich dem einer liebenden Mutter, das das Leben ihr selber, wie schon erwähnt, verweigert hatte. Sie war einmal als junge Frau in der Hitlerzeit oder schon davor Säuglingsschwester im Ruhrgebiet in der Großstadt Herne gewesen, wohin es sie durch ihre Heirat mit unserem Großonkel Wilhelm verschlagen hatte und nun seit der Pensionierung ihres Mannes von seinem Dienst bei der Deutschen Reichsbahn wieder in ihre eigentliche Heimat, nach Ostwestfalen, zurückgezogen. Ihre Ehe war also kinderlos geblieben, wobei niemand den genauen Grund dafür kannte, denn Tante Marie hatte mit ihrem Mann in Herne ein großes Reihenhaus mit einem kleinen Garten davor bewohnt, das nun vermietet war, womit Platzmangel als Grund für ihre Kinderlosigkeit schon einmal ausschied, ebenso wie finanzielle Gründe, denn der Onkel hatte als Bahnbeamter ganz gut verdient und beide besaßen außerdem noch ein zweites kleines Häuschen in der nahe liegenden Kreisstadt Lübbecke, das vermietet war. Kinderlieb war die gute Tante seit jener Zeit, in der sie sich um die Säuglinge in einem Heim oder Krankenhaus im fernen Ruhrgebiet gekümmert hatte, auch stets gewesen, weshalb wohl nur noch etwas Organisches oder Gynäkologisches bei der Tante als

Grund dafür infrage kam, weshalb sie niemals Kinder bekommen hatte, worüber sich jedoch Mitte bis Ende der fünfziger Jahre auf dem Lande kaum jemand ernsthafte Gedanken zu machen schien, denn die Wehen des Zweiten Weltkrieges, den Deutschland verschuldet hatte oder haben sollte, wie es die Erwachsenen den Kindern oftmals erzählten, lagen nicht allzu lange zurück, und das Wirtschaftswunder der sechziger Jahre stand erst noch bevor.

Tante Marie hatte wie immer ihr typisches freundliches Lächeln, das schon mehr einem breiten Grinsen glich, auf ihrem runden und grundehrlichen Gesicht aufgelegt, denn sie freute sich jedes Mal, wenn die Kinder nach ihren Schularbeiten noch für ein paar Stunden zu ihr kommen durften, weil der Onkel Wilhelm auch oft nachmittags nicht zu Hause war und sie sonst in dieser Zeit allein gewesen wäre. Die Mutter hatte zwar meistens nichts dagegen, dass die Kinder draußen im Garten bei ihrer Tante im nahe gelegenen Nachbardorf Isenstedt spielten, doch der Vater war sehr auf die strenge Einhaltung der schulischen Pflichten seiner zwei Knaben bedacht. Er selber konnte sich wegen seiner ausgedehnten Tierpraxis nicht so sehr darum kümmern, dass seine beiden Volksschüler an der Gestringer Schule, die heute auch *die alte Schule mit dem Türmchen* genannt wird, immer regelmäßig ihre Hausaufgaben erledigten und war deshalb auf die Aufsicht der Mutter angewiesen, die auch gleichzeitig noch ein kleines Brüderchen und den Haushalt nebst Praxis zu betreuen hatte und nur wenig Unterstützung durch eine alte Frau, die mit ihrer Tochter im oberen Stockwerk des Elternhauses drei kleine Zimmer bewohnte, fand. So schwankte die Erziehung der Kinder bisweilen stark zwischen der unausgeglichenen Strenge eines schwer arbeitenden Landtierarztes und der sanften und mildtätigen, fast schon überfürsorglichen Liebe einer jungen Mutter, die in ihrer Haltung ganz durch ihre Tante aus Herne, der Schwester ihrer Mutter, unterstützt wurde. Ja, Tante Marie war eine gute und treue Seele, die wohl niemandem etwas zuleide hätte tun können und die ihre beiden Buben oder Jungs über alles liebte, denn es waren doch ihre Kinder, die sie am liebsten niemals wieder hergegeben hätte.

Doch Kinder werden irgendwann älter, und eines Tages oder schon bald würden zwei Jugendliche keine Zeit mehr haben, neben der Oberschule noch zu ihr nach Isenstedt in das Elternhaus der Mutter an der Kreuzung, die zwei Dörfer voneinander trennt, zu kommen. Um die liebe alte Tante zu besuchen und um am Nachmittag in den Wipfeln der alten, hohen Linden- oder Obstbäume Baumbuden zu bauen, die Hühner vor ihrem Stall mit der Tante zu füttern oder, wenn diese weg war, das Federvieh mit einer Kieselsteinschleuder zu attackieren, sodass es eilig Reißaus nahm und gackernd in der Luke des Stalls verschwand. Oder, was noch bei Weitem schöner und interessanter war, um mit Tante Marie die Eichhörnchen mit Körnern, Kernen und Schalen von Birnen oder Äpfeln und an manchen Tagen, wenn die Tante besonders gut aufgelegt war, mit Haselnüssen zu füttern, denn dies sei die Lieblingsspeise der Eichhörnchen, meinte Marie gegenüber den Kindern. Die Eichhörnchen lebten in einem riesigen Käfig, der in einen alten Lindenbaum eingebaut war, dessen wuchtige Äste wie ein geflochtener Kranz im Kreis angelegt oder wild gewachsen waren. Wegen der spitzen Nagezähne der zwei Hörnchen war der Käfig innen mit Blech ausgeschlagen worden, damit die Tiere sich nicht so schnell nach außen durchbeißen konnten. Auf seinem Boden lagen Nüsse, Tannenzapfen und Holzstückchen verstreut, die die Eichhörnchen zierlich mit ihren Vorderhänden ergriffen und dann daran zu nagen begannen. Danach sprangen die Hörnchen, ohne abzusetzen, bis zu den höchsten Ästen des Käfigs empor, sodass die Kinder ihnen mit ihren Blicken gar nicht so schnell folgen konnten.

Wenn die Jungen am Abend dem Vater von ihren aufregenden Erlebnissen bei ihrer Großtante erzählten, meinte dieser, dass Eichhörnchen auch Eier und den Nachwuchs von Singvögeln fressen würden und er selber einmal gesehen habe, dass ein Eichhörnchen einen ausgewachsenen, schreienden Singvogel weggezerrt habe. Der Papa war ja bekanntlich ein großer Vogelliebhaber und hatte überall in seinem Garten, der mehr wie ein kleiner Wald mit einer großen Rasenfläche davor aussah, viele Vogelkästen aufgehängt, damit die Singvögel dort an heißen Sommer- wie an kalten Wintertagen Unterschlupf finden konnten. Und dem Vater waren natürlich, neben den possierlichen, doch manchmal recht bissigen Hörnchen, auch alle Katzen verhasst, denn Katzen machten gewöhnlich Jagd auf Vögel, wie jedermann weit und breit wusste.

Wenn Tante Marie nicht gerade die Eichhörnchen oder die Hühner fütterte, pflückte sie vielleicht die Weintrauben von den schwer voll Trauben hängenden alten Reben, die die ganze hintere Hauswand des Elternhauses der Mutter unserer Knaben bekleideten und die der Opa, nachdem er als junger Mann und Maurermeister das Haus gebaut hatte, einmal dort anbrachte. Auch die Mutter hatte schon die süß duftenden Trauben als Kind mit ihren zwei Brüdern, die später als Architekten nach Potsdam und Bremen fortgingen, gepflückt.

Ja, eines Tages würden zwei glückliche Jungen aus Zeitgründen oder aus Gründen der Pflichterfüllung gar nicht mehr so glücklich sein, weil ihnen der Ernst des Lebens irgendwie schon einen Strich durch ihre kindlichen Wünsche gemacht hätte. Einen Strich unter einen Lebensabschnitt, der noch gar nicht richtig ausgelebt oder besser ausgetobt war, denn die Baum-Buden waren doch gerade erst vollständig fertiggebaut und bezogen worden und warteten nun auf feindliche Angreifer. Auch die Hühner würden sicher etwas vermissen, wenn die Kinder nicht mehr da wären, um sie mit ihren Kieselsteinschleudern zu beschießen. Ihr Gackern, das schon fast einem Konzert glich, würde für längere Zeit oder für immer verstummen. Vielleicht würden auch die zwei Eichhörnchen nicht mehr ganz so tollkühn und munter auf ihren Ästen herumklettern, wenn Tante Marie allein kommen würde, um sie zu füttern?

Doch konnte die gute alte Tante schon etwas von alledem wissen? Ahnte sie etwas davon, dass die Kinder vielleicht in ein paar Jahren nicht mehr kommen würden und sie dann mit ihrem Mann im Alter allein sein musste? Vielleicht klammerte sie sich an die wenige Zeit, die ihr noch blieb und die ihr das Schicksal und das Leben geschenkt hatten? Die großen Tassen mit dem von der Milch weiß gefärbten Muckefuck dampften, als die Jungen ihre frischen, weißen Stuten vom Bäcker Meyer nebenan, die die Tante just am frühen Morgen eingekauft hatte, in das Kaffee-Gebräu tunkten. Tante Marie hatte sich vorher mit ihrer alten Kaffeemühle per Hand ihren geliebten Ronning Kaffee aus Bremen frisch gemahlen und eine große Tasse davon, ohne einen Filteraufsatz, aufgebrüht. War ihr das Kaffeegebräu zu heiß, goss sie etwas Kaffee aus der Tasse in die Untertasse, die sie langsam im Kreis herumdrehte, um das Getränk aus schwarzen Bohnen danach wieder sachte in die Kaffeetasse zurückzubefördern. Dies tat sie so lange, bis der ursprünglich zu heiße Kaffee eine angenehme Temperatur angenommen hatte. Es war wie ein immer wiederkehrender Ritus, der sich fast schon regelmäßig bei jeder Kaffeestunde bei Tante Marie vollzog, bis die große Tasse der Tante schließlich bis auf den krümeligen schwarzen Kaffeesatz geleert war, den die Tante dann auch noch mit einem Kaffeelöffel genüsslich verzehrte. Bei ganz besonderen Anlässen oder wenn die Tante besonders gut aufgelegt war, schlurfte sie mit ihren besohlungsbedürftigen Hauslatschen in die neben der Küche gelegene, halbdunkle Speisekammer – weil die Tante in den fünfziger Jahren, wie viele Leute, noch keinen Kühlschrank besaß – und holte für die Kinder und sich einen großen Topf mit einem süßlich duftenden Mus, das sie als ihr Pflaumenmus bezeichnete, das sie selber von den Pflaumen in ihrem Garten im Spätsommer oder Herbst eingekocht hatte. Manchmal gab sie auch ein paar Sprüchlein hierzu ab, wobei ich mich, als der ältere der beiden Jungen und der Erzähler, aber nur noch an eines erinnern kann, das mir damals als besonders lustig und wenig nachahmenswert erschien. Sie setzte dabei ihr typisches breites Lächeln auf, das einem halben Grinsen glich, und lallte: *Das Pflaumenmus, das Pflaumenmus, wo man so schön von käckeln muss.* Wir zwei Jungen lachten darauf herzhaft und verschwanden dann nach draußen in den Garten, wobei mein Brüderchen mit einer Leiter einen hohen Lindenbaum hinaufstieg, um an seiner Baum-Bude weiterzubauen und ich die Eichhörnchen beobachtete oder die Hühner mal wieder zum Gackern brachte.

An manchen Tagen *besichtigten* mein Bruder und ich das alte Baugeschäft unseres Isenstedter Opas und inspizierten dabei zuerst die Stallungen für die Schweine, denn viele Einwohner auf den kleinen Dörfern besaßen zu jener Zeit noch eigenes Vieh, auch wenn sie eigentlich keine richtigen Bauern waren. So konnten sie sich selbst versorgen und auch manchmal noch den ausgebombten Städtern eine Hilfe sein. Ja, und an die Schweineställe des Opas, die schon in den frühen Nachkriegsjahren leer standen, grenzte eine große, überdachte Jauchegrube, in die der Großvater, der leider gleich nach dem Zweiten Weltkrieg im Alter von sechsundsechzig Jahren starb – wonach bald darauf sein Geschäft aufgelöst wurde – eine kleine Hitler-Büste versenkt haben sollte, als die Tommys bereits kurz vor dem Landkreis Lübbecke standen. Nun begab es sich irgendwann nach dem Krieg, dass man einem Arbeiter des Baugeschäftes befohlen hatte, die Jauchegrube zu entleeren und sie zu reinigen, wobei dieser ganz entsetzt war, als er plötzlich die Büste des von allen verhassten, aber ehemals verehrten Hitler auf dem Grunde der stinkenden Grube fand. Er nahm die aus wertvoller Bronze angefertigte Büste des früheren Diktators der Deutschen an sich und rannte damit ins Haus und zu unserer Oma, indem er immer fortwährend rief: *Der Hitler ist wieder auferstanden, der Hitler ist wieder auferstanden!* Da aber die englischen Besatzer gerade auf einem Schloss in der Nähe unseres Dörfchens unter Feldmarschall Montgomery wohnten, musste man sehr vorsichtig sein, weshalb die Hitler-Büste plötzlich ganz von allein und für immer verschwand. Ja, der Bronzehitler hatte, im Gegensatz zu seinem Original, die Jauche trotz Krieg und Kapitulation gut überstanden. Weil jedoch manch ein Soldat der Besatzermächte ganz verrückt nach Souvenirs aus der Zeit des Dritten Reiches war, könnte es vielleicht sein, dass der Hitler aus dem edlen Metall der Antike, eingetauscht gegen ein paar Stangen Zigaretten, ein paar Dosen mit Corned Beef oder bittere Orangenmarmelade oder sogar gegen einige Tafeln der begehrten Cadbury Schokolade, heute bei einem Nachfahren eines Tommys in Norwich, Norfolk, in Hull oder Leeds irgendeinen Stubenschrank oder ein Buffet ausschmückt.

Aber seinen *Alten Fritz* hatte der Großvater damals doch für sich behalten, denn er hatte ihn immer sehr verehrt. Den *Alten Fritze*, der voll aus Bronze gegossen war und auch noch in späteren Zeiten, als der Opa schon nicht mehr lebte, das Wohnzimmer unserer lieben Großmutter schmückte, die ihren Mann um einige Jahre überlebte. Der Opa hatte das Schloss des *Alten Fritz* auf seinen Reisen nach Potsdam, wo sein ältester Sohn als Tiefbauarchitekt in einem Baugeschäft arbeitete, schon einige Male besichtigt. Der *Alte Fritz* in Sanssouci war ja schließlich nicht schuld an dem ganzen Dilemma gewesen. An dem Krieg nicht und auch nicht an der Kapitulation. Vielleicht hatte der Hitler ihn zum Vorbild genommen, aber dafür konnte der alte *sorgenfreie* Potsdamer, der sogar als Dichter einen Namen gehabt hatte, ja nichts. Es wäre ihm wohl sicher nicht recht gewesen. Nein, schuld an allem waren nur die Nazis: Der Hitler, Göring, Goebbels, Himmler oder Bormann. Auch die Deutschen konnte man eigentlich nicht als schuldig ansehen, denn sie hatten ja nichts gegen diese Mörderbande auszurichten vermocht. Niemand hatte dies gekonnt, weshalb alle auch nur stille Mitläufer gewesen waren und keine richtigen Anhänger des NS-Regimes oder der Nazis. Nein, man konnte den Deutschen keine Schuld geben. Niemand durfte und konnte dies. Die Tommys nicht und auch die Amis nicht. Auch die Russen und Franzmänner nicht. So dachte der alte Großvater vielleicht oder insgeheim einmal. Er, der ein rechtschaffener und gütiger Mensch war, dem es auch an notwendiger Stenge nicht mangelte und der von Beruf Tischler- und Maurermeister gewesen war und Herr über gut fünfzig Arbeiter, zwei Büroangestellte und einen Architekten, die alle für das Baugeschäft Erich Bongard gearbeitet hatten. Der Hitler hatte die Deutschen getäuscht, er hatte ihr Vertrauen missbraucht und Deutschland *kaputt* gemacht, weshalb er nach der Kapitulation gleich in der Jauchegrube landete. Wenigstens sein Kopf aus Bronze landete dort und würde niemals mehr zum Leben erweckt werden und aus der Jauche auferstehen. Er hatte den Gestank der Jauche schließlich auch verdient und sollte nur dort bleiben bis zum Jüngsten Gericht oder darüber hinaus. Doch der Opa hatte nicht mit der späteren Trockenlegung der Grube gerechnet, weshalb er sich sonst wohl um ein anderes und besseres Versteck gekümmert hätte.

Kinder, eure Mutter ist da, ihr sollt gleich mit nach Hause kommen, ertönte die laute, aber liebevolle Stimme der alten Herner Tante und mein Lausebengel von Bruder steckte seinen Kopf aus einer Öffnung seiner Baum-Bude heraus, um zu erfahren, was der Grund für das plötzliche Kommen der Mama aus dem nahe liegenden Gestringen sein konnte. *Kinder, kommt schnell mit nach Hause, eure Tante Lisa aus Südafrika ist zu Besuch gekommen,* rief die Mutter laut. *Der Papa hat sie aus Minden mit dem Auto abgeholt, und sie sitzen wahrscheinlich schon alle im kleinen Wohnzimmer vor dem gedeckten Tisch, weil das Essen bald fertig ist. Sie hat euch beiden auch etwas aus Afrika mitgebracht. Ein großes schwarzes Nashorn, das aus einem komischen Holz geschnitzt ist und nun auf unserem Kamin steht. Ihr werdet es ja gleich sehen, wenn ihr zu Hause seid. Marie, es tut mir sehr leid, aber Walther besteht nun mal darauf, dass die Kinder sofort mitkommen.* Der alten Tante war es zwar gar nicht recht, dass die Kinder schon so bald nach dem Kaffeetrinken wieder nach Hause mussten, aber gegen die Wünsche der Eltern durfte sie ja schließlich nichts einzuwenden haben, und so entließ sie ihre beiden Buben mit ein paar liebevollen Worten und einem hoffnungsvollen aber dennoch traurigen *Auf Wiedersehen Kinder* aus ihrer Obhut, um sie ihrer eigenen Mutter zu überlassen, die mit dem Rad aus dem Nachbardorf Gestringen gekommen war. Denn ihr blieb nur die Rolle einer Tages- oder Pflegemutter, und die alte Frau schien offenbar vollkommen zufrieden damit zu sein.

Zu Hause wartete schon eine Schar von Leuten auf uns drei, und die Mutter hatte gleich in ihrer Küche mit einer Helferin alle Hände voll zu tun, um die letzten Vorbereitungen für das Essen zu treffen, denn natürlich sollte die Tante aus dem weit entfernten südlichen Afrika zum Abendbrot etwas Gutes vorgesetzt bekommen, weil sie schon so viele Jahre nicht mehr in Deutschland und in ihrem Heimatdorf gewesen war und weil sie sicher nach ihrer langen, anstrengenden Reise mit dem Flugzeug und der Bahn sehr hungrig war. Tante Lisa war eine Schwester des Vaters und zusammen mit ihm, einer jüngeren Schwester und einem Bruder auf einem Bauernhof in Gestringen aufgewachsen. Sie hatte als junge Frau einen Schiffsingenieur aus Bielefeld geheiratet, der beruflich manchmal im Ausland, wie zum Beispiel in Kapstadt in Südafrika, zu tun gehabt hatte, und sie hatte ihren Mann auf seinen Einsätzen, die ihn in weit entfernte Länder führten, oft begleitet. So war sie schon als junge Frau in den vierziger Jahren mit dem Schiff um die halbe Welt gereist, und sie zeigte uns Kindern zahlreiche Fotos davon. Kleine Aufnahmen in Schwarz-Weiß mit gezackten Rändern und mit vielen dicken Fingerabdrücken und Fettflecken darauf. Man konnte sie auf den Fotos einmal mit einem Tropenhelm auf dem Kopf und mit weißen Kniebundhosen bekleidet an der Reling eines großen Ozeanriesen stehen sehen, und ein andermal posierte sie vor den Pyramiden von Gizeh, immer mit einem halb verschmitzten Lächeln auf dem Gesicht, das für die Tante wohl zeitlebens charakteristisch gewesen war. Die Ehe war nach vielen glücklichen Jahren in Hamburg, wo der Onkel zuletzt bei der bekannten Schiffswerft Blohm + Voss gearbeitet hatte, sowie nach der Geburt zweier Kinder, einem Jungen und einem Mädchen, auseinandergegangen, und die Tante hatte die Kinder einfach, natürlich nach gründlicher vorheriger Absprache mit dem Onkel, mit sich genommen und war mit ihnen zurück nach Südafrika gefahren, wo sie sich in Johannesburg eine Wohnung und Arbeitsstelle besorgte. Der Onkel war einem Lehrauftrag an die niedersächsische Technische Hochschule nach Hannover gefolgt, und seitdem gingen die beiden getrennte Wege. Jetzt war sie von Johannesburg über London weiter nach Frankfurt geflogen, soweit ich mich heute noch daran erinnern kann. Mit der Bahn fuhr die Tante dann noch bis Hannover, wo sie schon fast wieder ihre vertraute heimatliche Luft einatmen und kurz darauf ihr geliebtes Plattdeutsch hören konnte.

Als wir zwei Jungen ins große Wohnzimmer mit dem offenen Kamin, in dem aber nur selten ein Feuer brannte, weil dieser nicht so recht ziehen wollte, stürmten, saß unsere Tante Lisa auf der langen dunkelgrünen Chaiselongue dem Kamin gegenüber und hatte ihren kleinen Neffen Sven auf dem Schoß, den die Mutter gerade erst vor einem Jahr im Kreißsaal des nahen Kreiskrankenhauses in Lübbecke zur Welt gebracht hatte und der bis vor noch nicht allzu langer Zeit in den Windeln gelegen hatte. Wir zwei Jungen eilten sofort auf unsere Tante mit unserem Brüderchen zu und wollten wissen, wo sich das schwarze Nashorn befand, das sie aus dem fernen und heißen Afrika mitgebracht hatte. Es wurde plötzlich mucksmäuschenstill im Raum. Nur die Uhr auf dem Kamin tickte wie üblich, als wäre nichts geschehen, als Tante Lisa auf ein schwarzes Ungetüm, das auf der Marmorplatte über dem Kamin stand und das die Tante schon einige Male lebensecht in Südafrika im Krüger Nationalpark gesehen haben wollte, zeigte. Das aus schwarzem Holz geschnitzte Monster hatte seine Ohren zurückgelegt, sodass man jederzeit mit seinem Angriff rechnen konnte, meinte unsere Tante. Obwohl das Nashorn ein Vegetarier sei, könne es mit seinem wuchtigen Horn sämtliche anderen Tiere oder Menschen verletzen. Tante Lisa war sich sicher, dass es sich hier um ein *Schwarzes Nashorn* handelte, das man, im Gegensatz zum *Weißen Nashorn* als aggressiver und unberechenbarer einstufe. Sie habe im Nationalpark in Südafrika schon gesehen, dass so ein Nashorn zu einem Angriff angelaufen gekommen sei, dann aber doch nicht angriff und weitergegrast habe, erzählte sie uns kleinen, neugierigen Zuhörern. Nashörner könnten nämlich nur schlecht sehen, was aber kein Grund dafür sei, nicht wachsam zu sein. Damals im Krüger Nationalpark sei alles noch einmal glimpflich ausgegangen, aber der Schreck säße ihr immer noch tief in den Knochen, das könnten wir Kinder, deren Münder nun vor Spannung weit geöffnet waren und deren Herzen ganz schnell und unruhig klopften, ihr ruhig glauben.

Ja, das schwere Nashorn, das damals über unserem Kamin stand, war aus einem glänzenden afrikanischen Holz von einem der Tante bekannten Künstler geschnitzt worden. Sie habe in ihrer Wohnung hoch über Johannesburg noch mehrere solcher geschnitzter Tiere aus schwarzem afrikanischen Ebenholz von dem dunkelhäutigen Schnitz-Künstler, der in Soweto, einem Township von Johannesburg, leben würde, erklärte Tante Lisa uns Kindern und wandte sich dann wieder ganz ihrem kleinen Neffen Sven zu, den sie liebevoll auf ihrem Schoß hin und her wippte und dem dies augenscheinlich sehr gut zu gefallen schien. Was vielleicht noch hinzugefügt werden sollte, ist, dass die Tante damals zur Zeit der Apartheit noch den Ausdruck *Neger* verwandte, wenn sie von den schwarzen oder dunkelhäutigen Menschen in ihrer neuen Heimat sprach. Vielleicht meinte sie ja, dass wir sie so besser verstehen würden, weil wir noch keine *Neger* bei uns im Dorf gesehen hatten, was vielleicht oder sicherlich auch der Wahrheit entsprach. Trotzdem fand ich diesen Ausdruck, den die Tante dreißig oder vierzig Jahre später nicht mehr in den Mund nahm, als man die Apartheit – wenigstens offiziell – endlich abgeschafft hatte, schon als Kind ziemlich abstoßend und diskriminierend, was die fröhliche und weit gereiste Tante aber bestimmt nicht gemerkt hatte.

Tante Lisa wohnte während ihres Aufenthaltes in Deutschland bei ihrer jüngeren Schwester Leni, die mit einem Holländer namens Jacob de Fries verheiratet war, mit dem zusammen sie ein kleines Häuschen mit Garten, etwa eine halbe Stunde Weg von meinem Elternhaus entfernt, besaß. Da Tante Leni und Onkel Jacob kinderlos geblieben waren und über ein Gästezimmer in ihrem Haus verfügten, war genügend Platz für Tante Lisa aus Südafrika vorhanden, die schon einmal bei einem Besuch in der alten Heimat dort untergekommen war. So hatten Tante Leni und Onkel Jacob, die auch einen großen Colli-Hund namens Bello und eine Siam-Katze namens Lise besaßen, mit denen wir Kinder oft im Sommer auf ihrer Terrasse oder im Garten spielten, für einige Wochen etwas Abwechslung und Unterhaltung, denn die Tante aus Südafrika war sehr unternehmungslustig und hatte fast jeden Tag irgendwelche Pläne, was sie alles noch in ihrer alten Heimat erkunden wollte. Wälder, Felder, Seen, alte Burgruinen und Schlösser, Friedhöfe, auf denen verstorbene Angehörige lagen, die es wieder zu besuchen galt und deren Gräber gepflegt werden mussten und dann noch eine kilometerweit, sich fast bis ins Unendliche erstreckende Kanallandschaft, die an beiden Seiten der Wasserstraße mit Laubbäumen oder dichten Sträuchern umsäumt war. Dazu die endlosen, vertrauten Radwege auf beiden Seiten des Mittellandkanals, der Elbe und Rhein miteinander verbindet. Es gab eigentlich immer genügend Abwechslung für die abenteuerlustige *afrikanische Tante,* die, wenn man ihren Berichten Glauben schenken wollte, an Safaris im südlichen, heißen Afrika, das hinter dem Äquator lag, gewöhnt war.

Als wir Kinder unserer Mutter am nächsten Tag von unserem letzten Besuch bei unserer Großtante Marie erzählten, besonders von dem süßen Pflaumenmus und dem Sprüchlein, das die Tante dazu abgegeben hatte, fing unsere Mutter lauthals an zu lachen, denn sie kannte die Eigenarten ihrer Tante seit ihrer Kindheit sehr gut und war früher schon des Öfteren bei ihr und dem Onkel Wilhelm zu Besuch gewesen. Als junges Mädchen in den Kriegsjahren hatten ihr die Eltern, aufgrund der vielen Bombenangriffe auf das Ruhrgebiet, verboten mit dem Zug nach Herne zu fahren, obwohl die Tante großes Glück gehabt hatte, denn ihr Haus blieb während des gesamten Krieges von Bomben verschont, auch wenn viele andere Häuser in ihrer Siedlung ausgebombt waren. Aber auch die Züge wurden damals von britischen Flugzeugen beschossen, und eine Reise, egal wohin, war in dieser Zeit ein ziemliches Risiko, dem sich niemand freiwillig aussetzen wollte. Die schönen Reiseplakate im weiß getünchten Wartezimmer mit dem Kohleofen in der Ecke in unserem kleinen, mit Holzlatten verschalten Gestringer Bahnhof, blieben somit bloß Dekoration, weckten sehnsüchtig Verlangen nach großen, fernen Städten wie Mannheim, Frankfurt oder München, die wohl die meisten Einwohner der damals winzigen Ortschaft noch nie zu Gesicht bekommen hatten. Aber die sie vielleicht noch einmal in Friedenszeiten zu Gesicht bekommen sollten. Doch wer wusste das schon in so unruhigen Zeiten wie diesen? Meine Mutter erzählte uns Kindern vor dem Zubettgehen immer wieder die Geschichte von ihrer Fahrt ins nahe Kreisstädtchen Lübbecke, wohin sie zum Zahnarzt mit der Bahn gefahren war. Ihr Vater hatte sie vom Dorf Isenstedt noch vormittags mit seinem Wagen zum Gestringer Bahnhof gebracht, und als er sie am Nachmittag dort abholen wollte, war kein Zug angekommen, weil die Tommys die Kanalbrücke, auf der die Gleise verliefen, bombardiert hatten und fortan keine Züge mehr zu den kleinen Dörfern und Städten nach unserer Seite des Kanals hin verkehren konnten. So musste der Großvater sie in Lübbecke mit dem Auto abholen und auch zum nächsten Arzttermin mit unserer Mutter, die damals noch ein niedliches Mädchen mit langen braunen Zöpfen war, mit seinem alten Ford ins sechs Kilometer entfernte Kreisstädtchen über eine andere, von Bomben verschonte Brücke, die nur für Autos gebaut war, fahren, was aber, in Anbetracht der englischen Luftangriffe, auch nicht ganz unbedenklich schien. Man musste wohl bei jeder Fahrt mit dem Auto oder Zug vorher bedenken, ob sie das Risiko wert war. Bomben oder Zahnschmerzen, Zahnschmerzen oder Bomben! Man wollte wohl keines von beiden, und so hielt ein kleines und artiges Mädchen mit langen braunen Zöpfchen die Zahnschmerzen so lange aus, wie es eben ging.

Ja, und einmal, als die Mutter ihre Tante Marie und den Onkel Wilhelm nach Ende des Krieges zur Winterzeit im *Kohlenpott* in

Herne besucht hatte, war ihre Tante, die ja auch von dem Dorf Isenstedt aus Ostwestfalen stammte, sehr darauf bedacht gewesen, dass sofort nach dem Lüften die Fenster wieder geschlossen wurden, weil sich sonst der schwarze Staub von den Kohlenzechen überall in der Wohnung ausgebreitet hätte. Sie müsse Fenster und Gardinen sowieso alle naselang reinigen, denn die Ruß-Luft würde sich durch den Wind überall hin ausbreiten, und man könne so gut wie nichts dagegen tun, meinte die Tante zu unserer Mutter. Sie sei ja selber vom Lande und die gute, saubere Luft gewöhnt, aber ihrem Mann, dem Onkel Wilhelm, würde es nichts ausmachen. Er sei hier geboren und das Ruhrgebiet sei seit jeher seine Heimat. Wenn der Onkel mal in Pension gehen würde, wollten sie beide aufs Land ziehen, was sich dann ja später auch bewahrheiten sollte. Ja, und Sprüchlein hätte ihre Tante Marie aus Herne damals auch schon machen können, meinte die Mutter. Doch sie konnte sich nicht mehr so genau an deren Wortlaut erinnern oder wollte es vielleicht auch nicht, weil wir Kinder für solche Sachen damals wohl noch zu klein waren und manches, das die Marie, die als junges Mädchen einmal Säuglinge gepflegt hatte, von sich gab, wohl nur für die Ohren von Erwachsenen oder solche, die sich dafür hielten, bestimmt war.

Einer unserer letzten Besuche von uns zwei Jungen während der Grundschulzeit – weil wir auf dem Gymnasium oder der Realschule nur noch wenig Zeit hatten, die gute alte Marie zu besuchen – bei unserer Großtante in Isenstedt an der Kreuzung sorgte noch einmal für etwas Aufregung, denn Tante Marie hatte an diesem Tag einen schlimmen Krach mit ihrer Nachbarin Sophie Wallücke, die ein Stockwerk höher in dem großen, alten ehemaligen Elternhaus der Mutter wohnte und auf deren Fensterbänken im Sommer Blumenkästen mit bunten, schnell blühenden Sommerblumen standen. Mein jüngerer Bruder war gerade in seiner hohen Baum-Bude verschwunden und hatte die Luke nach unten vor möglichen gefährlichen Angreifern verschlossen, als wir auch schon das Geschrei unserer alten Großtante vernahmen, die weinend angelaufen kam und uns berichtete, dass Wallückes Sophie, ihre Nachbarin, ihr nach dem Leben trachten würde, weil sie versucht habe, sie mit einem Blumenkasten, der ihr von oben beinahe auf den Kopf gefallen sei, zu ermorden. Mein Bruder, der gleich nach dem Beginn des Geschreis neugierig durch seine Buden-Luke mit seinem lockigen Haarschopf aufgetaucht war, nahm die liebe alte Tante bald darauf in den Arm bzw. umfasste mit seinen beiden Kinderärmchen gerade mal zur Hälfte ihre runde Taille, denn er war ja ihr *Bester.* Ihr Sohn, den sie vielleicht einmal hätte bekommen können, aber den sie dann doch nie mehr bekam. Er versuchte, die alte Frau etwas zu beruhigen, seine liebe Großtante, die doch eigentlich seine Mama hätte sein sollen. *Nun trinken wir erst einmal unseren Muckefuck, Kinder,* meinte die Tante, als sie sich wieder durch den Trost des jüngeren Buben, der sich jetzt mit einer Hand an ihrer Schürze festhielt, etwas gestärkt und beruhigt fühlte. Sie schlurfte zusammen mit uns Kindern am Hühnerstall mit seinen friedlich Körner pickenden Hühnern, am Eichhörnchen-Käfig im großen runden Lindenbaum und am Sandkasten vorbei, in dem wir vor ein paar Jahren noch gespielt hatten. Schlenderte mit uns durch den schattigen Vorgarten mit den Obstbäumen und passierte mit ihren am heutigen Tage *artigen Lausejungen* die alten Weinreben, die an der grauen Hausfassade mit dem abblätternden Putz hochzogen und von denen ein fruchtig-süßer Trauben-Duft ausströmte, in dem die Wärme und die Sonnenstrahlen eines ganzen Sommers lagen. Dann ging sie mit ihren Schützlingen durch eine untere, geheimnisvoll anmutende Diele, in der es auch bei Tage nie ganz hell wurde, zurück ins Haus. Vorbei an dem nicht mehr benutzten Plumps-Klo aus Opas Zeiten, als das Baugeschäft noch bestand, und stieg mit *ihren Kindern* einige Treppenstufen bis zu ihrer Wohnung im Hoch-Parterre empor. Dort öffnete sie die Tür zu ihrer Wohnung und wir betraten einen langen und breiten, auch im Sommer noch kühlen Flur, von dessen Decke ein ausgestopfter Bussard mit seinen ausgebreiteten riesigen Schwingen böse auf die Eindringlinge herabsah, die gerade die Wohnküche betreten wollten. An der linken Seite der Flurgarderobe, neben der Küchentür, befand sich außerdem, auf einem Baumstamm sitzend, ein junger Habicht, dessen scharfe Krallen sich in das Holz hineinbohrten und der angriffslustig die ungebetenen Gäste Auge um Auge betrachtete. Er hatte wohl eher mit ein paar fetten Mäusen, Ratten oder kleinen Tauben gerechnet als mit zwei halb- und einem ganz ausgewachsenen Menschen.

Ich erinnere mich heute daran, die ausgestopften Vögel im *Senioren-Alter* von Tante Marie und Onkel Wilhelm noch einmal kurz gesehen zu haben. Es muss bald nach des Großonkels Tod gewesen sein und kurz bevor die gute Marie in ein Pflegeheim eingeliefert werden musste, weil sie allein in der Wohnung nicht mehr zurechtkam und niemand in der Verwandtschaft ausreichend Zeit gehabt hatte, sich jeden Tag um sie zu kümmern. Als auch meine Mutter wegen ihrer drei, bald schon vier Kinder, der weitläufigen Tierpraxis mit der dazugehörigen Tierapotheke, dem Haus und dem Garten mit Obstbäumen und Gemüsebeeten, nicht mehr jeden Tag nach der alten und kranken Frau sehen konnte. Als es leider auch noch keine Pflegedienste und Tageskliniken für ältere und pflegebedürftige Menschen gab, wie dies heutzutage, selbst auf den entlegensten Kuhflecken, der Fall ist. Und als auch wir Kinder, die wir nun schon als Schüler in die Mittel- oder Oberstufe der weiterführenden Schulen gingen, uns fleißig auf Mathematik, Physik und Sprachen vorbereiten mussten, um unsere Prüfungen zu bestehen und den strengen Augen des Vaters gerecht zu werden, was auch so viel bedeutete, dass die Besuche bei Tante Marie immer seltener wurden, bis diese bei mir, dem Erzähler, als dem älteren der beiden Jungen, schließlich ganz aufhörten. Mein jüngerer Bruder, der *Lieblingssohn* und *Ein und Alles* der lieben Großtante konnte sie noch etwas länger besuchen, bis auch er von seinen Lernverpflichtungen voll und ganz in Anspruch genommen wurde und zudem noch täglich mit der Bahn zur zehn Kilometer entfernten Realschule nach Rahden fahren musste, was mit noch weniger Freizeit verbunden war.

Aber die böse dreinschauenden Raubvögel ließen uns drei, die Tante und uns zwei Kinder, an dem damaligen schönen Sommertag doch noch friedlich in die Küche eintreten, wo wir mit unserer Tante den schwarzen Muckefuck aus den großen weißen Tassen tranken und unsere frischen Hefestuten vom Bäcker nebenan vergnüglich in den heißen Malztrank tunkten. Die Tante schlürfte wie immer ihren mit der Hand frisch gemahlenen Bremer Bohnenkaffee, den sie so lange in ihrer Untertasse hin- und her schwenkte, bis dieser eine ihr angenehme Temperatur angenommen hatte und der alten Frau bekömmlich war und hörte sich diesmal unsere interessante Geschichte von den Stichlingen an, die wir am Tag vorher in einem nahe liegenden Bach mit der Hand eingefangen hatten und die nun in einem großen Einmachglas der Mutter zu Hause im nahen Gestringen auf der Fensterbank unseres Wintergartenzimmers standen. Wir hatten etwas Sand und Kieselsteine und eine Wasserpflanze aus einem Weiher in das Glas mit frischem Wasser getan, damit sich die Tiere wohlfühlen konnten, die aber leider schon ein paar Tage später starben, weil sie wohl nur die Freiheit gewohnt waren und das fließende Wasser eines klaren Baches mit seinen Mückenschwärmen über dem Wasser, den quakenden Fröschen und den Kaulquappen, die sich irgendwann auch einmal in das laute Quakkonzert der ausgewachsenen Frösche einreihen würden. Denn als erwachsene Frösche würden sie sich auch wie Erwachsene ihres Schlags verhalten. So wie wir Kinder auch einmal keine Buden mehr bauen, sondern uns wie *vernünftige Menschen* verhalten würden. Müssten! Keine Kinderspiele, sondern die von Erwachsenen spielen würden. Ein abscheulicher Gedanke, den wir jedoch an diesem Tag mit unseren kleinen, unwissenden Kinderköpfen noch nicht einmal zu denken oder zu träumen wagten. Unsere alte Großtante, die ehemalige Schwester für Säuglinge, hörte unseren Kinderstimmen mit großem Vergnügen zu, und ihre Seele erwärmte sich durch die Erzählung ihrer Jungen. Der Mordanschlag von Wallückes Sophie mit dem Blumenkasten schien vollkommen vergessen, als die Tante ihre beiden Kleinen an die Hand nahm, um noch einmal zurück in den Garten zu dem Käfig mit den Eichhörnchen in dem rund gewachsenen Lindenbaum zu gehen. Sie hatte die Tasche ihrer obligatorischen Alltagsschürze voller leckerer Nüsse, weil sie nun gut aufgelegt schien und deshalb den Hörnchen und natürlich auch uns Kindern an diesem Nachmittag noch eine ganz besondere Freude bereiten wollte.

Als wir Kinder mit unseren Fahrrädern in unsere Siedlung einbogen, die damals noch keinen Namen trug und auch noch keinen Bürgersteig hatte – wohl weil es so gut wie keinen nennenswerten Autoverkehr zu jener Zeit in dem Dorf gab – sahen wir unsere Mutter vor unserem Eingang zum Garten mit der kleinen Eingangspforte davor, welche meistens geöffnet war, stehen. Sie unterhielt sich mit einem Landwirt, der wohl ein Medikament für seine Kühe, Pferde, Schweine oder Hühner gekauft hatte oder der einen neuen Termin mit dem Tierarzt vereinbaren wollte, damit dieser auf seinem Hof vorbeischaute. Unsere Mutter lachte und meinte, dass unsere Tante Lisa gerade im Wohnzimmer sei und unserem Brüderchen Sven etwas vorlesen würde. Sie würde sich sicher freuen, auch uns Ausreißer mal zu Gesicht zu bekommen. Als wir das Wohnzimmer betraten, saß unsere *afrikanische Tante* zusammen mit unserem kleinen Bruder Sven, der sich bei ihr auf dem Schoß befand, auf der dunkelgrünen Chaiselongue vor dem Kamin und erzählte dem artigen Buben die Geschichten von Pinocchio, die sie wohl in Englisch ihren eigenen Kindern in Johannesburg schon oft vorgelesen oder erzählt hatte. Sie hatte wieder ihr so vertrautes und verschmitztes Lächeln aufgesetzt, das so typisch für sie war. Und ich erinnere mich heute noch daran, meine Tante Lisa niemals in Röcken gesehen zu haben. Stets trug sie Hosen oder Hosenanzüge, was für die damalige Zeit für eine Frau auf dem Land nicht unbedingt die übliche Norm war. Die weltgereiste Tante setzte sich über die dörfliche Norm hinweg, was ich schon damals ganz toll fand. Sie trug keine Stöckelschuhe, legte kein Make-up auf und hatte auch keine lackierten Fingernägel wie unsere Bremer oder Berliner Tanten, denn sie hatte das Leben, fast so wie ein Mann, voll im Griff. Ja, auch ohne Ehemann in einem so weit entfernten Land wie dem südlichen Afrika, sicher und voll im Griff. So schien es mir damals, scheint es mir heute wenigstens noch manchmal. In ihrer schön eingerichteten Mietwohnung mit dem großen Balkon, hoch über den Dächern von Johannesburg, die sie sich selber, ganz ohne fremde Hilfe, verdient hatte. Wir begrüßten unsere Tante, die wir wegen ihres Urlaubprogramms in ihrer alten Heimat nur selten zu Gesicht bekamen, kurz und rannten dann durch die geöffnete Balkontür über den Freisitz in den sommerlichen Garten. Es war ein herrlicher Sommer gegen Ende der fünfziger Jahre. Alles grünte und blühte. Wir rannten vergnügt um die Wette, bis uns die Puste ausging. Es war ein Sommer, wie es noch viele davon in den kommenden Jahren und Jahrzehnten geben sollte, bevor in das große Haus so viel Einsamkeit und bisweilen auch Tod einziehen würde. Wir Kinder lachten, und es war ein frohes und helles Kinderlachen. Ein Sommer-Lachen, das so viel Freude und Licht in sich barg. Das Licht von Sonne und Mond zugleich.

Doch das unbeschwerte Kinderlachen ist nur ein Traum, der wie alle Träume einmal zu Ende gehen muss, weil Träume zu schön sind, um immer wahr zu sein. Oder aber ist es doch kein Traum, sondern Wirklichkeit? Geträumte Wirklichkeit, eben solche mit einem kleinen Fünkchen Wahrheit darin! Auf jeden Fall kommen unsere Mutter und unser Vater, zwei Lausejungen und ein kleines Brüderchen, Tante Lisa, Tante Leni und natürlich die gute alte Marie in dem schönen Traum vor. Und noch viele andere mehr, die hier nicht genannt werden. Dann schauen wir drei Jungs und unsere viel später geborene Schwester, die wir heute längst keine Kinder, sondern selber schon alt oder wenigstens um sehr viele Jahre älter sind, uns um und sehen einen wunderschönen Garten mit vielen bekannten Gesichtern darin. Das Tor zu unserem früheren Vorgarten, dem Rosengarten vor unserem Elternhaus ist geöffnet, und hunderte von Menschen strömen herein. Sie bleiben jetzt immer in dem schönen Sommergarten, denke ich, denken wir, obwohl sie eigentlich schon lange nicht mehr sind. Tante Marie ist eine der Besucherinnen des Sommerfestes. Sie hat ein neues buntes Kleid mit gestickten roten Rosen darauf an und hat zum Fest ihre alte Schürze mit den Pflaumenmusflecken daheim in ihrer Wohnküche, neben der Speisekammer, hängen lassen.

Als die Sonne an diesem Tag untergeht und es langsam dunkel wird, verabschieden sich auch vier Geschwister voneinander, die zu den wenigen gehören, die nach dem Sommerfest noch übrig bleiben. *Es war ein herrlicher Tag voller Wärme und Sonnenschein,* denke ich heute noch manchmal. *Es war ein Tag, von dem es damals so viele gab und der niemals hätte vergehen dürfen.* Drei Brüder und eine Schwester verschwinden leise im Hintergrund eines Traumbildes. Schweigend, jedoch überglücklich steigen sie die Treppe vor dem Freisitz des Elternhauses hinauf, das wie ein verwunschenes kleines Schlösschen den Festtag und all die vielen vergangenen Stunden miterlebt hat. Nein, Tage, Monate und viele Jahre Anteil nahm oder wenigstens passiver Begleiter war. Als die Sonnenstrahlen am nächsten Morgen den neuen Tag ankündigen, ist alles wohl nur ein Kindermärchen gewesen, das die Tante aus Südafrika uns Buben damals auf ihrer Chaiselongue erzählt hatte. Auch unsere liebevolle Tante Marie aus dem nahen Isenstedt kommt darin vor und wartet sicher schon wieder ungeduldig auf ihre beiden Kleinen, die die ganze Nacht von den possierlichen Eichhörnchen in dem großen Käfig im alten Lindenbaum geträumt haben, die die alte und rüstige Frau an besonders guten Tagen immer mit Nüssen verwöhnte. Die Herner Großtante nimmt in dem Märchen die beiden Jungs bei der Hand, einen zu ihrer Linken und einen zu ihrer Rechten. Sie dürfen heute bis zum frühen Abend bei ihr bleiben, weil die südafrikanische Tante schon über Minden und Hannover bis nach Frankfurt und dann via London nach Johannesburg abgereist ist. Marie hat wie fast immer ihre alte karierte und schon etwas ausgefranste Küchenschürze umgebunden und die ausgelatschten Filzpantoffeln an den betagten Füßen, als die drei die Weinreben am Haus passieren und auf den Käfig mit den Hörnchen im Lindenbaum zusteuern.

Gegen Abend würden die beiden Jungen wieder mit ihren Rädern zu ihren Eltern ins nahe Gestringen zurückfahren. Aber bis dahin war noch so unendlich viel Zeit. Über ein halbes Jahrhundert Zeit. Denn so lange mussten der Traum oder das Märchen gedauert haben, das ein älter gewordener Junge, der auf die Sechzig zuging, eben geträumt hatte. Es war so still in dem alten Elternhaus nach dem Traum geworden, nur die Uhr auf dem Kamin hörte man noch leise ticken. Ganz leise, so wie damals, als die nun lange abgereiste Tante von ihrem Erlebnis mit dem Nashorn erzählte. Es stand noch immer da, das aus schwarzem Ebenholz geschnitzte Tier, und vermittelte dem heute alt gewordenen Jungen spannende Geschichten. Die Geschichten von dem fernen und unbekannten Land, dem südlichen Afrika, das jenseits des Äquators lag. Dem Land, das der Vater den Kindern einmal auf dem Globus in seinem Arbeitszimmer im oberen Teil des Hauses gezeigt hatte. Ja, die Geschichten der Tante Lisa, die sie vor über fünfzig Jahren ihren Neffen im Wohnzimmer vor dem Kamin erzählte, waren wie die Märchen aus Tausend und einer Nacht. Märchen, die niemals vergingen, sondern in erwachsenen Kinderherzen weiterlebten.

Draußen war wie damals ein herrlicher Sommertag mit Sonnenschein vor einem blauen, fast wolkenlosen Himmelszelt. Ein wieder einmal träumender *Junge* erhob sich langsam von der ehemals dunkelgrünen Chaiselongue, die nun einen neuen beigefarbigen, samtigen Bezug erhalten hatte und begab sich zur Tür, die auf den Freisitz hinausführte. Er öffnete sie und trat ins Freie, als ihm der betäubende Duft von hunderten von Blumen entgegenströmte. Denn so empfand es im Augenblick der Alte mit der empfindsamen Seele eines Jungen. Eine dicke Hummel hatte sich auf den linken Ärmel seines roten Pullovers gesetzt, und er verscheuchte sie nicht, wie er es als Kind, aus Furcht, gestochen zu werden, sicher getan hätte. *Ich bin heute ein ganz anderer Mensch*, dachte der Mann. *Nicht mehr der Junge von damals, denn ich empfinde die Dinge ganz anders als früher.* Und dann: *Ich muss noch einmal dorthin zurück, wo wir als Kinder immer so glücklich gewesen sind, in den Garten der Kindheit. Unserer Kinderzeit. In unseren Spielgarten und zu den Eichhörnchen im nahen Isenstedt zur guten alten Marie, die es nun seit Jahrzehnten nicht mehr gibt,* dachte er wohl noch, indem er bedächtig und mit angemessener Vorsicht als ein Mann im fortgeschrittenen Alter die Stufen des Freisitzes hinabstieg und sich dabei mit seiner rechten Hand am weiß gestrichenen Geländer festhielt. Wonach er über die grüne, frisch gemähte Wiese ging und zwischen den hohen Bäumen mit den Vogelkästen daran, den wild wachsenden Büschen und unzähligen bunten Blumen des Gartens seiner Kinderzeit langsam verschwand. So, als hätte es ihn und seine Zeit niemals gegeben. Als ein Schmetterling und eine Libelle fast lautlos in der brütenden Sommerhitze über die grüne Wiese dahinflogen, träumte ein Kind wieder sein Lieblings-Märchen, das sich ein Junge immer schon so gewünscht hatte und das in Wirklichkeit vor vielen Jahren oder jetzt erst begann.

Sara

Novelle

Ob es Sara wirklich jemals gegeben hat, fragen Sie mich. Ob sie vielleicht nur eine Fiktion war oder sogar einer wahnhaften Vorstellung meiner mir unbekannten Gehirnstrukturen entstammte, frage ich mich oft selbst. Ich kann es Ihnen nicht mit absoluter Gewissheit sagen, weil ich es wohl selber nicht genau weiß. Oder weiß ich es doch und möchte diesen unbekannten, dunklen Teil meines Wissens zu einem Teil meines inneren Menschen werden lassen, der für andere – und vielleicht auch für mich selbst – noch unzugänglich ist und allerhöchstens in verschlüsseltem Zustand das Licht der Welt und die Menschen erreicht? Und auch mich selbst erreicht? Ich habe momentan nur irgendwie ein wenig trügerisches Gefühl, als wenn ich, Jean Perrin, gerade eben von ihrer Beerdigung kommen würde, die so oder anders irgendwo in Paris stattgefunden hat und die mich ein wenig traurig, nein, nehmen wir besser den Ausdruck *melancholisch*, gestimmt hat, weil ich denke, mit dem Tod von Sara etwas verloren zu haben, das ein Stück von mir selber war. Vielleicht immer noch ist und das selbst das Ende eines tatsächlichen oder virtuellen Lebens niemals vollständig oder ganz und gar auslöschen kann. Ich würde meiner kleinen Sara gerne ein Requiem in Notre Dame de Paris von einem bekannten Opern-Chor singen lassen oder eine berühmte Fado-Sängerin aus Portugals Hauptstadt Lissabon zu ihrem Andenken engagieren. Aber ich weiß auch, dass es nichts an dem, was geschehen ist, ändern könnte und meine momentanen Kräfte nicht ausreichen würden, mein Vorhaben aktiv in die Tat umzusetzen.

Sie fragen mich, was für ein Mensch Sara eigentlich war? Wie sie gelebt hat und mit wem? Ja, dies ist wohl eine lange Geschichte, eine, die vielleicht noch nicht ganz abgeschlossen ist. Deren Anfang und Ende auch für mich noch zum Teil im Dunkeln liegt. Oder ein Traum von einer Geschichte, die nur geträumt wurde und in meiner sehr regen Einbildung und Fantasie stattgefunden hat. Sara war eine Dame von Welt. Oder war sie etwa eher eine von Halbwelt? Vielleicht stammte sie aus einem mittelmäßigen Kriminalroman in gutbürgerlichem Milieu oder einem alten, berühmten, doch etwas angestaubten französischen Film mit Jean Gabin und der

Signoret aus den Vierzigern oder Fünfzigern? Als ich Sara das letzte Mal sah, war sie eine attraktive junge Frau von siebenundzwanzig Jahren, die Jugend, Frische und Schönheit ausstrahlte und von deren Äußeren die Männer hingerissen waren. Jedenfalls diejenigen, die sich etwas aus jungen und schönen Frauen machten, so wie ich, ein sich noch jung fühlender Dramaturg und Regisseur, der seit einigen Jahren eine Stelle an einem Theater an den Champs-Élysées hatte und der vor einem Monat seinen vierundvierzigsten Geburtstag feierte. Was möchten Sie gerne wissen, ob ich in irgendeiner mehr oder weniger intimen Beziehung zu Sara gestanden habe? Nein, in einer intimen Beziehung zueinander standen wir beide niemals, obwohl ich es mir manchmal vielleicht gewünscht hätte. Sara hatte immer irgendeinen *Freund,* der stundenweise bei ihr wohnte und mit dem sie gelegentlich unterwegs war. Einmal brachte sie sogar eine ihrer zahlreichen zahlenden Männerbekanntschaften zu unserer Verabredung mit. Doch zwischen uns beiden gab es immer nur so etwas wie eine Freundschaft unter zwei Menschen, die sich gut vertraut sind, weil sie das Gefühl haben, sich schon sehr lange zu kennen. Oder sollte man vielleicht besser von einer Seelenverwandtschaft sprechen – einer Verwandtschaft zweier Seelen, die sich überaus ähnlich sind? Vielleicht, doch finden Sie es besser selber heraus, liebe Leser.

Ich kenne Sara nun seit Anfang der neunziger Jahre, also seit zirka fünf Jahren, und mir kommt diese Zeit manchmal wie der Beginn einer Ewigkeit vor. So, als hätte ich vorher niemals jemanden anderen intensiv und wirklich gekannt und würde auch niemals wieder jemanden anderen so *intim* kennenlernen, obwohl sie mir nach wie vor viele Rätsel aufgibt.

Aber wenn ich bei dieser Frau von *intim* spreche, muss ich bemerken, dass man diesen Begriff nicht missverstehen darf, denn wie gesagt, gab es zwischen Sara und mir niemals irgendwelche körperlichen Intimitäten. Trotzdem kann ich sagen, dass es für einen Menschen, wie Sara einer war, keinen körperlichen oder seelischen Ersatz gibt. Geben kann. Für jemanden, den man so sehr verehrt und geliebt hat, wie ich es tat, selbst wenn diese Liebe nur auf einer rein geistigen oder seelischen Ebene stattfand. Und selbstverständlich auch nur von meiner Seite ausging, denn über die Gefühle von Sara konnte ich mir damals wie heute nicht vollständig Klarheit verschaffen.

Nun, es war ein Zufall, dass ich Sara – deren Namen ich bis zu diesem Zeitpunkt natürlich noch nicht kannte, sondern erst an späterer Stelle erfuhr – überhaupt traf und kennenlernte, weil ich zufällig an dem Tag gerade einen Freund, der in einer kleinen Seitenstraße des Boulevard de Strasbourg lebte, besucht hatte. Er, ein avantgardistischer Künstler, hatte nicht viel Zeit für mich, weil er mit den Vorbereitungen zu einer Ausstellung von irgendwelchen modernen spanischen Skulpturen und Gemälden beschäftigt war, und so ging ich danach noch in das nahe liegende, mir bekannte kleine Café Anglais, wo ich schon früher oft mit meinem Freund gewesen war, um ein Sandwich und eine Tasse Kaffee zu mir zu nehmen. Als ich am Tresen stand, habe ich Sara das erste Mal gesehen. Sie trug einen hellblauen Sommermantel mit großen Revers an den Seiten und sah etwas bleich aus, als sie zur Tür hereinkam. So, als hätte sie der Sommer noch nicht ganz erreicht oder als sei sie ihm bisher aus dem Wege gegangen. Oder als hätte sie einfach eine Jahreszeit übersprungen und befände sich bereits im späten Herbst oder kalten Winter. *Wie eine kleine, viel zu weiß geschminkte, zierliche Tänzerin in einem russischen Eisprinzessinnenballett,* kam es mir in den Sinn. Zart, zerbrechlich und scheu und irgendwie hilflos auf der Bühne ihres Lebens, das wohl weniger ein Ballett war. Sie schaute nach unten und dann zur Seite, als sie eine Tasse Kaffee an der Bar des Cafés bestellte, so als wollte sie keinen Kontakt zu den Menschen in ihrer unmittelbaren Nähe herstellen. Wollte diese nicht näher an sich und an ihr Leben heranlassen. Heute, wo mir die tieferen Ursachen ihres Verhaltens einleuchten, würde ich wohl auf ein mangelndes Selbstwertgefühl bei ihr tippen. Jetzt, wo ich die Geschichte von Sara weitgehend kenne, die ich damals im Augenblick meiner ersten Begegnung mit ihr ja noch nicht kannte. Eine äußerst nervöse und in Mimik und Gestik zerstreut und sich mit den Gedanken woanders befindliche Frau nahm die Tasse mit dem heißen Kaffee vom Garcon entgegen und trank sie in hastigen Zügen leer.

Sie zahlte dann schnell und war in wenigen Minuten wieder draußen auf dem Gehweg unter den Passanten, wo sie in der Menschenmenge untertauchte und verschwand.

Ich wünschte mir einige Tage später, diese Frau einmal zu treffen, um mich mit ihr zu unterhalten. Sie hatte etwas, vielleicht nur für mich erkennbar, von einer Heiligen und gleichzeitig von einer Hure an sich. Von einer heiligen Hure wäre sicher die exaktere Bezeichnung gewesen. Von einer Maria Magdalena, die vielleicht noch irgendwann einmal ihrem Herrn begegnen würde, wenn sie ihm nicht schon vor langer Zeit begegnet war. Ihn dabei einfach übersehen hatte, weil ihr Herz voll von anderen Dingen – Sorgen und Problemen ihres Alltags – und deshalb blind gewesen war.

Ich habe eine besondere Affinität und Schwäche für Menschen wie sie, denke ich heute. Für die *kaputten Existenzen,* die sichtbar gefallen sind und doch etwas sonderbar Heiliges an sich haben, weil Gott gerade für solche, die am Rande stehen, gestorben ist. Die irgendwie aus- oder gotterwählt sind und es selber nicht erkennen. Auch nicht fühlen und sonst wie wahrnehmen, weil ihre Sinne und Gedanken noch in eine ganz andere Richtung gehen. Sara, die kleine *putain* mit dem engelhaften Gesichtsausdruck. Dem Gesicht der Madonna und gleichzeitig dem der vom rechten Weg Abgefallenen. Zwei Gesichter, die sich überlagern und hintereinander auftreten. Sich oftmals schnell abwechseln.

Ja, Sara erschien mir wie die Ehebrecherin, die man steinigen wollte und die Jesus gerettet hatte, als er zu der Menschenmenge sprach: *Wer unter euch ohne Sünde ist, der werfe den ersten Stein auf sie.(1)* Die Frau, die er nicht verurteilte und die er bat, dass sie hinfort nicht mehr sündigen sollte. Und die Frau, die er segnete und die ihr Leben danach grundlegend änderte. Vielleicht hatte die Frau später wirklich nicht mehr gesündigt oder sie war, wie alle anderen normalen Menschen, auch nicht unfehlbar und eine Sünderin geblieben? Sicher würde Sara im Alter noch zu einer Art Heiligen werden, dachte ich später nach meiner ersten Begegnung mit ihr, denn viele von diesen Huren werden im Alter zu Nonnen oder Heiligen. Vielleicht wären sie auch früher schon zu *anständigen Menschen* geworden, wenn die Lebensumstände es ihnen nur erlaubt hätten! Ihre sozialen Möglichkeiten besser gewesen wären! Vielleicht, doch wer wusste das schon bei einer jungen Frau wie Sara?

Nun, bei Sara waren die Lebensumstände von vornherein nicht gut gewesen. Sie hatte manche Möglichkeiten, nein, hatte eigentlich niemals eine richtige Möglichkeit gehabt, wenn man von ihrer Gesundheit und einer durchschnittlichen Intelligenz absieht, in der sie in keiner Weise benachteiligt zu sein schien, soweit ich dies beurteilen kann. Der Vater ein Alkoholiker und die Mutter zeitlebens eine kränkliche kleine Frau, die drei hungrige Kinder durchbringen musste. Sie meinen, das übliche kaputte Klischee bei derartigen Geschichten? Aber nein! Geboren wurde meine kleine, in meiner Fantasie viel zu weiß geschminkte, zerbrechliche Primaballerina unweit der Porte Saint-Denis und dem schon erwähnten Boulevard de Strasbourg. Es war die Gegend in der sie die meiste Zeit ihres Lebens verbrachte und die sie vielleicht zu der werden ließ, die sie heute war. Die Gegend, aus der sie zu fliehen versuchte – wie ich es mir oft in melodramatischen Bildern vorstelle – und in die sie doch immer wieder zurückkehrte. In die elterliche Wohnung, die es nun seit ein paar Jahren nicht mehr gibt, und später in ihr Zimmer in einem ziemlich schäbigen und heruntergekommenen Mietsblock. Das Zimmer von Sara, das ich weder als ihr Freund noch als der eingebildete Geliebte, als der ich mich manchmal in meinen Träumen sah und als der ich mich heute noch gelegentlich sehe, jemals betreten habe. Der Raum, von dem ich aber eine genaue Vorstellung habe, denn Sara hatte mir ihr Zimmer oder ihre kleine Einzimmerwohnung des Öfteren exakt bis in alle Einzelheiten beschrieben. Sie erzählte mir, dass sie ihr Heim, wie sie es gelegentlich nannte, im Laufe der Zeit immer wieder verändern würde, je nachdem, wie sie sich gerade fühlte und ob ihre finanziellen Mittel es ihr erlauben würden. So wechselten die Farben oder Tapeten an den Wänden, sowie auch die Vorhänge vor den Fenstern gelegentlich, auch wenn die Möbel und Bilder stets die gleichen blieben, denn Sara konnte sich von ihren liebgewordenen Erinnerungen nicht trennen. Sie waren ihr ans Herz gewachsen wie Menschen, denen man auf seinem Lebensweg begegnet und von denen man sich nicht mehr trennen kann.

Ja, für Sara waren ihre Bilder vielleicht noch wichtiger als die Menschen, die ihren Weg durch ihre Kindheit und Jugend säumten, weil diese ihr nicht so viel Gutes gebracht hatten. Nicht die Liebe und Wärme oder das Gefühl von Geborgenheit, das ein junger und heranwachsender Mensch eben braucht. Ihre wenigen Habseligkeiten: Die Möbel, Fotos und Bilder konnten die junge Frau niemals verletzen, wie dies Menschen oft getan hatten. Es waren einfach nur lieb gewordene Erinnerungsstücke. Ja, Sara war sogar von ihren nächsten Verwandten, ihren Eltern gekränkt worden, weil sie von ihnen oft mit Gleichgültigkeit behandelt wurde. Von ihrem eigenen Fleisch und Blut niemals richtig angenommen worden war. Denn die Eltern von Sara hatten nicht genügend Zeit und Kraft gehabt, sich um ihre drei Kinder ausreichend zu kümmern, die sich schon früh selbst überlassen blieben. Sie konnten nicht die Liebe aufbringen, die sich ein kleines Mädchen und ihre zwei jüngeren Brüder gewünscht hätten, weil sie selber vielleicht nie richtig Liebe erfahren hatten und ihnen das Leben nur mit seiner Härte begegnet war. Sara war einfach in das Leben hinausgeworfen worden wie ein ungewolltes Baby, das man hatte abtreiben wollen und das dann doch mehr unerwünscht als erwünscht, mehr tot als lebendig, das Licht der Welt erblickt hatte. Hatte es das Kind im Mutterleib etwa schon gespürt – die Abneigung der Eltern, insbesondere die der Mutter, die es neun Monate lang in und mit sich trug? Sara machte manchmal diesen Eindruck, weil sie irgendwie in ihrer Persönlichkeit gestört zu sein schien. Sie ließ die Menschen, denen sie so viel bedeutete, oft nicht nahe genug an sich herankommen wie ein Mensch, der sich innerlich nach Liebe und Zärtlichkeit sehnt und dann doch panische Angst davor hat, von anderen Menschen berührt und in den Arm genommen zu werden. So blieb sie immer das kleine Kind, das einmal die Zärtlichkeit und Nähe der Mutter suchte und von dieser zurückgewiesen wurde. Sie blieb zeitlebens in ihrer Bindung an andere Menschen gestört und konnte auch niemals selbst eine tragfähige Beziehung aufbauen, weil sie in einer anderen Person immer ihre eigene Mutter wiedererkannte, die die Liebe des kleinen, schüchternen und ängstlichen Mädchens zurückwies, als dieses sie so dringend benötigte. Und die von der Mutter umklammert wurde, wenn sie versuchte, frei zu sein. Alle normalen Beziehungen, die eine junge Frau zu Männern hatte oder hätte haben können, mussten früher oder später daran scheitern. Denn entweder fühlten sich die Männer von zu viel Umklammerung überfordert oder wurden von der Frau, die niemals mütterliche oder väterliche Liebe erfahren hatte und in den entscheidenden Phasen und Situationen ihres Lebens allein geblieben war, aus einem Gefühl der Angst, noch einmal allein gelassen zu werden, mit Kälte und Verachtung zurückgewiesen. Um die Erfahrung ihrer Verletzung im frühen Kindesalter nicht noch einmal durchzumachen. Ambivalenz kindlich-erwachsener Gefühle, aus der heraus die Beziehungen von Sara niemals erfolgreich sein konnten, sondern nach kurzer Zeit für beide Parteien, Mann und Frau, zu einer unerträglichen Qual wurden.

Aber was macht es heute noch für einen Sinn, eine Beschreibung eines Charakters aufzuzeichnen oder sich an den Versuch eines Psychogramms eines Menschen zu wagen, der einem einmal so viel bedeutet hat und für den man selber vielleicht unwichtig war? Natürlich kann ich Sara keine Vorwürfe machen, dass sie meine Gefühle niemals wirklich erwidert hat. In einer Art, in der ich es vielleicht erwartet hatte. So blieben wir zwei immer nur gute Freunde. Bruder und Schwester, die einander verstanden. Wir waren wie Menschen, die die Dinge um sich herum in der gleichen oder ähnlichen Weise wahrnahmen und erkannten, weil wir Seelenverwandte waren. Doch mir war diese Art von Beziehung immer viel zu wenig: das Verhältnis zu Sara auf einer rein seelischen Ebene. Oder sollte man vielleicht besser von Gefühlsebene sprechen? Sara musste es jedoch gefallen haben, einen Menschen zu finden, der ihr die notwendige Distanz verlieh. Eine lebensnotwendige Grenze zu ihr aufrechterhielt, ohne die der kleine Vogel niemals hätte fliegen können, weil ihn die zusätzliche intime Nähe zu einem anderen, viel größeren Vogel, der wohl ich war, sicher umgebracht hätte. Denn diese Art von intimer Nähe hatte der kleine Vogel in seinen vielen Kontakten zu anderen Männern, die ihm kaum jemals viel bedeutet hatten, schon mehr als genug gehabt. Was Sara fehlte, war eine Art innere Befreiung von einer zu engen Verkettung an Männer, denen sie körperliche Befriedigung verschaffte und die ihr dabei seelisches Leid zufügten. Dafür war ich gerade gut genug und der richtige Mann: Einer der ihr half, sich von den vielen, mehr *ungeliebten* Kontakten der unzähligen Nächte zu befreien. Ich war nur so etwas wie ein passender Gegenpol, der ihr seelisches Gleichgewicht aufrechterhielt. So kam es mir damals, kommt es mir manchmal heute vor.

Nach meiner anfänglichen Beschreibung der Person von Sara und der wesentlichen Merkmale unserer Beziehung möchten Sie, meine lieben Leser, sicher etwas mehr über das Leben erfahren, das Sara und ich führten. Nein, ein wirkliches Zusammenleben hat es, wie ich schon erwähnte, zwischen Sara und mir niemals gegeben. Es waren immer nur kleine Phasen und Lebensabschnitte, die wir gemeinsam, mehr oder weniger glücklich oder bisweilen auch unglücklich, verlebten. Ja, Abschnitte des höchsten Glücks und gelegentlich auch solche der tiefsten Traurigkeit. So wie man aus höchsten Himmelshöhen gleich wieder auf den Erdboden herunterfällt, so waren auch die Augenblicke, die Sara und ich zusammen verlebten. Eine dieser letzten schönen und doch zugleich traurigen Begebenheiten war eine kurze Zeit der Glückseligkeit, als ich vor meiner Abreise nach Lissabon meinen kleinen Singvogel das letzte

Mal glücklich singen hörte. Wir standen an einem noch warmen Spätsommerabend auf dem Bahnhof Montparnasse im Südwesten von Paris und warteten auf den Zug, mit dem ich in Kürze nach Portugal abfahren würde. Sara strahlte, so wie sie noch niemals vorher gestrahlt hatte. Vielleicht lag es an einem neuen, gut zahlenden Freier oder auch an den Schulerfolgen ihrer Brüder, die Sara mit ihrem Verdienst unterstützte und von denen sie mir kürzlich erzählt hatte. Auf jeden Fall verstanden wir beide uns heute so gut wie selten zuvor. Ich habe den Grund für ihr Strahlen auch später nie erfahren, denn es war das letzte Mal, dass wir beide uns sahen, und gesprochen wurde damals eigentlich nur wenig. *Meine kleine putain mit dem Engelgesicht oder dem der heiligen Madonna,* dachte ich, dass ich mich selber dabei hören konnte. Meine zierliche und blasse Balletttänzerin, die noch nichts über ihren anderen, den glaubensvollen Gesichtsausdruck wusste, umarmte mich herzlich und küsste mich zuerst auf beide Wangen und dann für den kurzen Augenblick einer Sekunde auf den Mund, wie sie es vorher noch niemals getan hatte. Ich fühlte mich irgendwie ein Stück über dem Erdboden, und einen Moment später, als ich bereits in einem Abteil des Zuges Platz genommen hatte, kam in mir das Gefühl der tiefsten Traurigkeit und Verlassenheit auf, weil ich wusste, dass ich Sara für immer verloren hatte. Zumindest das, was mir einmal von ihr gehört hatte, war verloren gegangen. Das war nicht viel, aber für mich momentan das ganze Leben, denn ich konnte meinen kleinen Vogel nun nicht mehr singen hören. Und ich war auch traurig wegen der Männer, die den Vogel jetzt wieder in den Käfig ihrer körperlichen Begierden einsperren würden, in dem er nicht glücklich war, weshalb er auch niemals mehr singen würde.

Meine liebe Sara, dachte ich später noch, als der Zug schon lange den belebten Bahnsteig im Südwesten von Paris verlassen hatte und man von meinem Abteil niemanden mehr erkennen konnte, der ihm hätte nachwinken können. Weshalb auch niemand mehr zurückwinkte. Es blieb ein relativ junger Mann übrig, der eben ein wesentliches Stück seines Lebens verloren hatte und den in der weiten Ferne vielleicht ein neues Leben und eine neue Liebe erwarteten. Eine neue Sara, die ihm auf dem Bahnhof von Lissabon entgegenkommen und mit hoffentlich ebensolcher Zärtlichkeit in die Arme schließen würde, wie seine eingebildete Geliebte in Paris, deren Liebe er sich aber nur erträumt hatte. Doch ein Reisender schlief schon bald darauf in seinem Liegewagenabteil ein und wachte erst wieder auf, als der Zug viel später die Grenze zu Spanien erreichte.

Doch er – oder ich – träumte auf seiner Fahrt von einem wunderschönen Frühlingsmorgen, an dem ich mit Sara mit der Métro ins Herz von Paris zur Île de la Cité fuhr, um einer Messe in der ehrwürdigen, gotischen Kathedrale Notre Dame de Paris beizuwohnen, denn Sara war wie ich katholisch. Auch wenn man bei Sara nicht von einem praktizierten Glauben sprechen konnte, sondern eher von einer stillen Ehrfurcht vor Gott und allen Heiligen, sowie von einer Ehrfurcht vor den Menschen, von denen die junge *putain* eigentlich viele hätte hassen müssen, weil sie ihr so viel Unrecht angetan hatten. Und Sara hatte außerdem noch einen besonderen Respekt vor älteren und behinderten Menschen und vor denen, die Not litten und auf die Hilfe anderer angewiesen waren.

So wird der Traum von Notre Dame und Sara vielleicht sogar zu einem Stück Realität, wie ich heute manchmal denke, weil es mir vorkommt, dass es so und nicht anders stattgefunden hat. Zumindest stattgefunden haben könnte und damit den weiteren Verlauf der Ereignisse bestimmt und prägt. Aber bilden Sie sich doch selber eine Meinung, liebe Leser.

Als wir gemeinsam eine halbe Stunde vor dem Gottesdienst in den fünfschiffigen Innenraum der *Historischen Pfarrei Frankreichs* eintraten und danach auf zwei durch Rundpfeiler mit prachtvollen Kapitellen und spitzbogigen Arkaden abgetrennte Seitenschiffe zusteuerten, spürte ich etwas von einer Ehrfurcht und Demut vor allem Göttlichen oder wie immer man dies bezeichnen mochte, das in meiner kleinen Sara steckte. Nein, es war nicht die Ehrfurcht einer Gläubigen, wohl sicher nicht, sondern eher die eines Menschen, der zum ersten Mal eine Art engelhafte Erscheinung hat und vor dieser demütig auf die Knie sinkt. Meine Kleine richtete jedenfalls ehrfurchtsvoll ihre Augen zu Boden. So wie dies vermutlich die beim Ehebruch Ertappte aus Schamgefühl getan hatte, als sie Jesus begegnete. Oder wie ein Mensch, der das erste Mal die Erlöserarie aus Händels Messias hörte und dabei zu weinen anfing. So weinte nun auch Sara ein paar lang unterdrückte Tränen, die ihr über Gesicht und Wangen liefen, als habe sie gerade wahrhaftig einen Engel gesehen, der wohl ich war, denn sie hielt meine Hand ganz fest in der ihren und drückte sie, wobei sie kurz darauf lächelte und mich still und dankbar dabei ansah. Dann begegneten wir in einem der Seiten- und Querschiffe von Notre Dame de Paris tatsächlich dem Erlöser, das heißt einer fast lebensechten Nachbildung des Messias am Kreuz, der auf uns beide herabsah. Auf zwei verirrte Seelen, die auf dem Wege zur Messe waren. Er schaute so leid- und qualvoll drein, wohl weil er die Sünden der ganzen Welt auf sich genommen hatte und dafür am Kreuz gestorben war. Als wir ihm näherkamen, senkte Sara den Kopf ganz tief nach unten, so als würde sie erdrückt von allen Verfehlungen ihres noch so jungen Lebens und als gäbe es niemanden mehr, der ihr helfen konnte. Außer vielleicht dem dort oben, von dem gesagt wurde, dass er so mild und gütig war und allen Menschen half, die ihn um seine Hilfe baten.

Doch Sara konnte, ohne die geringste Spur von Blasphemie, mit so viel fremdem Leid nichts anfangen, es löste nur Angst bei ihr aus, weil sie das Gefühl nicht loswurde, das fremde Leid nicht verdient zu haben. Das Leid des Fremden und Heiligen, dessen Geschenk der Liebe ihr unheimlich erschien, denn Sara kannte nur die Liebe der vielen Nächte und der gierigen Hände der Männer. Vielleicht brauchte sie sogar manchmal diese Liebe, die natürlich keine richtige war und die sie im Grunde unglücklich machte. Diesen Eindruck hatte ich wenigstens gelegentlich, wenn Sara und ich zusammen waren. Wenn sie irgendwie aufblühte, sich innerlich befreit fühlte und fröhlich war, wie wohl sonst nur sehr selten in ihrem Leben. Vielleicht war ich in diesen Stunden für Sara dann wirklich so etwas wie ein guter Engel, dem sie vorher noch nicht begegnet war und der ihr half, all das Leid und die Sorgen ihres Alltags zu vergessen? Und auch die vielen Hände, die sie zärtlich streichelten und gleichzeitig so sehr verletzen konnten! Ich war zur Stelle, um ihre Wunden, die ihr das Leben zugefügt hatte, zu verbinden. Wie ein approbierter Wundarzt, der die Verletzten nach der Schlacht, die das Leben war, in seinem Lazarett versorgte. Ich hatte deshalb immer genügend Mullbinde, Pflaster, Jodtinktur und Zeit dabei, um Sara zur Hilfe zu eilen, wenn dies nötig war. Und Sara schätzte diese fürsorgliche Liebe des Arztes sicher mehr als die Liebe der Freier, die sie des Nachts umgaben und umwarben, um sie letztendlich zu demütigen. Um sie ihres ohnehin geringen Selbstwertgefühls zu berauben. Dann kam ich als ein Freund vorbei: Der gute Helfer, der nicht verletzen, sondern immer nur helfen und heilen konnte. Und Sara brauchte den guten Arzt nun mehr als alles andere auf der Welt vorher. Nicht nur wegen der sie stigmatisierenden Freier, sondern auch, weil sie ein intaktes Heim mit Nestwärme und Geborgenheit niemals gekannt hatte. In ihrem Elternhaus und auch später, nach dem frühen Tod der Eltern, die beide während der letzten Jahre gestorben waren, nicht kennengelernt hatte. Die fremden Männer konnten Sara kein neues Zuhause geben, kein Elternersatz sein. Sie machten sie einsam und leer, weshalb sie in ihrem Herzen nach einem Ausweg aus dem Teufelskreis suchte. Ich war der Arzt, der sie von dem bösen Tumor befreien musste. Ihn aus dem zerbrechlichen kleinen Körper herausschneiden sollte, um den Circulus vitiosus auf diese Weise zu zerbrechen. Ich kam gerade noch zur rechten Zeit vorbei, und Sara war bereit, ihrem Arzt und Chirurgen, wenigstens für die kurze Zeit der unvermeidlichen, unaufschiebbaren Operation, gehorsam zu sein.

Aber der Mann da oben an seinem Kreuz war ihr, der jungen ungläubigen Hure, noch so unendlich fremd und fern, wie es mir schien. So unerreichbar, weshalb sie mit seiner Liebe nur wenig anfangen konnte. Doch vielleicht lag ein Stück von meiner Liebe, der Liebe eines vertrauten Helfers, der immer für sie da war, wenn es ihr schlecht ging, in jener vom Mann am Kreuz, welcher der Erretter der Welt war? Es wenigstens von sich behauptete! Nun, für Sara blieb diese Liebe, wie schon gesagt, bis jetzt noch unerreichbar. Sie konnte sie sicher erkennen, aber sie konnte sie nicht in ihr Leben integrieren. Nein, sie wollte den Erlöser nicht beleidigen, wenn sie an ihn, der ihr Hilfe anbot, nicht glaubte. Glauben wollte. Das fühlte eine junge, hübsche und begehrenswerte Frau – das fühlte auch ich. Doch vielleicht wollte Sara auch ihre Freiheit nicht aufgeben, die in Wirklichkeit keine war, weil sie sie unfrei und zum Objekt für andere machte? Nämlich für Männer, die sich von ihr zurückzogen, wenn sie ihre Befriedigung erhalten hatten. Sara wollte wohl dies: die Befreiung von allen ihren Problemen, die sich in den wenigen Jahren ihres Lebens so hoch bei ihr angehäuft hatten, ohne dabei auf die sie umwerbenden und trotzdem verletzenden Freier, die es nie oder selten gut mit ihr meinten, zu verzichten. Sie waren wohl irgendwie ein Ersatz für die ausgebliebene Liebe der Eltern, die fehlenden Umarmungen und die fehlende Zärtlichkeit einer verlorenen Kindheit und Jugend. Für den lebenslangen Verlust von Herzwärme und Empathie. Und ich war nur der fürsorgliche Arzt und auch der Seelsorger, wenn das Schicksal ihr mal wieder neue und schwere Wunden zugefügt hatte. Nein, sie würde ihr Leben wohl niemals mehr ändern können, so wie es eine Maria Magdalena mit Gottes Hilfe getan hatte. Sie würde in den Augen des Erlösers immer eine Unerlöste bleiben und sich dessen bewusst sein. Eine Frau, die allmählich von ihren Leidenschaften und ihrem Leid aufgerieben und verzehrt wurde und der dann kein Arzt und Seelsorger mehr helfen konnte. Sie war keine Magd des Herrn, die ihm treu bis unter das Kreuz, an dem dieser hing, nachfolgte, weil er sein Leben für sie und alle anderen hingegeben hatte. Sie kam nicht aus Magdala, sondern war nur eine dieser vielen kleinen, unscheinbaren Prostituierten, die um die Porte St. Denis zu Hause waren und die die wenigen Jahre ihrer Jugend damit verbrachten, immer wieder neue Bekanntschaften zu machen. Bekanntschaften, mit denen Sara ihren Lebensunterhalt verdiente. Und Sara hatte es sich außerdem zur Aufgabe gemacht, noch genügend Geld für ihre zwei Brüder beiseitezulegen, die in der Ausbildung waren. Dies war ihr Leben, und was sollte der da oben am Kreuz schon daran ändern? Ja, er war der Messias der Welt, und doch blieb er für Sara, die nicht wagte, auch nur einen kleinen Versuch in diese Richtung zu unternehmen, mit seiner unsagbaren Leidens- und Vergebungsbereitschaft, für eine als Kind getaufte, doch niemals gläubige *putain,* unerreichbar und fern.

Plötzlich hörte ich, wie eine Stimme mich bei meinem Namen rief und mich frage: *Bist du endlich heimgekehrt, mein Sohn? Ich habe dich so lange hier vermisst.* Für einen kurzen Moment lang leuchtete das Gesicht des Mannes am Kreuz auf, vielleicht weil ein morgendlicher Sonnenstrahl durch eines der hohen Fenster des Seitenschiffes von Notre Dame de Paris auf sein hölzernes Antlitz gefallen war. Er lächelte mich gnädig und barmherzig an und fragte mich dann weiter: *Und welche kleine Magdalena hast du mir da heute mitgebracht?* Niemand außer mir hatte die Fragen des Herrn am Kreuz verstanden, denn er hatte sie nur zu mir gesprochen, so dass ich ihm ebenso still in Gedanken antwortete: *Herr, es ist meine beste Freundin Sara, eine schöne junge Frau, die vor einigen Jahren ihre Eltern verloren hat und seitdem auf ihren eigenen Füßen stehen muss, wobei sie auch noch ihre beiden jüngeren Brüder versorgt. Du kennst sie vielleicht, sie kommt von der Gegend um die Porte St. Denis. Aber eine Maria Magdalena ist sie noch nicht, lieber Herr. Nein, so weit ist es bei ihr leider noch nicht gekommen. Doch sie hat ein ehrliches und aufrichtiges Gesicht, findest du nicht auch? Ein Gesicht, das auf einen guten und aufrechten Cha-*

rakter schließen lässt. Vielleicht kannst du ja etwas mit ihr anfangen, aber sie hat noch keinen Zugang zu dir gefunden, weil sie irgendwie Angst vor dir und deiner bedingungslosen Liebe hat. Und vor deinem schweren Holzkreuz. Du kannst ihr sicher helfen und ihr die Angst nehmen, meiner kleinen Sara, denn sie ist im Grunde ihres Herzens doch ein anständiges Mädchen, das nur durch sehr schlechte Einflüsse früh auf die schiefe Bahn geraten ist. Schau, wie demütig sie ist. Und doch auch gleichzeitig etwas neugierig – auf dich. Wie der dicke Zachäus es einst war, als er auf den Maulbeerfeigenbaum hinaufkletterte, um dich besser sehen zu können, weil er so klein von Gestalt war. Nein, ich fühle mich beinahe als ein Pharisäer ihr gegenüber, weil ich mich für so gläubig, anständig und gut halte. Für so selbstgerecht. Versuch es doch einmal mit ihr, mein lieber Herr, und du wirst sehen, dass sie keine schlechte Magdalena ist, wenn sie dich erst einmal kennengelernt und in ihr Herz geschlossen hat. Sie braucht eine Chance, denn sie hat sie wirklich verdient.

Der Mann am Kreuz hatte andächtig meinen unausgesprochenen, vor mich hingedachten Worten gelauscht. So schien es mir wenigstens, denn er war doch in der Lage, Gedanken zu lesen. Die Gedanken seines oft untreuen Jüngers, des Arztes, der gelegentlich half, die Wunden der Welt und einstweilen die von kleinen, blutenden Magdalenas oder solchen, die noch keine waren, zu verbinden. Er lächelte noch einmal mit einem herzerwärmenden Lächeln von seinem Holzkreuz herab und meinte dann nur: *Du hast recht, mein Sohn, noch ehe sie da war, habe ich sie gesehen und lieb gehabt. Denn ich bin auch für sie gestorben. Gerade für jemanden wie sie. Ähnlich wie du sie jetzt liebst, habe auch ich sie lieb. Verbinde nur ihre Wunden, die der Alltag ihr zufügt, mit deiner ganzen Liebe, dann tue ich noch meinen Teil dazu. Bleibe ihr treu, mein Sohn, bleibe ihr treu. Und vergiss auch mich nicht dabei.* Dann wich alles Leben aus der geschnitzten Holzfigur, und ich hörte nichts mehr als die leisen Schritte von Sara und mir auf dem nackten und kalten Steinfußboden der altehrwürdigen Kathedrale auf der Île de la Cité. Es war wohl ein Wunder gewesen. Eines an einem strahlenden Sonntagmorgen vor der Heiligen Messe. Aber niemand außer mir hatte etwas von dem Wunder bemerkt. Ich berührte Sara am Arm und zeigte ihr die Richtung, in die wir gehen mussten, um am Gottesdienst teilzunehmen. Der Blick der Figur berührte meinen Rücken, denn ich konnte ihn beim Verlassen des Seitenschiffes deutlich spüren. Er hatte sie verstanden, meine kleine Sara. Und er liebte sie. Noch ehe er sie in der großen Kirche gesehen hatte, hatte er sie geliebt. Denn er war doch der Erlöser der ganzen Welt. Ich dachte noch einmal an seine Worte zurück, und sie gaben mir Zuversicht und Hoffnung. Gaben mir Halt. Sara hatte die Worte nicht gehört und konnte sie deshalb auch nicht verstehen. Mit dem Herzen verstehen, so wie ich. Vielleicht würde der Tag kommen, wann sie ihm begegnen und zu seiner Magdalena werden würde. Wenn auch ihr Herz verstehen würde, was mein Herz schon lange begriff und verstand. Als ich mich vor dem Verlassen der Seitenschiffe noch einmal nach dem Holzkreuz umdrehte, kehrte für einen Moment lang Leben in die Figur an dem toten Holz zurück und ich hörte ihre Worte, die mir jetzt wie ein Befehl klangen: *Pass gut auf meine kleine Sara auf, Jean-Paul, und bring sie mir sicher wieder nach Notre Dame zurück!*

Ich werde mein Bestes tun, antwortete ich der Figur in Gedanken und beim Gehen. *Ich werde mein Bestes tun.*

Dann verschwanden Sara und ich endgültig aus dem Gesichtsbereich des Messias am Kreuz, weil die heilige christliche Messe begann.

Die Glocken von Notre Dame de Paris läuteten zum Gottesdienst in der Karwoche, als Sara und ich auf einer der harten Holzbänke ziemlich weit hinten Platz nahmen und unsere Gesangbücher aufschlugen. *O Haupt voll Blut und Wunden,* klang es mir laut in den Ohren. *Voll Schmerz und voller Hohn, o Haupt, zum Spott gebunden mit einer Dornenkron(2),* sangen die Gläubigen wie Engel nach dem Präludium der großen Orgel von Notre Dame. Ich konnte von der Seite her sehen, dass Sara erneut zu weinen begann. Ein stilles und einsames Weinen war es, das Weinen einer jungen Frau, die schon so viel im Leben miterlebt hatte. Durchgemacht hatte sollte man vielleicht besser sagen. Und ich dachte beim erneut einsetzenden Gesang noch etwas weiter, bis ich in Gedanken das Zimmer von Sara in der Nähe des Boulevard de Strasbourg erreichte, das ich niemals zuvor in meinem Leben gesehen hatte und das mir trotzdem wie ein enger Vertrauter Saras bekannt war. Das Zimmer einer jungen *putain,* die mir der hölzerne Mann so sehr ans Herz gelegt hatte. Aber ich konnte in dem Gesang, der augenblicklich wie eine Sturzflut auf mich hereinbrach, noch etwas anderes erkennen. Es war neben dem Lächeln eines scheinbar ewig Leidenden und den Tränen von Sara, die vielleicht noch einmal zu seiner

Magdalena werden würde, weil es ihre Bestimmung war oder auch nicht, die himmlische Stadt Jerusalem. Sie kam herunter und nahm Wohnung unter den Sängerinnen und Sängern, deren Gesang wie der von tausenden von Engeln erklang. Oder wenigstens wie ein geträumtes Echo davon, das mich und meine Freundin aus einer unsichtbaren Welt heraus erreichte. Die ewige Stadt wurde den Menschen greifbar und nah – eine Woche vor Ostern, dem Tag der Auferstehung des Herrn. Und während die Passionsgeschichte uns beiden ganz naheging, versuchten zwei Sänger, sich in den Gesang von Engeln einzumischen. Bei Beginn einer neuen Strophe ergriff ich in Gedanken die Hand von Sara, und wir verließen zusammen Notre Dame de Paris und danach Paris, um in der Karwoche vor Ostern als Paar durch das große Tor in die Stadt der Städte einzutreten.

In Portugals Hauptstadt Lissabon wollte mich ein guter alter Freund vom Bahnhof abholen. Aber er schien meine Ankunft wohl vergessen zu haben, weshalb jetzt ein wenig ausgeschlafener Mann mit einer großen Reisetasche und einem Koffer auf dem Bahnsteig stand und überlegte, was er als nächstes tun konnte, um sein Ziel, die angemietete Wohnung im hochgelegenen Bairro Alto, zu erreichen. Mein Freund hatte sie für mich schon vor Langem fest gemietet, da mir eine auf drei Jahre befristete Stelle als Dramaturg und Regisseur am Teatro da Trindade im historischen und zentralen Stadtteil Baixa-Chiado angeboten worden war, die ich dank meiner guten Sprachkenntnisse und weil mein alter Vertrag in Paris bald ablief, nicht ablehnte. Ich liebe diese Stadt am Tejo sehr, denn sie ist mir ans Herz gewachsen, so wie Sara, die ich in Paris zurücklassen musste. Meine kleine Sara, die jetzt schon lange wieder zu Hause in ihrer Einzimmerwohnung in der Nähe des Boulevard de Strasbourg und der Porte St. Denis sein wird. *Ob sie wohl noch in ihrem Bett liegen und schlafen wird? Vielleicht ist sogar ein Freier bei ihr, einer von solchen, die für eine ganze Nacht im Voraus bezahlt haben?,* fragte ich mich in Gedanken. Aber nein, Sara erzählte mir ja vor Kurzem, dass sie die Männer schon seit Langem nicht mehr mit in ihre Wohnung nähme, sondern mit ihnen in ein Hotel gehen würde. Ich hatte sie so oft darum gebeten, mit diesen Rotlichtsachen ganz aufzuhören und sich eine anständige Arbeit zu suchen. Aber sie meinte nur, dass dafür immer noch Zeit genug sei und dass sie das Geld dringend für ihre zwei Brüder und deren höhere Schulausbildung benötige. Die finanzielle Unterstützung und Hilfe, die ich Sara anbot, lehnte sie jedes Mal kategorisch und manchmal sogar ziemlich schroff ab, denn sie wollte von niemandem etwas geschenkt haben und unbedingt selber für sich und ihre Familie sorgen. Sie wollte von den Menschen, die sie liebte und von denen sie geliebt wurde, finanziell nicht abhängig sein. So war Sara nun mal eben. Ihre kurze Abhängigkeit von den Männern, die sie bezahlten, machte ihr anscheinend nichts aus, weil diese so schnell wieder gingen, wie sie gekommen waren. Sie bezahlten doch nur für ihren Körper, denn ihre Seele gab Sara niemandem preis. Auch ich fand nur selten Zugang zu dem inneren Menschen Sara, der mir damals wie heute manches Rätsel aufgibt.

Als ich vor meinem neuen Heim aus dem Taxi stieg und in den schmalen Durchgang zum Hinterhaus eintrat, in dem die Wohnung liegen sollte, kam mir mein portugiesischer Freund Juan entgegen und entschuldigte sich schon von Weitem dafür, dass er es wegen eines anderen Termins nicht mehr geschafft hatte, mich vom Bahnhof abzuholen. Nachdem wir die fünf Stockwerke bis zu meiner Wohnung im Hinterhaus hinaufgestiegen waren und Juan mir die Schlüssel für die Haustür und die Wohnung, den Keller und den Postkasten überreicht hatte, waren meine Gedanken schon lange nicht mehr bei Sara in Paris, sondern im Theater, wo ich morgen früh meine Stelle antreten musste und hohe Erwartungen an den neuen Mann aus Frankreich gestellt werden würden, die ich hoffentlich erfüllen konnte. Die neue Wohnung bestand aus vier Zimmern, einer kleinen Küche und einem Bad und war viel größer als meine letzte in Paris, die ich vor Kurzem aufgegeben hatte. Aber sie war preislich günstiger und von ihrer Lage ruhiger, was mir bei meiner Arbeit sicher sehr von Nutzen sein konnte. Als ich das Wohnzimmerfenster öffnete, blickte ich hinunter in einen Hof mit alten Bäumen, der vom Vorder- und Hinterhaus abgegrenzt wurde und der trotz seiner relativ geringen Ausdehnung noch genügend Licht in mein Wohnzimmer fallen ließ. Aus den Fenstern der anderen Zimmer konnte ich von hier oben nicht mehr als Dächer sehen und mir den Hafen von Lissabon mit seinen ankommenden und abfahrenden Schiffen deshalb nur in Gedanken vorstellen. Obwohl der Hafen mit den Schiffen nicht allzu weit entfernt liegen konnte, würden mich nur meine Träume dahinbringen, wohin die großen Schiffe mit ihrer Ladung fuhren. Oder von woher sie hier in Lisboa ankamen. Von Rio, New York oder Shanghai. Als mich mein

Freund schon lange wieder verlassen hatte, schloss ich das geöffnete Fenster zum Hof, weil gerade ein Schiff sein Signal mit voller Lautstärke bis weit hinaus auf das Meer ertönen ließ. Ich stellte mir vor, wie Sara und ich auf diesem Schiff zusammen nach Amerika in eine neue Welt aufbrechen würden. *Vielleicht wie Angehörige der Familien Mahler, Werfel und Mann einmal von hier aus mit einem hoffnungsvollen Herzen aufbrachen, weil sie in ihrer alten und geliebten Heimat nicht mehr erwünscht waren,* dachte ein ehemaliger Absolvent der Pariser Sorbonne.

So stand ich nun mit Sara in einer langsam hereinbrechenden Nacht auf dem Schiffsbug, und wir schauten beide beim Verlassen des Tejo auf das vor uns liegende, sich unendlich weit ausbreitende, tiefschwarze Meer. Als das Schiffssignal ein zweites Mal ertönte, war die Nacht in Portugal schon lange vorüber, und die Freiheitsgöttin winkte uns aus einem fremden Land mit einem mildtätigen, freundlichen Lächeln auf dem Gesicht zu. Meine kleine Sara hatte keine Angst mehr wie in Notre Dame de Paris, wo sie den Blick zu Boden gesenkt hatte, als sie den Mann am Kreuz sah, denn das Gesicht und die Augen der Freiheitsgöttin schienen der jungen Emigrantin gütiger und vertrauter als manches andere Gesicht, das sie vorher gesehen hatte. Sara erwiderte mit einem strahlenden Lächeln den Gruß der Göttin der Freiheit, die das französische Volk einmal den Amerikanern geschenkt hatte, die nun eine kleine Französin in ihr Land Amerika aufnehmen wollten. Vielleicht würde Sara in den Vereinigten Staaten von Amerika frei sein und ein Stück von sich selber wiederfinden? Ein Stück von dem, das sie so gerne in ihrer Kindheit und Jugend einmal gewesen wäre und das sie doch niemals sein konnte. So ging Sara mit mir in dem neuen Kontinent ganz angstfrei an Land, weil sie das Gefühl hatte, aus einem engen und stickigen Käfig, der sich in Europa befand, befreit worden zu sein. Einem Käfig, der vor allem ihre Seele im Laufe der Jahre eingekerkert hatte. Wie in einem dunklen Verlies hatte sie in ihrer kleinen Wohnung in der Nähe der Porte Saint-Denis gehaust, die sie jetzt für immer aufgegeben hatte, denn der Traum von der neuen Welt hatte sich für Sara in Amerika erfüllt. Zumindest hatte sie den ersten Schritt in ein neues Leben gewagt und würde nun niemals mehr zurücksehen auf ihr altes Leben, das ihr so viele Wunden und Narben zugefügt hatte. So träumte ich es wenigstens in der ersten Nacht in meiner neuen Wohnung und in einer Stadt, die mir so sehr ans Herz gewachsen war, dass ich sie nicht gegen Rio, New York und Paris eingetauscht hätte.

Meine erste Zeit am Theater bestand hauptsächlich in der Aufstellung und Erarbeitung eines neuen Spielplans. Da ich mich langsam in alles einarbeiten sollte, war auch mein Vorgänger noch anwesend, mit dem ich zunächst eine Neuinszenierung eines zeitgenössischen portugiesischen Bühnenstücks probte. Zu meiner Familie, die noch aus meiner Mutter und drei Geschwistern bestand, die allesamt in Nordfrankreich lebten, hatte ich regelmäßigen telefonischen Kontakt. Auch Sara, an die ich von Zeit zu Zeit dachte, hatte ich schon zweimal in ihrer Wohnung angerufen, worüber sie sich jedes Mal freute. Ein paar Male hatte ich ihr sogar geschrieben. Sie lachte nur kurz über manche meiner Bemerkungen über mein neues Leben in Lissabon und versprach mir, mich einmal dort in meiner neuen Wohnung und am Theater zu besuchen. Ich erklärte Sara, dass ich ihr den Flug bezahlen würde und dass sie selbstverständlich auch bei mir wohnen könne, weil die Wohnung für eine alleinstehende Person viel zu groß sei und sie von mir ein eigenes Bett in einem separaten Raum zur Verfügung gestellt bekomme. Sara schien über so viel Fürsorge und Hilfsbereitschaft sehr gerührt zu sein und erwog ernsthaft, mich zu besuchen, wenn ihre Brüder, die nun vor dem *Bac* stünden, ihre Hilfe nicht mehr so sehr benötigen würden. Ich bat sie noch einmal, gut auf sich aufzupassen und mit den Männergeschichten ganz Schluss zu machen. Mein Verdienst würde schon für zwei Personen reichen und ich hätte noch einiges gespart, sodass ich auch ihre Brüder für ein paar Jahre unterstützen könne. Sara lachte wie immer und versprach, es sich zu überlegen. Aber ich wusste auch, dass alle Bitten und Zusagen von meiner Seite vergeblich sein würden, weil es Saras Wille war, ihren Weg allein zu gehen, um ihre Unabhängigkeit nicht zu verlieren, was sie durch die Preisgabe ihres Körpers wohl doch nie ganz schaffen konnte. Aber sie verrichtete ihr Gewerbe aus freiem Willen, und das bedeutete ja auch ein Stück Freiheit und Unabhängigkeit. Vielleicht war ich, der Freund und Helfer, jetzt nur noch so etwas wie ein entfernter Schutzheiliger für sie, denn der Arzt, der immer ihre frischen Wunden verband, war weit fortgegangen und würde so schnell nicht wieder zurückkehren. So konnte ich, außer den wöchentlichen Anrufen und gelegentlichen Briefen, die auch immer, gegen ihren Willen, ein paar kleine oder große Geldscheine enthielten, nichts mehr für meine kleine Sara tun, die mir der Herr in der prächtigen Kathedrale von Paris, die so viele gekrönte Häupter und auch uns zwei unwürdige Menschen gesehen hatte, so sehr ans Herz gelegt hatte.

Es vergingen ein paar Monate, und aus einem späten Sommer war inzwischen ein früher, in Lissabon noch mild-warmer Winter geworden, und ich hatte meine kleine Sara seitdem nicht mehr wiedergesehen. Sie würde vielleicht im nächsten Frühling kommen, wenn ihre Brüder mit der Schule ganz fertig seien, hatte Sara bei unserem letzten Telefongespräch gemeint. Mein Geld aus den Briefen habe sie immer gleich in die Ausbildung ihrer Brüder gesteckt, die ihr so am Herzen lägen. Ich möge aber bitte vorerst nichts mehr schicken, denn sie würde schon allein klarkommen. Ich versprach es meiner Sara und erzählte ihr von den neuen Inszenierungen, die unter meiner Leitung als Dramaturg und Regisseur am Theater entstanden waren, wofür sich Sara sehr zu interessieren schien. Auch wenn ihre Schulbildung nur sehr lückenhaft war, interessierte sie sich für Kunst und Literatur und war bereits einige Male in Paris in modernen Musical-Aufführungen wie *Hair* oder *Cats* gewesen. Und ihren *Le Père Goriot* von Honoré de Balzac hatte sie schon einmal in Abschnitten durchgelesen, sowie auch Teile eines der berühmtesten Theaterstücke und des letzten Werks von Molière, *Der eingebildete Kranke*. Wenn ihr ein Buchtitel bei den Bouquinisten an den Seineufern gefiel, kaufte sie das Buch meistens sofort, selbst wenn sie später dessen Seiten nur selten mit dem Messer auseinandertrennte. Die Bücher standen schön geordnet auf Regalen nebeneinander und jemand, der ihre kleine Wohnung betrat, konnte gleich sehen, dass er es mit einer *belesenen* Person zu tun hatte. Ich erzählte Sara am Telefon von dem hochgelegenen Bairro Alto, in dem früher einmal Handwerker gelebt hatten und später Zeitungen gedruckt wurden und danach Schriftsteller und Künstler, sowie Szene- und Fadolokale ihren Einzug hielten. Ihr würde das Viertel, in dem es an vielen Stellen die ganze Nacht sehr lebhaft zuginge und man aus allen Ecken und Winkeln das Lachen von Menschen oder den Rhythmus und Klang des Fado hören könne, sicherlich sehr gut gefallen, wenn sie demnächst einmal nach Lissabon kommen sollte. Sie sei ja das Nachleben von Paris gewöhnt und davon gäbe es hier mehr als genug. Überhaupt passe das melancholische Flair des Fado und der romantischen Stadt am Tejo gut zu ihrem Naturell und Sara würde hier, wenigstens vorübergehend, bestimmt sehr glücklich sein. So oder ähnlich wollte ich meiner kleinen Sara ein wenig Appetit auf die Stadt machen, die sie noch nicht kannte und sie wenigstens eine Zeit lang von der Gegend um die Porte St. Denis und den Boulevard de Strasbourg, der ihr zu einer ständigen und verhängnisvollen Heimat geworden war, weglocken.

Ich war gerade in den morgendlichen Vorbereitungen von *Die Pest,* eines Dramas in fünf Akten von Albert Camus, das ich neu mit meinen hoch talentierten portugiesischen Schauspielern einstudierte, als mich die schreckliche Nachricht aus Paris erreichte. Er habe seine Schwester Sara gestern Abend schwer verwundet in ihrer Wohnung aufgefunden und sie gleich von einem Krankenwagen in die nächste Klinik bringen lassen, erzählte mir ein junger Mann am Telefon, der sich als Bruder von Sara ausgab. Ein Unbekannter hatte seine Schwester mit einem Messer schwer verletzt und sie konnte es gerade noch schaffen, ihren älteren Bruder Michel mit ihrem Handy zu erreichen. Schon vor Wochen hatte Sara Michel die Telefonnummer ihres einzigen Freundes aus Lissabon mitgeteilt, die er im Notfall anrufen sollte. Momentan wisse Michel selber nichts Genaues und wollte gleich wieder in die Klinik fahren, die nicht weit entfernt von Saras Wohnung liege, erklärte er mir unter äußerster Anspannung. Ich bat den jungen Mann um die Adresse und Telefonnummer des Krankenhauses, das Sara aufgenommen hatte und bedankte mich für seinen Anruf. Ich wollte so schnell wie möglich nach Paris kommen, um nach ihr zu sehen, auch wenn ich dadurch meine Arbeit am Theater vernachlässigen musste. Das gerade begonnene Stück von Camus wurde abgesetzt und auf einen unbestimmten Zeitpunkt verschoben, und ich flog kurz vor Mitternacht noch nach Paris, wo ich am frühen Morgen auf dem Flughafen Charles de Gaulle landete. Als ich das Krankenhaus, das nicht weit entfernt von Saras Wohnung und der Porte St. Denis lag, erreichte, hatte ich gleich das Gefühl, dass in der Zwischenzeit etwas Schreckliches vorgefallen war und dass ich Sara niemals mehr lebend wiedersehen würde.

Auf dem Flur der Station, die Michel mir genannt hatte, kam mir eine junge Schwester entgegen, die ich bat, mir mitzuteilen, wie es Sara Dompierre, der jungen Frau mit den Stichverletzungen, die hier am vorgestrigen Abend eingeliefert wurde, gehe. Die junge

Frau wollte zunächst von mir wissen, in welchem verwandtschaftlichen Verhältnis ich zu der Patientin stehe und meinte, dass sie normalerweise keine Auskunft erteilen dürfe, weshalb ich mich an den Stationsarzt wenden möge, der in seinem Zimmer auf der Station sei. Der Arzt kam auch gerade aus seinem Zimmer, und ich wandte mich noch einmal freundlich mit meinem Anliegen an ihn und erklärte ihm, dass ich der nächste und beste Freund von Sara Dompierre sei und dass sie außer ihren zwei jüngeren Brüdern und mir niemanden mehr habe, da ihre Eltern vor ein paar Jahren verstorben seien. Der Arzt im mittleren Alter machte eine etwas bedächtige Mine und erklärte mir dann, dass Sara Dompierre während der letzten Nacht ihren schweren inneren Verletzungen erlegen sei und jetzt in der Leichenhalle seines Krankenhauses liege. Ihre zwei Brüder hätten noch bis zuletzt bei ihr gewacht und seien dann zurück nach Hause gefahren. Da es sich um ein Gewaltverbrechen handeln würde, würde wahrscheinlich noch eine Obduktion erfolgen. Ich fragte den Arzt, der etwas jünger als ich war, ob ich die Tote noch einmal sehen könne, da ich extra während der Nacht von Lissabon nach Paris geflogen sei, weil mich einer ihrer Brüder benachrichtigt habe. Der Mediziner meinte, dass er an sich nichts dagegen habe. Da hier jedoch ein Mord vorliege, müsse er zunächst Rücksprache mit der Polizeidienststelle nehmen, die für den Fall zuständig sei. Der Inspektor der Mordkommission sei schon einige Male auf der Station gewesen und habe an ihn und die Brüder der Verstorbenen verschiedene Fragen gestellt. Wenn die Polizei nichts dagegen habe, würde er mich sofort dorthin führen, wo die Leiche von Sara sich nun befinde. Vielleicht hätte die Polizei auch noch Fragen an mich, weshalb es sowieso besser sei, wenn ich mich erst einmal in mein Hotel begeben würde, um nach dem Nachtflug etwas zu ruhen. Man würde mich später in meinem Hotel benachrichtigen. Der Inspektor wollte am Nachmittag gegen drei Uhr noch einmal auf die Station kommen und ich könnte mich dann direkt mit meiner Bitte an ihn wenden. Auch die beiden Brüder würden zu dem Termin erscheinen, denn sie wollten natürlich ihre verstorbene Schwester noch einmal sehen.

Das Gespräch mit dem Inspektor, der den Fall untersuchte, bestand aus wenigen Fragen, denn er wollte von mir nur wissen, in welchem Verhältnis ich zu der Toten gestanden hatte. Ich erklärte ihm, dass ich so etwas wie ein guter Freund für Sara gewesen sei, der ihr mit Rat und Tat zur Seite gestanden hätte und ihre zwei Brüder, die noch in der Ausbildung seien, finanziell etwas unterstützte. Ich hätte Sara auch des Öfteren geraten, mit ihrem Gewerbe aufzuhören und sich nicht mehr an Männer zu verkaufen, denn ich hatte für ihren Lebensunterhalt aufkommen wollen. Aber sie hatte es jedes Mal strikt abgelehnt, weil es ihr Wunsch gewesen sei, selbstständig zu bleiben. Außerdem habe sie ihren Brüdern allein von ihrem Verdienst helfen wollen, und es sei für mich sehr schwierig gewesen, ihr irgendwelche anderweitigen Ratschläge zu erteilen. Sie habe mir jedoch einmal erzählt, dass sie schon seit Langem keine Männer mehr in ihre Wohnung mitnehmen würde, weshalb es mich auch wunderte, dass sie in ihrer Wohnung niedergestochen worden sei. Vielleicht habe sie einmal bei einem Mann eine Ausnahme gemacht, was ihr dann zum Verhängnis wurde. In einem dieser Stundenhotels mit männlichen Aufpassern wäre es vielleicht nicht passiert.

Mehr könne ich aber nicht zu dieser Angelegenheit sagen, meinte ich dem Inspektor gegenüber, der mich kurz darauf, zusammen mit dem Arzt und den Brüdern von Sara, in die Leichenhalle zu der Toten begleitete, wo ich noch einmal einen Blick auf Sara werfen durfte. Sie sah so friedlich in ihrem weißen, schlichten Nachthemd aus, das man ihr auf der Station angezogen hatte, weil sie auf eine plötzliche Krankenhauseinweisung wohl nicht eingerichtet gewesen war. Ihre beiden Brüder standen neben der toten Schwester und weinten, bis der Arzt das weiße Laken wieder über Saras Kopf zog und wir uns stillschweigend aus dem Raum mit den vielen Tischen und den Leichen darauf entfernten.

Die Beerdigung von Sara fand eine Woche später statt, und es waren außer mir und ihren zwei Brüdern noch eine Tante, ein Onkel und ein Cousin anwesend, die aber zu Lebzeiten kaum Kontakt zu Sara gehabt hatten. Ich bot den beiden Brüdern von Sara weiterhin meine finanzielle Unterstützung und auch Rat und Hilfe an, die sie auf ihrem Lebensweg benötigen würden, was ich Sara irgendwann einmal so oder anders angeboten und versprochen hatte. Die Ersparnisse von Sara waren aber so umfangreich, dass hiervon leicht die Beerdigung bezahlt werden konnte und noch genug übrig blieb, dass die zwei jungen Männer hiervon das nächste Jahr ihrer Berufsausbildung überstehen konnten, denn beide wollten eine Banklehre nach ihrem Abitur absolvieren. Sie waren auch schon seit ein paar Monaten volljährig und konnten deshalb ihren Weg frei und ohne Bevormundung gehen. Ich lud sie noch ein, mich einmal in Lissabon zu besuchen, wo ich ihnen dann das Theater zeigen würde, an dem ich arbeitete und außerdem meine schöne und große Wohnung, die leicht zwei Besucher aufnehmen konnte. Sie versprachen mir, sich die Sache zu überlegen und bedankten sich auch für meine angebotene finanzielle Hilfe, die sie bei Gelegenheit vielleicht einmal in Anspruch nehmen würden. Momentan würde das Geld der Schwester reichen, um gut über die nächste Zeit zu kommen. Auch hätten sie beide seit ihrer frühen Schulzeit verschiedene Jobs, um sich damit über Wasser zu halten. Ich überreichte den beiden trotzdem ein kleines Kuvert mit einem größeren Geldbetrag und verabschiedete mich freundlich von Michel und Frédéric, die mir schon ans Herz gewachsen waren.

Aber ich wollte vor meiner Abfahrt nach Lissabon noch einmal dorthin fahren, wo ich das letzte Mal vor meiner Abreise nach Portugal mit Sara – wenn auch nur in einem Traum – glücklich gewesen war, nämlich nach Notre Dame de Paris. Ich fuhr also mit der Métro zur Île de la Cité und befand mich wieder auf dem Vorplatz der Kirche, der durch die königliche dreigeschossige Fassade der Kathedrale überragt wird. An jeder Seite des Doms befindet sich ein rechteckiger gleichhoher Turm. Darin hängen die Glocken der Kirche, deren Läuten Sara und ich während unseres Aufenthaltes in Notre Dame gehört hatten, als gerade der Gottesdienst in der Karwoche, eine Woche vor Ostern, eingeläutet worden war. Vielleicht war es die dicke Emmanuel, die wohlklingendste Glocke Frankreichs, die meine Kleine so sichtlich berührte? Die dazu beitrug, dass sie bald darauf zu weinen anfing. Ich weiß es nicht, und es ist heute eigentlich egal, aber als ich noch einmal in das Innere der großen Kathedrale zu gehen versuchte, hielt mich irgendetwas davon ab. Waren es die an der Außenfassade der Kirche angebrachten wasserspeienden Gargylen, die mit ihrem teuflischen Aussehen die dämonischen Geister abschrecken sollten, um Notre Dame vor den bösen Mächten der Hölle zu beschützen?

Nein, es musste etwas anderes sein, und plötzlich erinnerte ich mich wieder an die Stimme, die von dem Mann an seinem Holzkreuz an mich gerichtet gewesen war und an das Versprechen, das sie mir abverlangt hatte. *Pass gut auf meine kleine Sara auf, Jean-Paul, und bring sie mir sicher wieder nach Notre Dame zurück!*, waren wohl seine letzten Worte gewesen, die er damals an mich gerichtet hatte. Und plötzlich hörte ich die Stimme wieder ganz deutlich an meinen Ohren, obwohl ich mich längst von der Kathedrale abgewandt hatte und mich auf dem Rückweg zur Métro-Station befand. *Wo ist meine kleine Sara, mein Freund, warum hast du sie mir nicht wie versprochen mitgebracht?,* sprach nun der Kreuzesmann aus dem Innern der Kathedrale heraus so deutlich, dass ich ihm nicht mehr ausweichen konnte. *Aber du weißt doch, lieber Herr, dass ich nichts mehr für sie tun konnte, denn sie wollte ihren Weg allein gehen. Du weißt, dass ich alles in meiner Macht Mögliche versucht habe, um sie von ihrem verkehrten Weg abzubringen und sie nicht auf mich hörte. Du weißt auch, wo sich das Mädchen jetzt befindet, mein Gott, denn du hast sie doch lieb, so wie du alle Gefallenen und Sünder lieb hast. Nimm dich ihrer Seele an, Herr, und lass sie nicht verloren gehen.* Das waren meine Worte an den, der mich einmal ermahnt hatte, auf sein Kind aufzupassen und es ihm sicher wieder zurückzubringen. Worte, die ich in äußerster Verzweiflung innerlich sprach, bevor ich die Stufen zur Métro erreichte, um durch das unterirdische Tunnelsystem der Großstadtmetropole zu meinem Hotel zu gelangen.

Morgen ganz früh würde ich mit dem Zug vom Gare Montparnasse im Südwesten von Paris nach Lissabon zurückfahren. Eine kleine Sara würde noch einmal auf dem Bahnsteig stehen, um mir freundlich zuzuwinken, bevor der lange Zug kriechend, aber endgültig aus ihrem Sichtbereich verschwinden würde und sich die junge Frau durch die Eingeweide einer gerade wieder zum Leben erwachten Stadt auf den Heimweg in die Gegend um die Porte St. Denis machen würde, wo nun ein neues Leben auf sie wartete. Das wusste ich ganz sicher, dass Sara dieses neue und andere Leben doch noch gefunden hatte, ob nun hier unten oder erst in der Ewigkeit. Jemand hatte sie einmal in Notre Dame von Paris zu sich gerufen, jemand, der sie als (s)ein Vater liebte. Der sie immer und in alle Zeit und Ewigkeit lieben würde. Sie würde ihren neuen Vater, den sie in Wirklichkeit noch nicht richtig kennengelernt hatte, weil sie ihm ängstlich aus dem Weg gegangen war, dort in der Nähe des Boulevard de Strasbourg, wo sich ihre kleine Wohnung befand, sicher antreffen, und er würde sie ganz fest und zärtlich in seine Arme schließen. Sie nie mehr loslassen. Sara war nun zu Hause, weil sie niemals ein wirkliches zu Hause gehabt hatte. Niemals einen richtigen Vater und eine liebende Mutter besaß. Und weil sie sich nie angenommen fühlte in ihrem jungen, kurzen Leben. Nein, ich brauchte mir keine Sorgen mehr um meine Kleine zu machen, denn jemand oder Gott hatte sie gerufen und zu sich geholt, weil sie sein Kind war.

Mein langer Traum hatte in einem Zug (oder schon viel früher, finden Sie es doch selber heraus, liebe Leser) begonnen, der an einem warmen spätsommerlichen Abend vom Gare Montparnasse in Paris nach Lissabon abfuhr. Als sich der Zug jetzt langsam, fast in Schneckentempo, aus dem Bahnhof entfernte und dann immer schneller wurde, verblasste das Bild, das ich mir einmal von Sara gemacht hatte. Meine Einbildung von ihr wurde mit den kommenden Jahren immer undeutlicher und schwächer, und ich fragte mich später manchmal, ob es Sara wirklich gegeben hatte. Ob es sie tatsächlich gab …

(1) Die Heilige Schrift nach Luther, Johannes 8,7, Privileg. Württ. Bibelanstalt, Stuttgart 1923, S. 98.
(2) Kirchenlied von Paul Gerhardt (1607-1676) und Johann Crüger (1598-1662), Evangelisches Gesangbuch für Rheinland und Westfalen, Verlag W. Crüwell, Dortmund 1961, Nr.45.